《西北法律文化资源》编辑委员会

《西北法律文化资源》编辑委员会
西北法律文化资源整理与应用研究中心

LEGAL CULTURAL RESOURCES IN
NORTHWEST CHINA

西北法律文化资源

主　　编：杜睿哲

执行主编：田庆锋

（第四辑·2020）

中国政法大学出版社

2021·北京

图书在版编目（ＣＩＰ）数据

西北法律文化资源. 第四辑, 2020/杜睿哲主编. —北京:中国政法大学出版社, 2021.10
ISBN 978-7-5764-0116-5

Ⅰ.①西⋯ Ⅱ.①杜⋯ Ⅲ.①法律－文化研究－西北地区－文集 Ⅳ.①D927.4-53

中国版本图书馆CIP数据核字(2021)第200632号

书　名　西北法律文化资源（第四辑·2020）
　　　　XIBEI FALÜ WENHUA ZIYUAN DISIJI · 2020

出版者　中国政法大学出版社

地　址　北京市海淀区西土城路 25 号

邮　箱　fadapress@163.com

网　址　http://www.cuplpress.com (网络实名：中国政法大学出版社)

电　话　010-58908466(第七编辑部) 010-58908334(邮购部)

承　印　北京九州迅驰传媒文化有限公司

开　本　720mm×960mm　1/16

印　张　18.75

字　数　310 千字

版　次　2021 年 10 月第 1 版

印　次　2021 年 10 月第 1 次印刷

定　价　95.00 元

目　录

CONTENTS

西部学界的忧思与欣喜

——《西北法律文化资源》序

谢　晖[*]

在当代中国的学术格局中，西部地区和中、东部地区一样，都是我国学术整体结构中的有机组成部分（由于学术事业作为文化事业的一部分，其也理所当然应被置于国家文化结构体系中）。这正如中国的政治结构体系、经济结构体系一样。无论在哪种结构中，西部的缺席，皆意味着相关结构的破损。一种破损的结构，可能会是低效的或者无效的。因为结构毕竟是一个整体，其效果既须从整体性中获得，也需要各要素、各部分互动地拱卫结构的整体性。只有这样，我们才能不仅生活在一个统一的政治结构和经济结构体系中，而且也生活于一个统一的文化结构和社会结构体系中。

当代西部的学术事业，面向多元、内容驳杂，既涉及全国学界探究的一般话题，更涉及西部学人对西部问题的专门研究，而且后一研究本身直接涉及西部学人以结构要素之身份，对全国性问题的参与。这应是我们关注西部学术的重要锚点。其中在法学领域，对西部法律文化资源的搜集、整理与研究，是令人期待的关键课题。因为就历史而言，西部尽管曾长期是国家统一领土的构成部分，但与此同时，也曾存在地方自治，甚至分裂割据的局面。自古以来，西部是我国各族群成员杂居之所，文化多元性明显，法律文化遗存丰富。就现实而言，西部地区历史遗存的特征不但仍然存在，而且更兼之。一方面，我国东西部经济发展的明显不平衡，在一定意义上凸显了这种历史遗存；另一方面，社会的治理方式，不可避免地要赋予西部以一定的自主权和自治权，这自然也会在那里产生新的、进化了的社会规范、交往方式和秩序理念。

谈到进化，我们知道，尽管近现代以来，人类不断地被某种进化的理念

---

*　谢晖，中南大学法学院特聘教授，博士生导师，哲学博士。

所撼动、所裹挟、所牵引，但事实上我们所面对的任何进化，都只是我们历史和经验的一部分，是文明进化中历史和经验的当代表达。我们不可能因为进化而抛弃经验、逃脱历史。无论社会如何进化，如何变革，我们仍处在悠远的历史中，仍处于既有的经验世界中。这正如汤因比所言：

> "未来在真正降临之前一直是看不见摸不着的，因此，我们只有观察过去才能找到未来的智慧之光。过去的经验是我们得到关于未来智慧的唯一途径。经验是历史的别名……经验可以帮助我们作出判断，使我们能够作出更好的选择和决断。无论在顺境还是在逆境中，我们在处理社会事务时总要未雨绸缪。在规划未来的时候，我们竭尽所能地控制、塑造它，以便使之符合自己的期望。这种试图控制、塑造未来的自觉努力似乎是人类所特有的行为。它是令我们有别于共同居住于这个星球上的其他生物的特征之一。"[1]

这一历史观，清楚地表明人类进化中文化的规范性和逻辑制约性。今日之我尽管并非昨日之我，但也距昨日之我不太遥远。昨日之我的文化密码一定会在今日之我中存留并持续作用、代代相传。所以，一切旨在刻意革除既有传统的努力，其结果不但不会革除传统，反而会被传统所革除。因为种种革除传统的努力，一方面，将其用力方向置于自身的理念逻辑中，另一方面，却将历史经验的逻辑置于其理念逻辑的对立面，这必然会造成某种"理性的狂妄"，并因此阻碍人类文明的进化。对此，林毓生曾剀切地指出：

> "我们批评某一个价值，必须根据另外的价值，这些价值不是能够由自己创造出来的……理性的批判精神只能在文化演变过程之中发挥正面的效果，而不能脱离文化，用本身的力量创新一切的价值。假若一个人认为他的'理性'比所有的人都高、都多，所以他要用他的'理性'创造一个全新的价值系统，这个人将是毁灭文明的暴君。"[2]

---

〔1〕 〔英〕阿诺德·汤因比：《变革与习俗：我们时代面临的挑战》，吕厚量译，上海人民出版社2016年版，第1-2页。

〔2〕 林毓生：《中国传统的创造性转化》，生活·读书·新知三联书店1988年版，第51页。

　　所以，面对历史经验的基本态度和有效方法，是尊重历史经验本身，把理念的逻辑置于实践的安排之下。这所反映的大概正是实践与理性间的一般关系和要求。在这个意义上，恰恰是当代中国西部的学者，在认真挖掘、整理、阐述西部的文化学术资源，进而勾连起两种关系：一是西部的历史经验与当代西部现实之间的文化勾连；二是作为国家政治、经济、文化结构要素的西部（部分）与国家（整体）之间的勾连，从而担当着纵向沟通和横向整合的基本使命。尤其当国家在市场经济、民主政治以及多元文化之背景下，强调通过法治来架构复杂社会的交往关系，并作为秩序构造之基本方式的时候，既以包罗万象的开放心态引进海外舶来的现代法律文化资源，也以丝丝入扣的守成姿态保护本国既有的传统法律文化资源，自是这一时代法律学人勾连汇通、兼容并包的应有作为。

　　但在当今时代，究竟如何勾连汇通、兼容并包？我以为，这已经和百多年前我国有人喊出类似口号时的情形大相径庭。众所周知，百多年前，作为"媒介中西——'冰人'"的沈家本先生，就特别强调媒介中西、汇通中外对彼时法制建设的必要性和迫切性。但其当时所面临的媒介、汇通任务，主要是如何克服固有观念，大刀阔斧地引进西方法律观念和制度，以与中国固有的法律传统互通有无、取长补短，胸怀国家、放眼世界地笃行改革、订立法律、建设法制。所以他强调说：

　　　"我法之不善者当去之，当去而不去，是为之悖。彼法之善者当取之，当取而不取，是为之愚。夫必熟审乎政教风俗之故，而又能通乎法理之原，虚其心，达其聪，损益而会通焉，庶几不为悖且愚乎。"[1]

　　但经过百多年持续不断的中西汇通，甚至有意识地通过权力强制的法律移植后，在法律和法治领域，一方面，我们至今仍然面临着如何继续全方位地引进、吸收、借鉴世界各国先进法治经验并以为我用的问题；另一方面，断裂式的文化改造所导致的固有传统在显性层面的凋落，并未完全销蚀其在隐性层面，特别是在人们的行为习惯和心理倾向方面的实存。这不得不令人重新审视、打量当下中西法律文化汇通的内容——即在吾国的国家立法和法

――――――――――

　　[1]　（清）沈家本："裁判访问录序"，载（清）沈家本撰：《历代刑法考》（四），中华书局1985年版，第2236-2237页。

制事实已经大体上移植了西人法律传统的基础上，如何再回过头来，审视吾国固有的法制传统和秩序经验——无论是作为大传统的国家法制经验，还是作为小传统的民间法、地方法制经验[1]，以便通过既有法制传统和秩序经验的梁架，解释、沟通并推进无论在精神、原则上，还是在规则、方法上，从总体上看已然明显西化了的法律在我国的有效通行。

在这方面，以王勇教授为代表的西北师范大学法学学术团队，完全克服了西部有些法学学术团队的固有问题，精诚团结，群策群力，业已从文献资料、研究方法、社会调研、理论阐释等方面，作出了一系列有意义的学术尝试。其中王勇的《有场景的法律和社会科学研究》、牛绿花的《藏族盟誓研究》、田庆锋的《清代中国西部宗教立法研究》等，都把研究的视角直接切入相关领域。与此同时，这个学术团队在杜睿哲院长的带领下，团结了李玉璧、吴国喆、曹明、苏婉儿等既有学术见识，也有鲜明个性的法律学者，在法学的其他领域精耕细作，成为陇上诸校法学院和法学学术团队中的"潜力股"与佼佼者。

该法学学术团队如果能够和陇上其他法学学术团队紧密合作，特别是在商贸法文化、农耕法文化、游牧法文化的关系研究领域，在藏族法文化研究领域（以牛绿花、吕志祥、常丽霞、韩雪梅、刘军君等为代表），在回族及穆斯林法文化研究领域（以马明贤、哈宝玉、马玉祥、虎有泽、拜荣静、陈其斌、巴于茜等为代表），以及在敦煌契书及法律文献研究领域（以李功国、陈永胜、韩雪梅、侯文昌等为代表）能精诚合作、集体攻关，形成陇上法学之特色，自然也就有了陇上法学之优势，有了陇上法学家与国内其他区域的法学家交流对话之基础，也有了陇上法学界和陇上其他人文—社科学术界团结协作之前提。

为此目的，西北师范大学法学院及法学学术团队，经长期酝酿，用心筹划，拟创建《西北法律文化资源》平台。为此，王勇教授、睿哲院长嘱我写几句话。一直以来，我虽有强烈的深入西北、研究其法律文化资源之渴望，但或限于精力不济，或困于能力不逮，未能很好地将这一夙愿付诸行动！尽管如此，我也很乐见家乡法学界的同仁们此种独辟蹊径、别开生面、锲而不舍的努力。故面对邀约叮嘱，却之不恭不敬，受之也只能匆匆赘如上言。期

---

[1] 地方法制经验既有大传统的，也有小传统的，因此不能一概而论。

该刊能尽早面世，承西北秩序传统，开陇上法学新风，并进一步接受读者诸君之检验、点评、矫正。

是为序。

陇右天水学士　谢　晖

公元 2019 年 5 月 2 日序于北京

学术前沿

传承与创新：中国法律的传统与创造性转化

—— "中国法律的传统与创造性转化" 学术研讨会综述

郑小龙[*]

2020 年 11 月 28 日，教育部人文社会科学重点研究基地·中国政法大学法律史学研究中心主办的 "中国法律的传统与创造性转化" 学术研讨会在北京成功举办。来自中国政法大学、中国社会科学院、北京大学、清华大学、中国人民大学、北京师范大学、吉林大学、南开大学、中山大学、中南财经政法大学、华东政法大学、中国海洋大学、天津财经大学、西南民族大学等 38 所高校和研究机构的 160 余名专家学者通过线上线下方式参与了本次研讨会。专家学者围绕 "中国法律的传统与转化" 的主旨，聚焦 "法律传统与思想文化" "传统法制与司法实践" "近现代法制变迁" 等多个主题，深入探讨了法律史学的理论特色、研究进路与现代化过程中的创造性转化和创新性发展等问题。现分别综述如下。

一、传统与转化：中法史评论

中国政法大学张晋藩教授在《综论中国古代的良法、贤吏与善治》一文中指出，中国古代的良法与善治具有相向而行的一致性，良法是善治的前提，善治又是良法所追求的目标。想要更好地发挥良法的作用，贤吏是不可忽略的重要一环，良法、善治与贤吏三者具有不可分割的统一性。在推进全面依法治国的背景下，良法作为治国之重器所包含的内容极其丰富，其反映出法平之如水、公正无私的基本特征；以民为本，反映民意的核心价值，变中求稳、革故鼎新的运行路径；简而能禁，使人易知的治道之要，对于现代立法具有极强的借鉴意义。而善治又作为良法的目标，所体现的为政中和、宽猛相济的治世之道；足食足兵，民富国强的经济保障；区分善恶，信赏必罚的善治手段以及诚信和睦，调解息争的价值规范，能够使得以良法为手段，达

---

* 郑小龙，西北师范大学法学院 2019 级硕士研究生。

到良好的施政状态，从而使民安物阜，国家富强，文化兴盛。然而，徒法不足以自行，贤吏作为沟通良法与善治的核心环节，必须通过执法之吏的实施将法的规范变成实际，法才能起到治世的作用。因此，在良法与善治之间，需要贤吏加以沟通，贤吏是执法者，又是运用法律推行善治的执行者。以贤吏执良法、求善治是中国古代长期治国理政经验的总结，也是悠久的中华法文化的重要内容。在建设社会主义法治国家的新时代，总结法、吏、治三者偕同互补互用的历史经验，对于推进国家治理体系和治理能力的现代化，仍然具有重要的现实意义。

华东政法大学崔永东教授在提交的论文《中国法律传统中的智慧》中指出，中国现代社会的治理模式和思想与中国法律传统中的智慧在一定程度上契合。主要体现在以下几个方面：其一，传统社会重视基层的社会治理，通过发挥道德的指引规制作用与调解的定分止争作用，将矛盾解决在基层；现代社会通过践行社会主义核心价值观的德治与基层群众组织的自治来解决基层纠纷，二者在治理模式上都是重视基层社会治理。其二，传统社会通过御史监察制度的设立，以监督促成"良吏"，如今我们通过以国家强制力为后盾的《监察法》和以政党强制力为保障的党内法规的双重保障，构建出"不敢腐、不能腐、不想腐"的长效机制，二者在目标取向上都体现了从严治官、防止腐败的特点。其三，传统社会通过"不直""纵囚""失刑"等司法或行政官员责任入刑来推进司法公正，如今我们通过落实"让审理者裁判，让裁判者负责"的司法责任制度来保障司法权威，提高司法公信力。

中国政法大学王宏治教授《试论沈家本对〈唐律〉与〈大清律例〉死刑条款比较——拟以"七杀"相比较》一文，通过采用史实与史论相结合的方式，以七杀之罪在《唐律》和《大清律例》法律条文中的表述为基础，对刑罚的轻重、犯罪的动机以及立法的精神等进行分析总结，整理出历朝历代在"七杀"问题上的政策与所持的价值。总体而言，清朝除了在死刑方面的残酷性超过了唐代以外，在谋杀、故杀、戏杀、劫杀等量刑方面都采取了较为宽松的态度，而且从中我们还可以发现立法技术呈现出的更加精细化的特点，如劫杀分白天和黑夜，过失杀分疏忽大意的过失和过于自信的过失等。除此之外，文章最后通过分析唐代在废除死刑方面的尝试以及沈家本对于废除死刑方面的认识，总结出自己对死刑问题的看法。废除死刑不可能一蹴而就，但是它已经成为历史发展的必然趋势，这需要我们学界首开风气之先，尽早将废除死刑提到议事日程上来。

中国社会科学院法学研究所张生教授在提交的论文《中国近代民法编纂的历史反思：以传统法的体系化改造为中心》中指出，民法典在编纂的过程中，如何将传统法进行体系化改造，这不仅是立法技术问题，更是关乎传统与近代社会文化的整合问题和民法典的社会适应性和有效性问题。反观《大清民律草案》与民国《民律草案》对传统法改造的过程，《大清民律草案》前三编是对外国法的完全继受，后两编按照《日本民法典》的体例加采用中国传统律例加以改造，如此便形成了继受法和传统法的二元体系。而《民律草案》在体例编纂的过程中将传统法与继受法二者相融合，比较全面地反映了传统法的社会文化内涵和规范功能。虽然《民律草案》这种对传统法的全面改造开创了中西法律制度的新趋势，但是这种改造必须从两方面来看待。一方面，从混合继受外国民法的角度来看，《民律草案》在借鉴和吸收的过程中取其精华，去其糟粕，是集大成之作；另一方面，从体系化改造传统法的角度来看，这种改造空有传统法的外壳，传统法的价值理念与规范功能基本消失殆尽。因此，在体系化改造传统法的过程中，必须做到以下两点：第一，联结"传统与近代"，回归中国社会；第二，建构传统与近代相融合的价值理念、习惯条款、共治共享的三重体系规范。

中共中央党校报刊社副社长焦利博士在提交的论文《传统文化的现代光辉：简析中国民法典的法文化基因》中指出，民法典作为传统法文化的载体之一，其中所包含的内容和思想体现出了中华民族在法制文明发展中所凝聚的精神、智慧与法律文化。具体体现在如下几个方面：第一，古代所倡导的礼法并重的治理思想与新时代提出的依法治国与以德治国相结合的治理理念二者相呼应；第二，民法典中新设居住权、人格权独立成编，监护权进一步完善；第三，定分止争、明晰产权、厘清界限、保护私权与开宗明义的民法典概念、基本原则相互映衬；第四，爱家睦邻、以和为贵的优秀传统与已经入典的"树立优良家风""家庭成员应当敬老爱幼，互相帮助"的条款之间形成呼应；第五，传统法文化中的"人法地、地法天、天法道、道法自然"的天人合一观念与现有民法典的绿色原则倡导的理念之间相对应。总体来看，中国的民法典在制定的过程中继承了中国传统法律文化中的精华，使其在新时代放射出现代性的光辉，是一部具有鲜明中国特色、实践特色、时代特色的民法典。

中国人民大学法学院副教授尤陈俊提交的论文《国家能力建设视角下的当代中国语言规划与语言立法 ——从 20 世纪 50 年代的文字改革运动到〈国家通用语言文字法〉》首先细致梳理了历史上两个著名的语言规划实例以及新中国成立以来在定位"普通话"时的表述方式之微妙变迁，考察了相关政策与立法当中那些关于推广普通话的理由说明。随后，他结合法学、社会学、民族学、语言学、历史学的相关学术资源，深入阐释了 1982 年《宪法》中关于普通话条款的定位以及普通话立法条款巧妙的立法智慧，以此说明我国语言政策与相关立法中关于推广普通话的目的。他采用独特视角，从语言经济学和语言政治学的两大角度来论述大力推广普通话这一法定国家通用语言的正当性，尤其是其对于铸牢中华民族共同体意识的重大现实意义，最后得出结论：语言作为重要的中介机制，其所具有的有助于国家认同、民族认同之建构与强化的独特功能必须得到重视。

中国政法大学陈煜副教授在提交的论文《江户前中期的中日法文化交流述论 ——中国法在日本的传播与研究》中指出，在江户前中期，中日两国都厉行闭关锁国的政策，双方并无正式邦交，只有长崎一口通商，故而这段时间的中日法文化的交流是一种间接的、单向的交流，主要表现为中国法对日本的输出，而无中国对日本的继受。江户时代因为儒学研究的深化，幕藩治理的需要以及幕藩统治者的大力推动，使得对中国法（主要是明律）的研究取得了一定的成果。其研究的特色和内容主要体现在以下几个方面：第一，江户律学本质上是一种"书生事业"，是儒学研究的一环；第二，江户律学基本上是一种"命题作文"，主要服务于幕藩领主的需要；第三，江户律学绝大多数以"秘本"形式存世，鲜少进入司法实践领域。总之，江户律学作为沟通中国法与日本法之间的"冰人"，虽然其研究的成果终究没有流传于世，只是出于为个人服务的目的，但是对于幕府末年和明治初年，若干强藩和明治政府仿照明清律例制定藩法和国法，起到一定的推动作用。

二、古史新论：中国古代法专题

（一）法律制度史专论

中南财经政法大学陈景良教授在提交的论文《事实、证据、规则：南宋法官群体断案是否讲逻辑》中指出，事实、证据与规则，既是现代社会司法

审判的三个要素，也是南宋理学家法官群体审理案件、实现司法公平的三个
关键点。南宋法官在审案的过程中，受限于当时的社会条件以及科学技术水
平，认清案件事实并不是一件容易的事情，因此他们怀有严谨的态度，求真
的理念以及价值关怀的向善。首先，由基层法官亲自调查取证，上级长官围
绕供状以及法官判词中对案件事实的叙述，在最终弄清案件事实的基础上挑
选出适用案件事实的法条，构建正确的大前提。其次，以分析案件的情理作
为小前提。最后，根据国法、情理、天理（经义与名分），结合案件的实际情
况，作出恰到好处的判决，实现中国人特有的司法公平与正义，即法与情允
协（又叫"情法两尽"）。如果遇到复杂疑难案件与涉及亲属伦理的案件
（没有直接证据）时，南宋法官并不会拘泥于法律，严守形式逻辑，而是超越
法律，协调情理，努力做到"情法允协"，这种处理方式体现了古人并不固步
自封，而是积极追求更恰当的法律适用。

　　上海师范大学郑显文教授提交的论文《汉代私有财产权制度的演变及其
法律保护》从私有制财产本身的意义出发，论述了汉代私有财产的演变及其
法律保护。汉代在政治上是中央集权的形成时期，在经济上受土地私有制的
影响，社会上普遍盛行的公私财产意识和私有财产权利观念较为浓厚。汉代
通过区分国家财政支出与帝室财政支出，允许卑幼子孙拥有自己的私有财产
政策使得汉代私有财产观念进一步明确，极大地促进了两汉时期的社会经济
发展。随着两汉时期买卖契约的订立、公示公信原则的实践，团体内部成员
的私有权增强以及买卖双方意思自治观念的深化等，减少了财产权利的纠纷，
同时也最大限度地保障了个人的私有财产权。在汉律中设立的《盗律》《贼
律》等篇目对各类侵犯他人私有财产的行为予以打击，保证了私人的合法财
产权。总体而言，汉代私有财产制度的构建对于促进汉代经济发展和国家强
盛发挥了重要作用，对中国后世各代的法典产生了深远影响。

　　杭州师范大学蒋铁初教授提交的论文《中国古代的无罪推定及其现代价
值》从无罪推定心理在冤狱预防与平反中的作用出发，通过探讨现代无罪推
定的概念，借此来意指中国古代在犯罪事实没有疑问的情况下，司法者对于
已确定的被告，推定其并非真犯或因为某种原因怀疑其可能不存在犯罪的两
种司法现象。其中传统无罪推定所体现的"仁者司法"的理念和"以情折
狱"的思维，对于如今司法过程中有罪认定存在的问题和不能排除合理怀疑
的思路，具有启发性的意义和值得借鉴的地方。因此，当代司法机关在办案

的过程中应当做到以下三点：第一，培养司法者的无罪推定思维；第二，借鉴"以情折狱"传统；第三，分类存放证据。通过以上三种方式尽可能达到防止冤假错案发生的目的。

南开大学冯学伟副教授在提交的论文《中国传统契约中的身份关系》中指出，从身份到契约的发展被认为是社会进步的标志。中国传统契约主要体现出以下方面的特点：第一，多数契约实践都是在有身份的人之间进行的。第二，契约在形式上通过书写格式来维护身份关系，体现尊卑上下。第三，在诉讼过程中契约作为一种交易凭证，审判官员可以以此作为证据认定买卖契约的效力定分止争。第四，在制度安排上通过确立亲邻先买权、共同所有人做同卖人、亲族管见人做中保人等，来避免双方在信息不对称的情况下盲目作出选择并承担选择的后果。以上方式使得身份制下的契约自由、平等得以实现，而这些制度的设计和建立都体现出了社会生活与经济交往对该制度的现实需求。

沈阳师范大学张田田提交的论文《唐代违制罪研究》从违制罪本身出发，分别从三个方面论述唐代违制罪的发展历程。首先，文章指出根据现有文献，违制罪本条首见于《唐律》，并以违制罪入《唐律》第112条和第88条为证据和标志，通过违制罪在《唐律》中被列入聚焦官职管理与文牍行政的体系把握，依法规类目的、名目以及定律社教三个维度来论证违制罪在《唐律》中所反映的皇帝号令的工具作用以及在官职行政场域的核心。随后，根据《唐大诏令集》与《唐会要》收集的相关规则，通过揭示政令贯彻、罚当有度的统治艺术和职纪监督、督导政令的监察特色，进一步佐证唐代违制罪的学理判断和推行时效。最后，通过总结唐"科违敕"的例证所表现出来的违制罪的几种适用思路、契机和范围，反映唐代违制对于制度延续和文化绵延不绝的深厚经验。

许昌学院师彬彬提交的论文《西汉外戚封侯制度研究》以学术界对西汉外戚的研究主要侧重于个案和宏观考察的局限性为出发点，以时间的演进以及品位和职位的独特视角进行切入，对西汉外戚制度做了阶段性的探讨。文章通过对比西汉中前期将功劳作为外戚封侯的重要依据和西汉后期姻亲关系成为外戚封侯的重要依据，得出西汉外戚封侯制度呈现阶段性、功绩化、身份性、严格等级化和鲜明时代性的特征，体现了各种社会势力依附与制衡并存的政治格局；同时，封侯制度从立功为主到以姻亲为主的变化，也反映出了汉代皇权的发展变化过程。具体表现在如下方面：西汉前期外戚因功劳而封侯形成了一定的人才竞争机制并发挥了功绩激励的社会功能，有助于褒奖功劳与提高军队战斗力。西汉中后期外戚因恩泽封侯在统治集团发挥的权益分配、政治管理与身份控制的社会功能趋于加强，并产生了增加国家财政负担、削弱皇权政治经济基础、削弱高爵群体活力、激化统治集团政治矛盾和权力斗争等弊端。

张俊英提交的论文《商鞅变法与秦王朝之兴衰研究》从变法背景、变法内容、变法利弊等方面论述了商鞅变法与秦王朝兴衰的关系，以求在依法治国背景下，为中国特色社会主义法治建设和政治改革提供有益的建议。文章指出，当时社会正处于大变革、大转型时期，各国以变法图存来实现富国强兵，商鞅以超群的口才和滔滔雄辩，驳倒反对派，得到了统治阶级的支持，进而开始了以"农战"和"法治"为中心的变法。变法主要围绕政治、经济、军事、社会组织以及风俗五个方面全方位进行，经济的迅速发展和适时的上层建筑改革使得这次变法能够广泛推行，成效显著，实现了秦富国强兵的初衷和意图。但是，这场变法在乱世大一统过程中所体现的优势反而成为治理国家时的掣肘，严酷的刑罚以及沉重的赋税、过度的土地兼并、重农抑商倡导下停滞的社会发展、强压的愚民政策和严刑峻法导致的风俗败坏最终使得秦朝难逃灭亡的命运。

厦门大学林晓炜在《制度何以变迁——御史"关白"制度与北宋中前期台谏政治的演化逻辑》一文中认为，御史"关白"制度作为唐宋两朝御史弹劾过程中极具特色的环节，其意是指御史在弹劾官员前先将欲弹劾的官员及具体情形向御史台长官汇报，待其许可后再行弹劾的制度。这种制度在演变的过程中曾历经反复，最终在宋仁宗时期被废止。至于为何该种制度最终在宋代走向瓦解，其首要原因是宋代统治者在制度的建构上对前代实践的反思，其次是宰辅体制改革，再次是增设机构以分中书门下之权，最后是以枢密院为专属军事行政机关以及宋初的台谏组织亦有新的发展。总之，"关白"制度的兴废充分体现出御史监察制度乃至整个国家政治体制的复杂性，而"关白"制度作为皇权政治和官僚政治的"变异"，其必然会在皇权政治和官僚政治的进一步成熟后得到修正，回归常态，使"理性选择"最终成为终极归宿。

中国政法大学张京凯在《安民固本：宋代应对灾伤的历史经验——以户绝田流转与灾伤赈济为视角》一文中指出，宋代官府为有效应对各类灾害，在推行户绝田流转政策时，不得不考虑将户绝田租佃和鬻卖的收益用于防灾储备，以保障防灾措施具体落实。宋代的灾伤赈济具有鲜明的时代特征，即从国家单独完成朝着向调动市场、动员社会的方向发展，是一个逐渐市场化和社会化的过程。每当发生战争、灾疫时，首要的做法是遇灾减税，蠲免逃绝户赋税以调动生产自救积极性；其次是恤民赈穷，户绝田拨充广惠仓田；再次是实物赈济，以户绝田宅居养灾民或弱势群体。因此宋代户绝田流转与防灾赈灾之间的具体关系表现为三个方面：其一，经济思想影响户绝田流转方式的变化；其二，恤民政策影响户绝田流转方式的变化；其三，户绝田的多元化流转，推进了赈济措施的实施。宋代户绝田的多元化流转，有力地推动了宋代赈济制度的发展，使之能发挥"安民固本"的社会稳定器作用，一定程度上促进了宋代国家治理体系和治理能力的提升。

江西省社会科学院历史研究所刘佳佳在《唐代律令格式法典编纂之演变新论》一文中认为，法典的编纂与王朝的政治体制和政务运行有着密切的联系，律令法典作为国家的基本法，格、式作为补充律令法典的不足而特别编纂的副法典，二者都是时代的产物与体制环境的映射，其承载的规范信息包括：（1）从法的功能来看，律、令、格、式四种形式的法律，都有"断刑""设范""立禁"的一面。（2）从王朝的政治体制来看，唐律令格式法典体系建立以后，不同的行政部门根据不同的事务，将唐"律、令、式"与补充修订律令的"格"，进行有机组合，由此便构成了政务——"公事"——处理的所谓"法式"。（3）从政务运行的角度来看，唐代的律令格式法典编纂基调在于"因时立法"与"法典稳定性"的和谐统一，通过保障国家根本制度法令的确立和施行，来提高行政效率。

海南大学代舒畅在《"除附公据"在宋代立嗣审判中的证明效力》一文中指出，"除附公据"作为宋代立嗣继承的法定凭证，就其本质来看是一项简单的户籍登记制度，但是在具体操作的过程中牵涉多方的利益博弈，因此继承人在选择的过程中基本都由近亲属及族长或者官府决定。"除附公据"对立嗣继承的证明效力主要体现在两方面：一是"除附公据"的法定唯一性可以证明立嗣继承的主体，作为法官结案的依据，定分止争，提升效率；二是"除附公据"的实践佐证性可以明晰立嗣继承的事实，结合证人证言，由法官平衡法理与情理，实现公平。因此，作为立嗣审判最权威的证据，"除附公据"以其法定唯一性和实践佐证性，促进了立嗣主体的明确化，也保障了宋代财产继承的明确化，在平息产业纷争、稳定社会秩序上发挥了一定程度的作用。

湖南师范大学徐小芳在《耶律大石时期的司法官制初窥》一文中指出，耶律大石在前期自立为王的建制时期，由于受时间以及队伍人数的限制，对于官制的划分遵循辽代"官分南北，以国制契丹，以汉制对待汉人"的传统旧官制。经过持续的征伐，在疆域逐渐辽阔，民族逐渐扩大，属国逐渐增多，宗教逐渐多元的情况下，耶律大石将辽的中央集权制度和属国制度逐渐引进了西域，并同西域原有的社会治理方式相结合，创立了既能保持中央统一领导，又能保持地方稳定的社会管理制度——沙黑纳。沙黑纳制度作为耶律大石为治理西域，结合中亚具体社会实情独创的制度，丰富了中华法系的内容，为中华法系添上了浓墨重彩的一笔。

中南财经政法大学高德凯在《中国传统司法法源结构的反思——以社会—法律实证主义为进路》一文中指出，法律的识别（范围）问题对于法律与社会之间的"镜像命题"有着巨大的影响。在功能主义和本质主义对法源的研究过程中，始终绕不开去定义法律和将法律与社会规范进行区分的问题，在定义法律和进行区分的过程中，则又陷入了规则性法律研究与法律中心主义的泥淖。因此，社会—法律实证主义假设法律来源于社会实践，并以社会实践作为法律的本身，以此来涵盖"法律"真实概念问题和淡化将法律与社会规范进行区分的二分法思想。通过"因袭的"社会实践概念补强功能主义和本质主义封闭逻辑的自足性，从而避免了律例与情理因定义进路上的固有缺陷而造成在法律体系上的混同。

清华大学卓增华在提交的论文《历史中国的分配正义——以荒政中的分配为视角》中，借用埃尔斯特的"地方性正义"框架，考察了历史中国在荒政中具体分配过程中的优先性问题。中国古代在荒政中分配救灾资源不是将现代所说的"平等"（兼顾形式公平和实质公平）作为一个核心标准，而是在分配的过程中考量三个方面：首先，古代统治者为了维护封建统治的安定和保证财政收入，必然将京畿所在地、边塞要地以及经济重心地作为优先分配地区。其次，士人作为统治阶级的一部分以及农民作为固国安本的主要力量，在分配时必然给予一定的倾向。最后，在总体衡量受损程度之后，进行精细化分配，实现实质公平，从而使救灾资源的作用最大化。

同济大学周嘉豪在提交的论文《中国古代荒政的非理性治理因素考察——

以明清时期城隍祈雨为例》中，通过祈雨这种细微的政治仪式并结合灾荒政策的决策案例来印证城隍与古代中国官僚制政治文化的复杂关系中的一个面向。地方官府的城隍祈雨行为并不只是因为迷信活动或者个人信仰而引发的祭祀，其中更是充满着复杂的政治考量。这种行为将地方治理与祀神信仰二者相连接，一方面将依据切实有效的法律赋予的自身职权与解决客观问题结合，体现出法理型的权威；另一方面将祀神信仰与赈灾举措相联系，体现出天理与情理的联系，从而构成中国古代社会整体关于政治认知、情感、态度和倾向的塑造、扩散和传承的基本逻辑。

（二）清代法史专题

中山大学徐忠明教授在《门路与请托：清代官场实践的另一种逻辑——以李煦〈虚白斋尺牍〉为素材》一文中指出，条文的规定与法律的实施并不必然相辅相成，看似严密系统的法律制度，在实践中难免会受到来自外部的各种因素的影响，或是时代的发展使之滞后，或是权力的影响与官场的各种运作导致法律被规制与滥用。在官场的经营中，门路与请托就是最典型的方法，铁打的衙门，流水的官。官场如戏场，你来我就去。为了维系这个经常流动但又强有力的庇护网络，一些官员必须借助自己的身份与地位，外加苦心经营来使得这套体系无懈可击，一旦仕途或其他方面出现一定的麻烦时，这些苦心经营的手段运用在行政与司法领域便可以获得一定的"隐性"收入与额外的利益。这套庇护网络的构建与"差序格局"的传统和礼尚往来的交往原则密不可分。因此，可通过揭示正式制度与官场网络之间的关系来增进我们对清代官场实践的复杂性和阴暗面的理解。

江苏师范大学徐晓光教授在提交的论文《清代村寨纠纷解决与地方官署的办案倾向——以黔东南清水江碑刻、文书为基础资料》中指出，在农耕和人情较浓的黔东南地区，地理位置的特殊性使得清初该地的管理也是处于"自治状态"，熟人社会的特点便在这里体现得尤为明显。在族长、款头等带领下所制定的村规民约规定了村内纠纷不诉讼的乡约制度，长此以往，民众无讼的情感倾向慢慢形成了"争讼不入官府"的传统。后来，随着清廷改土归流和开辟苗疆的需要，该地逐渐形成了国家、土司、寨老解决纠纷的三元结构并存系统，村寨组织以"戒约"处理纠纷，联通官署，通过将民间法的"讲理"和"弼教"与国家法的"明刑"和强制相结合，逐渐形成了地方在处理纠纷时"内外有别"的原则以及衙门以"教化为主，刑罚为辅"的司法倾向。其中，以官署的"回批""判语""禁示"最具代表性。

中南财经政法大学李栋教授在提交的论文《超越"依法裁判"的清代司法》中指出，学界在长期探讨"司法"的含义时，并没有跳出西方近代以来关于"司法"的别样传统，最直接的体现就是法律史学界围绕"卡迪司法"展开的马拉松式的辩论，这场讨论不管是经历了从"验证韦伯命题"到"超越韦伯命题"的转变，还是站在法律多元主义与一元主义的视角进行研究，终究没有跳出"依法审判"这个固有的局限性。反观清代司法裁判的实际运作情况是：无论是"命盗重案"，还是"州县自理案件"，皇帝及其他的官僚们都在努力使每个案件的裁判实现"同案同判，异案异判"的司法正义，即通过司法正义结果的实现，而使司法裁判本身获得正当性。因此，通过这个角度来审视清代司法，抛开静态实定法与"情理""国法"的裁判"法源"，以"非规则性法"的视角来认知清代司法，才能真正理解清代司法的实在性与生命力。

汕头大学副教授李守良在提交的论文《清末循化厅藏民抢劫案件法律适用论析》中指出，循化厅因为其特殊的地理位置以及在长期历史过程中形成的多个民族杂居的格局，不同的生计、文化、组织模式使得部落间的抢劫案件时有发生。清政府在处理循化厅抢劫案件时，主要依据的法律有三，其一，主要适用依番例番规追赔罚服；其二，适用《西宁青海番夷成例》《蒙古律例》等民族特别法；其三，以《大清律例》为代表的律例可对重大抢劫案件中的首犯等重要滋事之人进行判处。从对具体案件的考察来看，循化厅对于藏族间、藏族与其他民族间的抢劫案件在适用番例番规追赔罚服的同时，也坚持原则性与灵活性相统一的原则，将民间调解与法律强制相结合，使民族特别法与国家基本法相配合，最终实现社会的有效治理，同时为现今的民族法制建设也提供了宝贵经验。

中国政法大学郭瑞卿教授在提交的论文《婚愿如何达成？清代王氏"顶替被骗为妻杀夫"案的女性主义分析》一文以王氏与朱文铭缔结婚姻中被骗，因为对被骗婚姻的不满，王氏与丈夫朱文铭两人关系恶化，此后王氏由于不堪忍受丈夫朱文铭的殴打凌辱，最后将其夫杀死一案为例展开。在案件裁判的过程中，官方主要围绕妄冒婚姻的效力展开探讨，其中两方的意见分别总结如下：一种观点认为王氏在与其丈夫缔结婚姻的过程中朱文铭以欺诈的形式骗取王氏，根据《大清律例》"男女婚姻"律规定，法律维护婚姻诚信和自愿原则，该婚姻为诈骗所结，因此无效。另一种观点认为，清代时期民间社会婚姻礼治规范的权威性重于法律规范，而该婚姻在形式上符合一切的程序和规范，且缔结婚姻距案件发生已经一年有余，说明该婚姻在事实上已经被认可，因此该婚姻有效。该案件在经历了秋审的疑窦、大理寺的驳审、地方的覆审以及查核秋审后，最终王氏以擅杀而不是以妻杀夫的罪名被判绞监候。这样的判决结果完全否决了他们的婚姻效力，显示了清帝国对婚姻秩序的维护，亦说明了国家在婚姻秩序中对女性的关注。经过司法的阐释，王氏成为一个不甘被骗失身而为自己复仇的女性。

中国海洋大学颜丽媛博士在提交的论文《跨国合作：国际公共卫生软法视角下清末奉天万国鼠疫研究会的议决》中指出，世界卫生组织自1946年成立以来，在持续完善的公约、条例、法律等硬法制定的同时，各种建议、决议、指南和标准等大量软法也促进了国际卫生领域的合作。中国参与国际公共卫生交流最早可追溯至1910—1922年的万国鼠疫研究会，该会议主要针对当时爆发于中俄东北边境地区的鼠疫事件进行研讨，会议最终形成了两份具有国际公共卫生软法意义的文件：一份是《议决条款》，即有关本次鼠疫的起源及消失、流行及扩散、病症及治疗等多方面的科学论证及医学说明；另一份是《议决条陈》，其总结了在发现鼠疫的早期、疫情的高峰期如何分别防控、如何具体地隔离、消毒及预防，倡导建立卫生防疫机构并提出统一检验检疫标准、鼓励医学教育及研究等多项措施及科学建议。总体而言，此次万国鼠疫研究会的议决可以归属于国际公共卫生软法范畴，其对于中国乃至世界再次面对国际公共卫生事件都具有巨大的指导意义，其通过国际学术研究会议的形式，协商、研讨，形成具有科学性及指导性的理论及实践成果。

中国政法大学姜金顺博士在提交的论文《国家治理与雍正朝法律改革的展开：一个微观史的考察》中指出，为了便于国家治理，清代制定了很多公文修辞规范，来减少公文运转过程中出现的信息失真。具体到法律领域，康熙二十七年（1688年）制定的判决文书禁止律例两引的法律修辞规范，在雍正三年（1725年）、雍正六年（1728年）再次获得重申。既然不允许律例两引，疑难案件的判决文书势必要作出二选一（或者多选一）的选择。在选择的过程中地方督抚（案件的直接裁判者）与刑部官员（更多是作为监督者）则会产生分歧。为了解决双方的分歧、纠正地方督抚可能存在的错误判决，雍正帝通过法律改革制定了一套复杂的分歧解决机制，即疑难案件不允许律例两引、鼓励地方督抚与刑部官员展开至多三次法律辩论、纠正错误判决的地方官员会受到嘉奖、纠正错误判决的刑部官员也会受到相应嘉奖。而这套解决机制不但使得地方督抚与刑部官员在法律辩论过程中的地位不平等，而且也逐渐扩充了刑部复核案件的权力。

国防大学方华玲在提交的论文《冲突与调适：嘉庆朝废员发遣新疆案中的法理情》中指出，按《大清律例》，生员以上犯罪，发遣当差，称"遣官"或"废员"。废员发遣制度按照性质不同，分为"因公"与"因私"两类。因公，"是因为在任职期间办公失误或不尽职守而获罪"；因私，"主要是指那些徇私枉法、贪污受贿、投机钻营，或因其他为个人升官发财而损害整个统治阶级利益"而获罪。被遣新疆的废员们主要使用"以亲老呈请援例赎罪"的借口来达到早日释回内地的目的，但呈请必须要具备以下几点因素：第一，所犯罪行若非"因公"，起码"因私"程度不至于令人恶其"卑鄙无耻"；第二，家中确有至亲需要赡养；第三，在戍期间，必需"妥协"，办事"勤慎""实心实力"，给新疆主事官员留有很好印象；第四，客观上需要其个人或家族拥有较强的经济基础，有足够财力助其实现"援例捐赎"。对于这种请释制度的适用，也是遵循"融情于法"。

西华师范大学朱仕金在提交的论文《清代四川基层司法中的约邻——基于清代巴县档案为中心的考察》中指出，约邻是主要使用在清代四川基层司法进程中的专属概念，是对由乡约、保长、邻佑等组成且外延更加宽泛的群体的集体性称谓。约邻作为清代四川基层司法过程中联结民众与州县衙门的桥梁，发挥的作用主要有三：其一，约邻调停处于清代基层"细事"司法程序的核心位置，是推动"细事"司法进程的重要结构性力量，在清代川省基层司法过程中发挥着化解纠纷、主持公道、恢复公平的基础性作用。其二，对于清代四川基层"命盗"案件程序推进而言，约邻既是案件的基础佐证者，亦是关键的程序推动者。其三，对于清代基层司法进程而言，由约邻调停、查证形成的约邻众证过程既是清代司法进程展开的关键要素和基本动力，也是清代基层司法程序与司法进程的基本特征。

（三）法律思想与法文化史

清华大学屠凯在提交的论文《道德自律的制度展开：黄宗羲法哲学新论》

中指出，黄宗羲法哲学的主旨是，凝聚个人的精神力量，使思维和行为受到自己而非外在因素的控制，通过精神力量的自由表达，生成并维持人文界的内在秩序。他指出，如同自然界中"上帝"这一精神力量控制宇宙并使其井然有序，人心的精神力量也主宰着身体，使其产生内在秩序，这种内在秩序（自律）使得精神力量凝聚而不涣散，活跃而不压抑，规范也就自然而然地浮现出来。对于建立良好的秩序来说，首先是人们充分发挥精神力量，将内心世界的秩序外化，并在人文界努力维系；其次是建立君臣之间正常道义的关系，相互听取意见，完成共同的任务，形成一种"亦惟师友"的良性互动，克服私利，共同建构良好的政治秩序。而所谓设君、置相、学校、科举等一系列制度安排，都是为了实现良好的秩序恢复这个目标而存在的。

西南民族大学杜文忠教授在提交的论文《"理"之法意》中指出，中国人历来喜欢"讲理"，"讲理"是中国古代"天理——人情——国法"的法律格局中最首要的部分。中国人的法意识、法观念是包含在情理、道理之中的，因此当面对一个法律行为、事件时，人们甚至不十分关心是合法还是非法，而是更关心合理还是不合理。历史上的中国也是一个由道而成理，由理而成法，由法而成俗的道法国家和礼俗社会。中国古代法学在内涵上也是追求道、理、法的统一，在治理上追求道、理、情、法的统一，主张化俗而治；在立法上，追求礼与法的合一，即是礼法合治；在司法上，努力实现在理、情、法中寻求公正。因此，透视中国古法中的法俗内涵的"理"，其具有国家和社会的双重性质，并非完全是风俗性和民间性的。对违反这些法俗的处罚方式也具有双重性质，中国古代经常是采取诸如族内司法的方式来解决，这样也就节约了国家的司法资源成本。因此，人类社会的治理似乎存在这样一个公式：法律与社会道德之间、司法成本与社会文化理性之间是成反比的。即一个道德完善的社会对法律的需求低于一个道德腐败而混乱的社会；一个社会文化理性发达的社会可以降低这个社会的司法成本。

中国政法大学邵方教授在提交的论文《略论儒家民族观中的治边理念》中指出，儒家的民族观主要以"仁"作为核心和指导原则，以"义"作为思想体系中的价值判断标准。儒家认为华夷之间的本质区别在于是否具有礼乐文明，而夷人在接受了华夏的礼乐文明之后，则可以由夷入华。因此，在华夷有别以及可能由夷入华的现实情况下，儒家提出了构建大一统的政治体制，历代中央政权在儒家"大一统"民族观的指导下，逐渐形成了"化外主义"

的治边观和"因俗而治"的治边政策。这些政策虽然在历朝历代的表现形式有所不同，如周天子对待其四方的蛮夷戎狄"修其教不易其俗，齐其政不易其宜"；汉朝时匈奴浑邪王率众来降，"因其故俗为属国"；宋朝对于境内南方的少数民族，继续执行羁縻府州制度等，但它们都遵循最本质的承认多样化的统一（和而不同）的治边观念。

河南大学乔飞教授在提交的论文《儒家报应论及其法理诠释》中指出，报应论是中国传统文化中对于"正义论"的法理建构，其法理实质是一种"超验审判"理论：审判的主体，是至高的超验实存"天"，审判的依据是最高主宰的"天法"，审判的对象涵盖人间的一切人和事。因此，目前不管是"报及自身"说，"子孙报应"说，"善恶待积"说，还是"天假善恶"说，其中体现"善"的内在思想与传统法制对公平正义的追求是相契合的。在中国传统的社会中，正义的社会秩序主要依赖两个途径来实现，一个是通过国家的制定法以国家的强制力作为后盾来保证实现，另一个则是通过"天法"的善恶报应观使得"天法秩序"得以自觉形成。因此儒家的"善恶报应"论，其实质为一种法理性的"正义论"，而且这种正义论是"天道正义论"与"历史正义论"的有机融合，它不仅是人们行为依据的基本法理，也是一种虽然眼不能见但却真实有效的社会治理模式。

烟台大学袁瑜琤和可晓在提交的论文《传统中国的"公法"与"私约"文化概略》中指出，中国传统的法制文化是符合中国社会实际的法制文化，传统中国的契约文化所反映出的"公法"性质的"社会契约"和"私法"性质的"合同契约"对于基层社会的秩序维护和交易秩序的维护生生不息。对于"公法"性质的"社会契约"来说，受宗法家族传统以及祖赋人权观念的影响，村寨家族之间的契约凭借全村参与的程序正义和维护公益的实质正义能够达到自治的目的，因此具有了公法意义上的解读。而对于"私法"意义上的"合同契约"而言，受"官有政法，民从私约"的传统和乡村之内固有的交易习惯的影响，对于像传统语境中的"户婚田土钱债"等一切"薄物细故"之属，民间契约的发展精细化考量以及形成的交易惯例中已体现出公平正义、公示生效（连四契）、优先购买、瑕疵担保等这些近代民法的理念。由此可见，传统法学文化的深层挖掘对于我们当下树立法律文化自信、探究基层社会治理方式等具有深刻的借鉴与启示意义。

中国政法大学宋磊在提交的论文《再释中国法律之儒家化——以爵的法

律特权为中心的考察》中指出，《周礼》中的"八议之辟"、秦汉律中的"以爵减、免、赎"和《唐律疏议》中的"八议"是中国古代三种重要的法律特权，共同点是都规定有爵者可以享受减免刑罚的优待。对于最早《周礼》中的"八议之辟"来说，它是建立在内爵和外爵两个基本序列之上的世袭贵族，因此对于十分尊崇尊卑贵贱的儒家来说，"八议之辟"是体现儒家"礼治"的重要制度。秦汉律在赋予有爵者法律特权以提高爵的尊贵性与限制爵的法律特权以提高刑罚的威慑力上权衡，最终形成了简文书中的"以爵减、免、赎"制度，该制度的形成与当时兼并战争所导致的军事法原理的迅速扩张有着莫大的关系，因此秦汉之法律为法家所拟定，纯属于法家精神。《唐律疏议》作为法律儒家化的集大成者，以礼法合一而著称，其中的"八议"制度是儒家极力推崇和倡导的法律制度，体现了"礼"的精神。由此，从爵的法律特权中心的角度出发，法律儒家化是一个从西周、春秋时期贵族有法律特权，到秦汉律中无法律特权，再到唐律中贵族有法律特权的过程。

中国政法大学文扬在提交的论文《此疆彼界：礼法之争是道德与法律之争吗?》中指出，礼法之争中关于道德与法律关系的讨论，缘于法理派进行了概念的等值与置换，即将礼法概念等值置换为道德与法律。因而在礼教派与法理派关于"无夫奸"等是否入罪展开激烈论战的命题上，其争议的焦点问题源于对两种道德观的认知分歧，主要表现在两个方面：其一，礼教派的道德观尊奉宋明理学，视传统经籍为思想资源；法理派的道德观则鉴采泰西伦理学，引西学新知为概念工具。其二，礼教派所谓的道德，是理学视域下的从礼之德，遵循"德礼—刑罚"的本用、主辅、合一关系；法理派所谓道德，是伦理学视域下的离礼之德，力主道德与法律的对等、互补、分离关系。对于法理派来说，他们对"大同良规"和"最新学说"的引入以及突破中体西用，伦理纲常的理念则代表着正确的法制改革方向。

湖北省社会科学院傅泽风在提交的论文《中国古代法治文化的理论价值和时代局限》中指出，中国古代法治文化有着丰富的内涵，"以法治国"也是中国古代文化精华的重点内容之一。许多仁人志士不仅论述了法的重要性，也论述了如严明法治、简明易为、因道全法、名刑相当、权难权害、如一而固、法不阿贵、因世备时、多措并举等法治原则。此外，中国古代的法制实践也表现出以下的特点。一是法由君定；二是维护王权；三是以法阿贵；四是量刑不当；五是刑讯取证；六是刑罚残酷；七是保护非法；八是理先法后。

而这些特点与现代法治的价值取向相背离，因此我们不能将中国古代法制的理论成果和实践经验全盘照搬到中国特色社会主义法治建设中。

中南财经政法大学湛果在提交的论文《〈名公书判清明集〉中的传统法理及其现代价值》中指出，我国古代虽有"法理"一词，但是其意义与现代所指法理并不相同。从狭义来说，中国古代并无法理学，但是从广义的角度来讨论，传统法制中所蕴含的追求真善美的理念以及追求公平正义的价值观念与当下法理学价值追求具有一致性，因此从这个方面来说，中国古代也是存在法理学的。《名公书判清明集》中的"法理"一词的多次出现对于研究南宋时期法官断案之中的法理与探索传统法理的特点具有标志性的意义。在该集中，"法理"的含义主要分为两类：一类是法律条文的明文规定，亦可称之为国法，另一类则是天理、人情。这启示我们应该从传统法理"天理国法人情"这些大法观念的角度来重新定义现今的法理学，构建规则、意识、习惯三位一体的新法理学概念。

三、法制变革：近现代法专题

（一）法制的现代转化

中国政法大学罗冠男在提交的论文《从中央人民政府委员会和政务院的关系看共同纲领时期中央国家机构组织原则》中指出，从新中国成立到1954年《宪法》出台的这段时间，我国为了适应新中国成立初期的任务，建立了集立法、行政甚至司法和检察权于一身的中央人民政府。中央人民政府委员会是其首脑部分，政务院是由其产生的最高政务机关。两者的职权关系单从法律条文上来看并不清晰，中央人民政府委员会作为中央人民政府的首脑部分，具有行政管理的职能，政务院作为政务执行机关，由其产生并对其负责，二者之间的职能划分有所重复。但是从中央人民政府委员会会议记录和中央人民政府政务院会议记录中，可以看到两者之间在组织和人员上相互分离，职权明确。其组织原则也体现出以下三个特点。（1）中华人民共和国是人民民主专政的国家，国家权力属于人民；（2）国家行使国家政权的机关为各级人民代表大会和各级人民政府；（3）中央人民政府委员会和政务院二者是分享立法权，统一行使行政权，下沉外交权。

福州大学段晓彦与华东政法大学徐琨捷在提交的论文《民初大理院民事

裁判中的"权利不得滥用"原则》中指出，民事权利的形成是以具体民事权利的生成为基础的。同样，权利滥用概念也是伴随权利概念的形成而出现的，其最初只是作为一种法观念而存在，之后在具体判例中被解释和适用，最终生成了成文法上的具体规则。我国传统中权利不得滥用观念的渊源主要体现在四个方面：第一是"诚信"哲学观的诠释；第二是历代法典对权利不得滥用理念的阐释；第三是中国固有的习惯的积累和演化；第四是古代司法在具体案件的适用中对该原则的贯彻。但传统的渊源不足以推动具体规则的成型，需要借助一个发展的契机以及推动的平台，而在民初时期，大理院作为当时最高的司法机关，便充当了这个角色。大理院在具体裁判的过程中，借助私法社会化这一思潮的兴起以及中国传统修齐治平的观念使得该原则在中国得以适用和推广，其采用多元化的理念分析并判断权利滥用，具有一定的开风气之先的意义，但是在权利滥用与侵权关系以及在违反的后果上，仍有一定的不足之处。

中国社会科学院大学刘舟祺在提交的论文《论近代立法与司法对"七出"的逐步清理》中指出，作为自西周以来出妻制度基本原则的"七出三不去"，在历代立法的过程中都被保留和继承。民国初期，随着对国外婚姻论著的翻译以及国内有识之士对传统婚姻观念的抨击，男女平权、离婚平等的思想与观念已然成为清理"七出"的思想先导。《大清民律草案》对于"七出"作出的颠覆性修改肃清了"七出"之条在立法预备层面的遗迹，并实现了对于双方平等的离婚法定事由的一种前立法尝试。但是由于《大清民律草案》并未生效，因此大理院在进行刑事规范向民事规范的转化的过程中对于"七出"所作的扩大解释的判例、解释例，是对于"七出"的司法层面的清理。南京国民政府在继受《大清民律草案》以及吸收外国的先进立法例的基础之上，实现了对"七出"制度的立法肃清。至此，在经历了"观念清理—前立法清理—司法清理—立法清理"的过程后，"七出"制度退出历史舞台，此过程正是法律适应社会本身的演变过程，而演变动力则来源于社会变迁与法律移植。

苏州大学曹瑞冬在提交的论文《民国中后期苏州娼妓禁政中的违警罚金》中指出，我国自清末起步的现代警察制度，随着《违警罚法》类的立法演进，警权行使的范围虽然看似有法律明文规定，但是在具体运作过程中呈现出权力失控的态势。苏州较多娼妓违警案较为明显地体现出治安处罚权力的扩张，以及集权于警政的趋势。这种充满"强制"特色的警察权既导致了社会民众的不满，又因过度集权造成了地方权力关系的失衡。从财政的角度看，公安机关对娼妓违警事件中罚金的判处和支配也例证了一点：公安机关在取缔娼妓上的权限是优于其他行政机关的，同时也意味着它对于娼妓业的经济制裁也达到了某种程度的垄断。因此，1927年南京国民政府成立正式开启了行政权力的分立与制衡，同时也打破了警政建设的原有趋势，警察权被限缩在公共治安领域，实质上形成与财政权的分野。从警察机关自收自支到县政府统收统支，违警罚金的演进既是法治供给下政府内的行政权力配置，也是行政权力向社会领域的适度扩张。

中南财经政法大学云霖霖提交的论文《民初龙泉士绅与基层警察的冲突与博弈——以龙泉司法档案中的"纵警仇学案"为中心》，以龙泉司法档案中的"民国二年李兴唐等控卓识等纵警仇学案"为切入点，通过对案件的公文解读以及系统梳理，还原了"纵警仇学案"的诉讼全过程。从案件本身来看是地方乡绅与基层警察之间由于侵权责任所引发的一系列诉讼，包括侵权以后刑事诉状的提交、县知事的批复、浙江省行政公署的"训令"、开庭情况的记录以及对于卓识等巡士的革职处罚等，其中在诉讼过程中体现的诉讼策略的调整、新型法律话语的运用、权利义务意识的增强等在一定程度上反映出了民众对于法律制度的认识程度和运用法律维权的意识。但是究其本质，该案件作为地方权势之间利益冲突的导火索，反映出时代转型背景下龙泉地方权势与新兴职业群体的冲突博弈，为我们进一步研究地方警察的运作提供了材料。

（二）法律思想与法文化研究

中国政法大学佘文博在提交的论文《"参考古今，博稽中外"：沈家本法律现代化思维方式探析》中指出，中国法律现代化滥觞于清末修律，作为"修律大臣"的沈家本则是领导这场法制变革的灵魂人物，沈氏在修律的进路上并未采取全面西化的路径，而是返本开新，推动中国法律现代化回归传统，充分发掘本国固有的制度、思想、文化资源，因势利导，进而推动旧有法制的自我更新。其方式主要体现在两个方面：第一，"参考古今"。即总结旧有法制的合理性，西方法制的先进性，通过改造因为客观情势变化导致的传统法制不合理的方面，充分利用本国传统资源的权威性，仿照历史上的相关制度与议论，拟请设立新官职，以期"善法"出，"善论"行。第二，"博稽中外"，即在吸收外来的同时，不忘将西方的法律制度、思想、文化与中国固有之政教传统进行融汇。以中释西，东西结合，加以融汇，以期使发轫于西欧诸国的异质文明在古老的中华大地生根，达到"博稽中外"之目的。

西北政法大学杨静博士在提交的论文《学问最难是创意——两本同名书〈中华法系研究〉的不同处》中指出，杨振洪与郝铁川两位教授各自在1995年与1997年出版了《中华法系研究》两部同名书。两书虽然名称相同，但其内容与书写角度却是各有所重。杨著运用比较法研究的视野，认为中华法系在法律近代化解体后作为一种历史现象而存在。一则肯定了中华法系在维护国家统一、重视人文情怀、符合社会实际等方面的合理性因素，二则也指出了中华法系在权利保护、法制贯彻、法律虚无等方面的不足。杨静在比较研究的基础上总结出的中华法系礼刑结合、家族本位、刑法为主、公权第一等特征在将之区别于其他法系的研究思路方面树立了一个很好的范式。相反，郝著在总结前人的基础上，以专题式的书写力破陈见，自成一说，认为在近代化面前，中华法系不是以"西化"而是以"化西"为最终取向的。中国特色社会主义法治理论当属于中华法系的延伸，是在近代化过程中对西法的移植以及中华法传承的结果。其从法典沿革、法官审案、民众意识三方面得出中华法系法典法家化、法官儒家化、民众意识鬼神化的特征总结，属于一种相对较新的提法。

天津师范大学李佳乐在提交的论文《探究政法院校校训中的法律文化传统》中指出，政法院校所形成的校训是法律文化的重要体现，是社会文化的重要内容，蕴含着丰富的法理价值。通过对政法九校校训的统计可以看出，这些院校的校训中有明显价值导向性的名词多为"德""法""公"，形容词多为"明""厚""崇""重"，行文着句全为八字四词式。区别只是有些采用一词一顿，有些采用两词一逗的停顿间隔。从这些词语的使用与句式结构的特点能够看出政法院校规矩方正的法律文化特色，也在一定程度上显现出中庸或附随的样态。除此之外，这些校训所体现的以德为佐、以法为仲、以公为佑的法理价值是对法律文化传统的汲取与适用最为典型的创造性转化运用，其对进一步认知法律文化、拓宽转化运用以及实现法治文明的更快发展具有重要意义。

论习惯法研究的理论与方法

——兼评李可所著的《习惯法——理论与方法论》

徐 斌 李 毅*

内容摘要：我国是一个少数民族众多的国家，有着丰富的习惯法、民族法和法律方法研究资源。李可副教授多年来潜心从事习惯法与法学方法论研究，取得了较为丰硕的成果，由法律出版社出版的《习惯法——理论与方法论》是作者最新的研究成果，也是习惯法理论与方法论研究的又一部力作。

关键词：习惯法 理论 方法

李可副教授的新作《习惯法——理论与方法论》（以下简称李著）于2017年12月由法律出版社出版，是石佑启教授总主编的《民间规范与地方立法研究丛书》之一。一个很机缘的场合，有幸拜读了李可副教授的这部新著。抚书长思，犹品香茗，意蕴悠长。如杨健吾所说的那样："衡量一部学术著作的学术价值的重要标准之一，是看这部著作是否能为读者和学术界提供较多的能够反映和说明某一方面学术问题的典型个案。这种个案的可贵之处，是区别于以往的调查研究而能够为作者的主题分析提供有力的材料支持。"[1]李可副教授在李著中，从习惯到习惯法、习惯法与纠纷解决、习惯法与国家法、习惯法与哈耶克的关系进行了解构分析，提出并系统地论证了"习惯法的研究方法论"命题，从新的视角对习惯法的研究范式提出了新的论断，为我们如何学习习惯法、理解习惯法、应用习惯法提供了新的方法论参照。诚如谢晖教授对该书的评价："全书贯彻其'从事实上升至理论，进而又从理论

* 徐斌，贵州师范大学博士研究生，贵州民族大学世居民族研究中心兼职研究员，研究方向为民族政治学、民族法学。李毅，贵州民族大学2017级博士研究生。研究方向：中国法制史、民族民间法。

基金项目：2020年贵州省教育厅人文社会科学青年项目："贵州民族地区乡村治理模式调查研究"（项目编号：2020484）。

〔1〕杨健吾："法律人类学研究的新收获——徐晓光著《苗族习惯法的遗留、传承及其现代转型研究》评价"，载《民族研究》2006年第5期。

跃迁至方法论'的自觉意识。既是他继《习惯法——一个正在发生的制度性事实》之后，专门探究习惯法理论的又一著作，也是我国习惯法基本理论研究的最新成果。"[1]

社会存在决定人们的意识。[2]改革开放三十多年来，学界从不同学科门类、多维度对习惯法进行了较为全面的研究，取得了较为丰硕的成果。实务界对习惯法的态度也由过去一段时间的"全盘否定"向有限度地"批判吸收"演进，将民间惯例习俗纳入国家法体系或为国家法所认可范畴。传统的民间纠纷解决方式也作为多元化纠纷解决机制的重要组成部分，在推动矛盾纠纷化解、维护社会稳定方面发挥着重要作用。"以史为鉴，可知兴替。"对于习惯法法源的历史考察，李著中也进行了较为详细的梳理，为当今习惯法理论方法及历史进程发展研究做了铺垫。具体来说，笔者将其归纳总结如下。

（1）古罗马习惯法史。习惯法是罗马法的重要组成部分，"古老的习惯经人们加以沿用的同意而获得效力，就等于法律"。[3]这一论断得到了许多学者的认可，例如梅因认为："罗马法典只是罗马人的现存习惯表示于文字。"[4]事实上，在公元前450年以前，习惯法为罗马法的基本渊源。帝政以前，习惯法的效力仍优先于制定法；帝政以后，国家法律全面成文化，习惯法的地位开始下降。可见，法律全面成文化之前，习惯法为罗马法的主要法源；全面成文化之后，习惯法的地位在罗马法上有所消退，但是在一些领域也不尽然。例如在债法领域，习惯法仍占有相当地位，它优先于成文法甚至当事人之间的约定被优先适用。[5]

（2）英国习惯法史。遵从习惯一直被视为普通法上判例制度的法社会学基础，尤其是对于那些通行于全国的"大习惯法"或"历史悠久的习惯法"，法官一般都奉若至宝。这种尊重习惯法的传统也为其他普通法国家所效仿，例如美国法官认为："先例的背后是一些基本的司法审判概念……而更后面的

---

〔1〕 谢晖："我国习惯法研究的现状及方法自觉"（代序），载李可：《习惯法——理论与方法论》，法律出版社2017年版，第6页。

〔2〕 中共中央马克思、恩格斯、列宁、斯大林著作编译局编：《马克思恩格斯选集》（第2卷），人民出版社1995年版，第32页。

〔3〕 [罗马] 查士丁尼：《法学总论——法学阶梯》，张企泰译，商务印书馆1989年版，第11页。

〔4〕 [英] 梅因：《古代法》，沈景一译，商务印书馆1959年版，第11页。

〔5〕 参见周枏：《罗马法原论》（上册），商务印书馆2017年版，第751-752页、第761-762页。

是生活习惯、社会制度。"[1]从起源学上来理解现行法制，一直是英美法学家恪守的基本理念。事实上，在诺曼征服以前的不列颠岛上，地方习惯法占据统治地位。在英国，习惯法就是普通法，它构成了宪法的基本法源，并且在司法裁判中发挥着类似成文法在大陆法裁判上的作用。不过，制定法的发展对习惯法的地位也有所影响，例如，英国1275年的《威斯敏斯特条例》规定，只有1189年就已存在的习惯才能被引用；19世纪英国国会通过了10 308件单行法律，[2]更使习惯法的地位大大降低。不过，在现代英国法上，习惯仍作为一种重要法源存在，尤其是在宪政和司法领域，习惯与成文法具有同样的权威。[3]

（3）法国习惯法史。在中世纪至18世纪期间，习惯法在法兰西占有崇高地位，可以说，当时的法国法其实就是习惯法。例如在法制统一以前，"北部法国适用起源于日耳曼习惯法的多种多样的习惯法，称为习惯法区；南部法国统一适用罗马法（更正确地说，是基于罗马法的习惯法），称为成文法区域"。[4]在民族主义和国家主义思想的支配下，法国大革命时期的立法以统一各种法源为要务，创制一部成文法典成为立法家的最高目标，习惯法即被排斥在法源之外。无论是官方的习惯法还是民间的习惯法都被废止，不准出现在法官的判词当中。1804年的一项法令规定："自现今各法律适用之日起，罗马法规定、国王敕令、一般习惯和地方习惯均失去一般法律和专门法律的效力。"自然，1804年的《拿破仑民法典》也排斥习惯作为法源。[5]当然，即便在法国政府明令宣布习惯法不再具有法律效力以后，在实践中，地方习惯和行业习惯仍对立法和司法发生重大影响，实际上发挥着弥补国家制定法缺陷的功能。

（4）德国习惯法史。在18世纪以前，习惯法在德国也占有很高的地位。18世纪以后，由于法典化运动的影响，习惯法的法源地位一度受到人们的怀疑。不过，到19世纪末20世纪初，人们认识到一味强调国家制定法的至上性和优先性，无益于解决在高度工业化社会层出不穷的新的法律事件和法律

---

[1] 苏力："当代中国法律中的习惯——一个制定法的透视"，载《法学评论》2001年第3期。
[2] 陈盛清主编：《外国法制史（修订本）》，北京大学出版社1987年版，第185页。
[3] ［美］罗斯科·庞德：《法律史解释》，邓正来译，中国法制出版社2002年版，第12页。
[4] 梁慧星：《民法解释学》，中国政法大学出版社1995年版，第21—22页。
[5] 受其影响，1811年的《奥地利民法典》也排斥习惯法作为法源。

问题，所以习惯法作为法源的问题又受到人们的重视。因此，至少在相当长的一段时间内，德国法上的习惯法与国家制定法具有相同的效力。

（5）中国习惯法史。在子产、赵鞅等制刑以前，我国是一个习惯法占统治地位的国家。在以后相当长的一个时期内（大约至曹魏的《新律》颁布时），我国仍是一个半习惯法半成文法的国家。但同时，我国传统法律概念完全是实证主义的，它认为法律是皇帝和官府制定的、官与民共同遵守的行为规范。

第一，习惯法的次位法源地位。自汉代起，皇帝在个案上有特殊的"临时处置权"，"事实上，皇帝新作出的判断本身就是成文法由'例'逐渐到'律'生成的基础"。[1] 皇帝是整个社会的核心和枢纽，相应地，国家法就是习惯法的更上一级的法。习惯法与国家法共同构成了封建法之二维。到了清末，《大清民律草案》第 1 条规定"习惯法"为法源；民国第二次民法草案改"习惯法"为"习惯"。民国初年，大理院四年第 122 号判决规定："法律无明文者，以习惯；无习惯者，以条理。"1929 年 5 月民国政府公布的《民法总则》第 1 条，第 2 条规定："民法所未规定者，依习惯，无习惯者，依法理。"

第二，司法实践对习惯法的态度。在民国初年的实务界，一些有识之士已认识到，世事演进，人事日繁，仅恃法律（制定法——引者注）为范畴，断不是尽用而通其变。故虽在法治先进各国，仍莫不引用习惯以济其穷。[2] 在实践中，制定法虽无明文规定，当事人仍可依习惯法主张其权利，寻求司法机关的保护。如查明当事人确有此习惯权利，并且该"习惯权利"符合国家制定法的秩序要求，那么当事人的权利要求就可以得到实现。[3] 司法实务对习惯法的重视集中体现在"条理""法理"等词中。民国时期，大理院二年上字 64 号判例中规定："判断民事案件，应先依法律所规定；法律无明文者，依习惯；无习惯法者，依法理。"法理的含义，在大陆法系的各民法典中与习惯法有部分重合之处。[4] 为方便当事人主张习惯法上的权利和法院查明该习惯法的实存状况，民国九年，司法行政部还编纂了一些习惯法

---

〔1〕梁治平：《清代习惯法：社会与国家》，中国政法大学出版社 1996 年版，第 187 页。

〔2〕参见严谔声：《上海商事惯例序》，新声通讯出版部 1933 年版。

〔3〕张生："略论民事习惯在民初司法中的作用"，载《人文杂志》2001 年第 4 期。

〔4〕梁慧星：《民法解释学》，中国政法大学出版社 1995 年版，第 266 页。

集例。[1]

通过上述对中外习惯法的历史及其法源历史进程的梳理总结不难发现，习惯法自古就在中国法学领域起着重要的作用，其法源地位自古就凸显出来了。2017年《民法总则》[2]的颁布标志着官方已经确立了它的法源地位。"中华法系是中国各民族法律原则和法律意识长期融合的产物。"[3]这一系列的转变，有利于进一步传承和发扬长期积淀运行的民间规范习惯，深度挖掘各民族地区在推动社会治理方面的经验做法，有效弥补国家法的不足，为丰富完善我国社会主义法治体系，建设社会主义法治国家提供了有益进路。在此背景下，如何准确厘清一般的习惯与习惯法之间的界限？我们需要什么样的习惯法研究方法？怎样认识习惯法在化解矛盾纠纷中的作用？如何调试习惯法与国家法的关系？强调习惯法的应用是否与法治现代化相背离？这诸多问题都为我们的研究提出了新的课题。李著均对上述问题发表了独特的见解，为推动当下民间习惯法的研究提供了新的方法论借鉴。

一、该书对习惯与习惯法有较全面、清晰的界定

关于习惯与习惯法之间的关系，一般认为"习惯即习惯法，习惯法亦即习惯"，将二者经常混为一谈，未能准确厘清，因而生活中存在的一些不良行为习惯也往往被视为习惯法的表现形式，以至于习惯法被视为"陈规陋习"而被恣意加以批判，为习惯法的认识、研究带来诸多困扰。正是基于此，李著开篇即以一学者关于习惯与习惯法混淆适用的观点为切入，提出了"作为行为之习惯"与"作为规则之习惯"之区别的论断，并对二者关系从类型学的维度进行了分析厘清，为我们对何谓"习惯法"之概念作出了精准界定。在习惯如何成为习惯法的认识上，李著基于"国家认可说"和"社会认可说"两种学说的利弊关系进行了深入分析，认为对习惯法研究的本位观已经由传统的国家本位向社会本位转变，并且只有在社会学和人类学两种学科视域下，习惯法相对于成文法而言才具有独立的主体资格。对于如何认识和运用习惯法的研究方法，作者对那些"生吞活剥"西方习惯法研究理论，简单

---

〔1〕　前南京国民政府司法行政部编：《民事习惯调查报告录》（上册），中国政法大学出版社2000年版，第15页。

〔2〕　为行文方便，本书中我国相关法律法规名称中的"中华人民共和国"均省去。

〔3〕　张晋藩："中华法系特点再议"，载《江西社会科学》2005年第8期。

移植嫁接、不结合国情实际的研究方法观念进行了批判，提出了应当注重实证调查研究的论断。"了解中国古代社会的政治、经济、文化的发展和演变，是更好地了解中国传统法律制度的基础。同时，系统地分析研究法律制度与其他文化现象之间的关系，总结历史的经验，进而完善今天的法律和社会，正是中国法制史的终极目的。"[1]从史学的视角对习惯与习惯法进行界定，不失为一条有效的路径。对民间习惯法的研究，更需要深入田间地头，进行田野调查，广泛收集占有资料，在繁芜的社会关系中找寻支配、维系社会秩序正常运转的民间习俗、惯例、规则等"隐形"力量，这也恰好印证了"理论来源于实践"的科学论断。这种观点与黄宗智先生所指出的类似：在学术上要借鉴费孝通先生的研究方法和经验，"走向社会实践出发的社会科学和理论"。[2]对于田野调查研究，徐晓光教授分享了以下几点心得：田野调查是通过与调查对象近距离接触、贴近观察对象，发现第一手资料，法人类学研究的基本方法也是田野调查。田野调查很艰苦，尤其在贵州高原山区，这种苦有时还包含着生命危险。作者至今还记得调查过程中的一次事件。"贵州苗族多居住在高寒山区，那里山高林密，沟壑纵横，交通不便。大多数乡村之间的道路狭窄崎岖不平，一边是山体，一边是悬崖，往下一看让人心跳。"但不管怎样艰苦也要深入下去。关于调查方法，徐教授指出：一是正确选择田野调查对象；二是田野调查和理论研究密切联系社会实际；三是田野资料与其他民间资料无缝对接；四是严谨务实的科研态度。[3]以上经验，为研究民间习惯法指明了较为全面的研究方法，将其运用到实践中定会有所裨益。

二、该书对习惯法在纠纷解决中的作用进行了深入剖析

我国的民族法学者多站在国家法律如何在民族地区实施的立场上研究民族法制问题，却对民族民间习惯法对国家法的回应、抵制和规避情况较少涉及。[4]关于习惯法在纠纷解决中的作用，李著以三桩婚姻诈骗案例为切入，

---

〔1〕 曾宪义主编：《中国法制史》，北京大学出版社，高等教育出版社 2009 年版，第 19 页。

〔2〕 黄宗智："认识中国——走向从实践出发的社会科学"，载《中国社会科学》2005 年第 1 期。

〔3〕 徐晓光：《原生的法：黔东南苗族侗族地区的法人类学调查》，中国政法大学出版社 2010 年版。

〔4〕 桑兵："从眼光向下回到历史现场——社会学人类学对近代中国史学的影响"，载《中国社会科学》2005 年第 1 期。

指出国家法在司法适用中严格遵循"证据"原则，即"以事实为依据，法律为准绳"，囿于证据本身的特质缺陷性，往往导致客观事实与法律事实之间存在不一致情形。而法院必须依据经庭审质证后认定的法律事实作出裁判，最终的裁判结果并非完全有利于受害人实质合法权益的维护与兑现，法律所追求的正义价值在此时也仅为一种程序正义，这在一定程度上也揭示了在解决纠纷类案件中国家法的不周延性。而在民间传统惯例习俗中，比如宗教规范禁忌、民族习惯规则等，存在大量关于类似境况的处理模式，长期以来在化解涉民生类纠纷案件中发挥了重要作用，成为维系特定群落社会秩序，促进社会和谐稳定的重要力量。如高其才教授所言："通过各种社会组织监督和实施习惯法，通过对违反习惯法行为的处罚，制止不法行为的泛滥，从而保障习惯法被遵守、被信仰。"[1]就习惯的实践运用而言，在这一层次的纠纷解决中，有更广阔的适用空间，且在不同民族，不同村寨，不同城市社区的纠纷中常常被运用。这是纠纷解决研究在习惯法研究中之所以凸显的缘由。它从主体、运用方式、运行效率等不同视角提供了习惯法研究的环境和空间。

在当代视域下，受经济发展水平、自然地理环境以及独特的社会历史文化等因素影响，传统的习惯法观念仍然根植于民族地区，无论在心理、精神或者观念上仍然具有天然的亲和力和认同感。这里也体现了传统认知思维对传统观念的影响。在道德哲学和法律哲学中，并存着两种思维及其推理，即认知（又称"知性""认识"，下同）思维及其推理和情动思维及其推理，它们在道德和法律思考中都发挥着不可替代之作用。认知思维是人的感官对客观世界及自身存在之感知、分析和判断的思维活动，其常用方法论工具有观察法、实验法和模拟法等。[2]当出现矛盾争议时，自会"本能"地优先选择为自身所熟知的、传统的纠纷解决模式。而这种多元的纠纷解决模式在民间、市场、团体甚至官方的实际行动中得以延续传承，从而形成了国家的正式司法程序与传统的纠纷解决机制交相并存的格局。目前，除了国家层面的司法调解、行政调解、人民调解等调解机制外，还有行业调解、商事调解、律师

---

〔1〕 高其才：《中国少数民族习惯法研究》，清华大学出版社 2003 年版，第 36 页。
〔2〕 认知研究与认知思维是两个不同的概念，前者以后者为研究对象，因而它主要是研究"人类是怎样感知和理解外部世界的？大脑是如何将感性知识抽象为理性知识，即如何形成概念、进行推理的？人的认知模式概念体系是如何构成的？人类是否有共同的认知体系？"赵艳芳：《认知语言学概论》，上海外语教育出版社 2001 年版，第 3 页。

调解等多类型纠纷调解机制，形成了"意思自治、多元化解"的共建共治共享的社会治理格局，为推动社会矛盾纠纷化解，维护社会和谐稳定发挥了积极推动作用。

日本学者棚濑孝雄指出："尽管审判外纠纷处理与审判一样关系到每一个人的权利实现问题，但到目前为止法律实际工作者却有一种只是把视线集中在审判制度上的倾向。在这样的背景下，更有必要强调分析审判外纠纷处理机关的实际功能、探索其发挥更大的有效途径这一课题的重要意义。"[1]基于我国的国情及司法的本质属性，要求在法院的司法审判活动尤其是民事纠纷化解中，不仅要"定分"，还要"止争"；不仅要"案结"，而且要"事了"，力求法律效果和社会效果的统一。从笔者在西部某民族地区基层法院多年的民商事审判业务经历来看，在当下案件上诉率、改判率、发回重审率等约束性考核评估指标仍然是法官办案质效的重要评判标准的现实语境下，法官们也乐于在不违反法律禁止性规定的前提下，积极运用地方惯例习俗进行调解工作，笔者自己也曾经历或听闻不少灵活运用民间惯例习俗化解矛盾纠纷的案例。这类案例主要集中体现在涉及婚姻家庭继承、刑事附带民事赔偿等民事纠纷中，在开庭前或庭审结束后的调解活动中进行，最终结果也大多以调解方式结案，执行程度也较高。如果调解不成功的，则严格依据法律规定依法作出裁判。这一处理方式取得了较好的法律效果和社会效果。

然而，一个令人尴尬的现实是，尽管在 2017 年《民法总则》等法律规范中，均作出了"……法律没有规定的，可以适用习惯"等类似授权使用"习惯"的规定，习惯也正式"登堂入室"，成为继优先适用"法律条文规定"之后的重要"法源"，但是在审判实务中，面临着何谓"习惯"，如何认定，如何适用等一系列难题。我国以成文法为主要法律适用依据，法官亦须为所办理的案件终身负责，所制作的裁判文书均通过网络等形式公开、自觉接受社会监督的语境下，法官不会也不可能冒着以"习惯"这一本身带有地域性、时效性等诸多不确定性因素的内容来作为自己裁判案件所依据适用的"法源"。因此，在审判实务中，即使存在大量沿用地方惯例习俗的方式来化解矛盾纠纷的情形，但这也仅体现在调解的过程中，从裁判结果来看，无法体现

---

[1] [日]棚濑孝雄：《纠纷的解决与审判制度》，王亚新译，中国政法大学出版社 1994 年版，第 78 页。

出民间习惯法对审判活动的影响，对民间惯例习俗的运用也大多处于"能说能做不能写"的尴尬境地。

三、该书尝试厘清习惯法与国家法之间的关系

无论对习惯法采取何种研究方法，一个必须正视且需厘清的问题就是如何认识和处理习惯法与国家法之间的关系。目前学界主要以历史、现实及理想三个维度之一为切入点分别进行研究探讨，李著则从上述三个维度对习惯法与国家法之间的关系逐一进行了解构分析，认为处理国家法与习惯法之间的关系，应当基于历史、现实和理想"三位一体"的视角来综合考量。由于当前我国主流法治理论对习惯法的态度抑或评价，习惯法被长期"打入冷宫"，不为主流所"待见"。从法源上而言，民间习惯要进入国家法范畴，还面临诸如思想观念、制度设计、组织实施等方面的掣肘，加之民间习惯本身在实体、观念、文化及地域分布等方面的异质性，也构成了将其纳入国家法一般调整范畴的"本体性障碍"。如何弥补这一缺陷，让民间习惯进入国家法层面或者为官方所认可，对这一问题李著主张主要通过民间的"以知参制""以知参审""以知参调"，官方的"援习入释""援习入判"，以及民间与官方的"共谋变法"等"零星模式"的方式使其参与到国家法治建设中，即主张以一种弹性的、灵活的方式将民间习惯规则纳入国家治理体系范畴。诚然，如若按照成文法上精细化、规范化视角来分析，该种模式缺乏明显的可操作性，无法在司法实践中统一适用，而这也恰好高度契合了民间习惯自身的无序性、地域差异性特质。

"法是一种社会规范，当它被忽视或违犯时，享有社会公认的特许权的个人或团体，通常会对违犯者威胁使用或事实上使用人身的强制。"[1]在现代化中国的社会秩序之建构的进程中，人们逐渐发现，其实民间法或习惯法并不当然是现代化的阻碍力量，而相反，很可能是现代化的共生力量。[2]实践中那种忽视抑或罔顾少数民族法律传统的存在，甚至试图通过立法等外部力量来改造、摧毁、同化习惯法传统的做法是不正确的，因为在中国社会转型的

---

〔1〕［美］E. A. 霍贝尔：《初民的法律——法的动态比较研究》，周勇译，罗致平校，中国社会科学出版社 1983 年版，第 30 页。

〔2〕魏敦友："民间法话语的逻辑——对当代中国法学建构民间法的三种理论样式的初步探讨"，载《山东大学学报（哲学社会科学版）》2008 年第 6 期。

法制建设中，从总体上看，国家制定法和民间法之间必须尽力沟通、理解，在此基础上相互妥协、合作。这样可以避免更大的伤害，获得更大的收益。而不是按照一种思辨的理想型模式，无论是强调国家制定法还是强调民间法的模式，来构建当代中国的法制。[1]因此，笔者窃以为，在认识和处理国家法与习惯法关系方面，从一般意义上而言，必须坚持以国家法为前提、原则、基础，民间习惯法为国家法的重要补充力量。但是，无论是一种"有形的法"，抑或为一种"无形的法"，均要从其立法本意来具体分析和处理，不能纯粹地从文本上来机械地审视。具体来讲，就是在化解矛盾纠纷过程中，应当立足案件的争议焦点，积极探寻国家法与习惯法之间的共同点或平衡点，尽量寻求一种折中的方案，从而达到化解矛盾纠纷的目的。因为，相对于国家法和民间习惯法而言，无论是事前的警戒抑或是事后的惩处，毕竟都是为了达到规范人们行为、维护社会秩序、促进社会稳定的目的。

四、该书为推动我国法治建设提供了经验借鉴

"鞋子合不合脚，只有自己穿了才知道。"在推动社会治理法治化方面，西方国家经过多年的发展，积淀了诸多经验，为推动我国法治建设提供了经验借鉴。然而，无论从国家层面、社会层面抑或个人层面而言，都需要结合自身的法律文化背景，要具有可行性、可操作性才行，如果离开了法治所需要规范、调整、治理的"现实土壤"，再好的制度理论也无异于无源之水、无本之木。曾经很长一段时间，学界曾盛行"法治现代化"即为"法律西方化"，凡是西方的东西都是先进的，本国的都是落后的，动辄按照某某理论、观点，不加批判地照搬照抄，随即得出国内亦应当如何的结论，而根本未进行深入的社会调查研究，充分考量本国的实际国情，其最终的结果也就是"纸上谈兵"，毫无理论研究意义或实践参照价值。及至当下，"西方发展话语"仍然为不少研究者奉为圭臬，认为西方的一切理论体系均具有普世价值，而对其理论存在的缺陷或不足熟视无睹，亦对本国的经验传统则嗤之以鼻，缺乏最基本的"理论自信"。李著借助哈耶克规则进化命题中的"作为行动选择的'个人'与作为秩序选择的'社会'、价值相对主义与价值绝对主义之间的内在矛盾或冲突"两对矛盾为切入，对该命题在"人""价值"的预设

---

〔1〕 苏力：《法治及其本土资源》，北京大学出版社 2001 年版，第 63 页。

上的矛盾做法可能带来的方法论困惑，提出"哈耶克的困惑"在当下社会语境的启示，无论是"封闭小社会"还是"开放大社会"，二者均具有各自的特质和缺陷。要弥补"开放大社会"自身存在的困境，就应当进行价值重建，吸收借鉴"封闭小社会"中的若干正面价值，等等。这对哈耶克若干命题进行了客观批判和理性反思，为我国在解决类似问题尤其是推行法治建设方面提供了思路借鉴。

五、该书对如何构建民间习惯法研究方法论及其学术、实践价值作了新的阐释

民间习惯法研究方法论究竟是什么？如何建构？对今后的学术研究抑或实践操作有何指导意义？关于习惯法的研究方法论，或谓之习惯法的研究范式，李著认为，民间习惯法研究方法论是指民间习惯法研究者对其自身的研究（理论）和方法的反思。对民间习惯法的研究应当坚持抽象路径与具体路径相结合的"二元范式"，即在抽象路径方面，应当以经验主义路径为基础，以规范主义路径为导向，以逻辑主义路径为辅助，从民间习惯法的事实、价值和逻辑三个维度作出全方位、立体化的阐释；在具体路径方面，提出建立"合法性力量自下而上传输"的现代路径，即认为民间习惯法的合法性非由政治国家所传授，而是由其自身的正当性和合理性所赋予。这种"二元范式"研究路径高度契合了民间习惯法的生成、运行和发展等方面的规律。同时，李著给出了以国家法及其相应的西方法律话语和以民俗习惯及其相应的本土法律话语参照系以外的第三域——以"社会"作为民间习惯法研究的参照系，亦即将民间习惯法视为现代法治资源的重要组成部分，并且更加专注于对习惯法在民族地区和民间等场域中生活秩序的形成、纠纷的解决、权利的实现等具有现实意义的话语体系中的研究，形成了独具特色的习惯法研究体例。

李著还从不同的视角，对当下习惯法研究的理论模式和方法进行了介绍梳理，比如，从价值多元论的立场出发，建构出法律多元论模式；以文化类型方法为指导，形成法律文化类型模式；从大传统与小传统并存的制度性事实出发，建构出法律大传统模式、法律大传统—小传统对称模式和法律大传统—小传统混合模式等，这些划分从全方位、多维度为认识、分析、处理民间习惯法的问题提供了理论指导。在方法论的具体践行方面，李著还对相关学科门类的研究方法体系进行了具体介绍，并对当下国家法中心主义对习惯法"结论预含在前提之中"和"对民间习惯法的片面剪裁"的研究立场和研究基点进行了批判反思,为如何开展习惯法的研究提供了具体的方法指南,具有较强的针对性、可行性、可操作性。

总体说来,本书主要处理了五大问题:第一,民间规范与地方立法研究的态度、立场、精神和方法论问题;第二,民间规范的收集、整理、归类、识别问题;第三,民间规范与地方立法研究之关系与理想途径问题;第四,哪些民间规范需要进入,哪些民间规范又不需要进入或不宜进入地方立法,以及进入的时机、条件、方式、限度和后果等若干问题;第五,民间规范与地方立法之间的关系衍生出的若干问题、如何对待民间纠纷的解决机制、如何借用西方的相关理论来解决中国当下的法律问题与法治问题等。综上,李可副教授的这部《习惯法——理论与方法论》著作,基于反思的视角,对习惯法的有关基本理论进行了系统梳理,并结合实际提出了习惯法的研究方法论命题,为习惯法的研究赋予了新的内涵,具有较强的学术研究价值和实务操作意义。同时,该书亦是一本很好的解读习惯法和方法论的专门论著。

近四十年国内清代灾荒赈济研究综述

张琳惠怡*

内容摘要：中国自古以来就是一个灾害频发的国家，尤其是自然灾害的发生，严重影响和危害百姓的生存和社会的发展。清代是一个灾害发生急剧增加的时期，亦是灾荒赈济事宜日趋完善的时期。本文通过对近四十年国内有关清代灾荒赈济研究问题进行回顾总结，以期厘清相关研究的发展脉络，并对今后清代灾荒赈济研究尽一点绵薄之力。

关键词：清代　灾荒　赈济

在《中国灾荒辞典》中，"灾"指"自然发生的火灾，后泛指水、火、荒、旱等所造成的祸害"。[1]从这段解释中，我们可以看出"灾"具有自然性的特点"荒"在《中国灾荒辞典》中被解释为"由于自然灾害而致的土地荒芜与谷蔬瓜果缺乏，从而民不聊生的状态"。[2]从名词解释当中就可看出，"灾"是"荒"的诱因，但是如果"灾"处理得当，"荒"不一定形成。"赈济"在《现代汉语词典》中是指"用钱或衣服、粮食等救济灾民或贫困的人"。[3]赈济有广义和狭义之分，狭义仅仅指赈银、赈谷等措施，广义包括救灾、救荒的各种措施、方式、制度，本文在对赈济问题进行研究时，采用广义的含义。

中国传统社会对灾荒的记载可以追溯到文字出现时期，由于中国传统社会特殊的文化氛围和社会底蕴，在中国的历代史书典籍中，对于灾荒的记载屡见不鲜，卷帙浩繁。清代是灾荒赈济发展的鼎盛时期，学术界一直对该问题颇为关注。最早对该问题的研究可追溯到竺可桢于1928年发表的《清直隶地理的环境与水灾》一文，他运用现代科学解释灾害发生的原因。1937年邓拓出版的《中国救荒史》是新中国成立前在这一领域的重要著作。由于本文

---

* 张琳惠怡，新疆大学法律史专业博士研究生，研究方向为清代法律制度。

〔1〕 孟昭华、彭传荣编：《中国灾荒辞典》，黑龙江科学技术出版社1989年版，第90页。

〔2〕 孟昭华、彭传荣编：《中国灾荒辞典》，黑龙江科学技术出版社1989年版，第113页。

〔3〕 中国社会科学院语言研究所编辑室编：《现代汉语词典》，商务印书馆2005年版，第1693页。

研究的时间始于 20 世纪 80 年代，在此之前的其他论著就不一一赘述了。直到 20 世纪 80 年代，随着社会经济史研究的不断深入，相关问题的研究进入新时期。自 90 年代开始，灾荒赈济问题研究的范畴不断拓宽，与社会经济史、边疆史等方向交叉，研究领域朝着纵深方向发展。21 世纪以来，人类生存环境日趋恶劣，灾荒赈济问题的研究受到越来越多人的关注。但总体来说，国内近四十年灾荒赈济问题研究主要集中于灾荒本身，包括救灾、救荒的各种措施、方式、制度以及灾荒对社会的影响等。笔者虽尽可能全面地收集这一时期的研究成果，但鉴于本人的能力和某些客观条件的限制，难免挂一漏万，敬请方家批评指正。

一

近四十年来，国内学者就清代灾荒问题本身有诸多方面的研究。

（一）总体研究

一言以蔽之，近四十年来，国内学者就清代灾荒问题的研究，成果颇丰。首先，相关专著陆续出版。李文海等人所著的《近代中国灾荒纪年》[1] 一书，采用编年体的方式，对 1840 年至 1919 年历年全国发生的各类重大灾荒的情况进行了详细的说明。由于该书资料翔实、收录内容广泛而为后来研究者广泛引用。随后李文海等人所著的《灾荒与饥馑：1840—1919》[2]《中国近代十大灾荒》[3] 以及李向军所著的《清代荒政研究》[4] 三部著作的出版，为后来学者研究清代灾荒问题奠定了基础。特别是李向军所著的《清代荒政研究》一书，被认为是清代荒政研究的拓荒之作。该书运用大量的清代官书、方志、奏折，制作了从顺治元年到道光十九年（1644—1839 年）全国各省区的灾况年表、灾蠲年表、灾报年表，并系统阐释荒政的内容，同时对清代荒政作了总体评价。宋正海主编的《中国古代重大自然灾害和异常年表总集》[5]，收集二十五史、地方志等其他相关古籍中有关灾荒的记载，对中国古代自然

〔1〕 李文海等：《近代中国灾荒纪年》，湖南教育出版社 1990 年版。
〔2〕 李文海、周源：《灾荒与饥馑：1840—1919》，高等教育出版社 1991 年版。
〔3〕 李文海等：《中国近代十大灾荒》，上海人民出版社 1994 年版。
〔4〕 李向军：《清代荒政研究》，中国农业出版社 1995 年版。
〔5〕 宋正海总主编：《中国古代重大自然灾害和异常年表总集》，广东教育出版社 1992 年版。

灾害与异常情况的发生作了整理和分类，其成果为人们的研究提供了参考，是一本价值颇高的资料工具书。在灾荒资料的整理与分类方面，值得一提的还有李文海、夏明方主编的《中国荒政全书》。[1]《中国荒政全书》辑录了宋至清末出版的各类荒政著作，其中清代的荒政文献辑录最多。该书全面辑录我国传统社会发生的灾荒以及面对灾荒时的思想、制度、措施，为人们了解传统社会特别是清代重大灾荒的实况及其对社会的影响提供了极为详尽的第一手资料。赫治清主编的《中国古代灾害史研究》[2]则是一本研究中国古代自然灾荒的专题著作，其内容主要涉及先秦至明清各朝代的水、旱、潮、震、虫、疫灾等问题，书中对中国历代自然灾害概况、特点等都有宏观的分析。总之，该书以研究对象时间跨度大、涉及内容多、史料丰富翔实为突出特点。朱凤祥所著《中国灾害通史·清代卷》，[3]以清代严重自然灾害为主要研究对象，分析了清代自然灾害的空间分布特点，论述造成清代自然灾害频繁发生的自然以及社会原因，对清代荒政措施进行全面介绍，为了解清代自然灾害及荒政提供宝贵资料。其次，相关论文陆续发表。据笔者粗略统计，与清代灾荒相关的论文数量庞大，仅综述类文章就有朱浒所写《二十世纪清代灾荒史研究述评》[4]、吴滔所写《建国以来明清农业自然灾害研究综述》[5]、阎永增等人所写《近十年来中国近代灾荒史研究综述》[6]等。

　　总体而言，这些研究成果主要集中于以下三个方面的研究：一是对灾荒本身的研究；二是对灾荒产生的原因分析；三是灾荒的社会影响。笔者想就第二、第三个方面着重阐述。灾荒的成因是学者较早关注的问题，但是学界一直有一种声音：天灾是由人祸导致。经过以竺可桢为代表的、来自自然科学界的研究者的长期艰苦努力，最终将环境变迁纳入灾荒形成的主要原因之中，一改不少学者简单将"天灾就是人祸""灾荒是政治腐败导致"的提法，自此灾荒成因的研究进入自然因素和社会因素综合考虑的阶段。李文海在20世纪90年代就强调灾荒出现的原因除政治、经济、社会等人文因素外，自然

〔1〕 李文海、夏明方主编：《中国荒政全书》（第二辑），北京古籍出版社2004年版。
〔2〕 赫治清主编：《中国古代灾害史研究》，中国社会科学出版社2007年版。
〔3〕 朱凤祥：《中国灾害通史·清代卷》，郑州大学出版社2009年版。
〔4〕 朱浒："二十世纪清代灾荒史研究述评"，载《清史研究》2003年第2期。
〔5〕 吴滔："建国以来明清农业自然灾害研究综述"，载《中国农史》1992年第4期。
〔6〕 阎永增、池子华："近十年来中国近代灾荒史研究综述"，载《唐山师范学院学报》2001年第1期。

因素是不可忽视的一环。历史上很多大的灾荒的发生往往不只是一种因素在起作用，而是自然因素和社会因素交替作用的结果。李向军在《清代荒政研究》中提出，由于中国的季风气候，每年出现不同程度的旱涝是正常现象，但内乱、苛政、生态环境的破坏等因素亦可引发灾荒的发生，加重灾荒的程度。康沛竹在《晚清时期对灾因中社会因素的认识》[1]中专门分析了晚清时期政治腐败、生态环境、战争及鸦片种植与灾荒的关系，明确指出这些因素对灾荒的影响。

每一次重大事件的发生，都会对当时的政治、经济、文化、生活等方面产生影响，灾荒的发生亦不例外。中国作为一个传统的农业国家，每一次灾荒的发生，对当时的中国社会来说往往产生不可预知的影响。灾荒和社会生活之间的复杂关系，亦成为学者关注的重要领域。就政治方面的影响来讲，李文海所写的《甲午战争与灾荒》[2]比较典型。文章从战区和灾区、灾荒与战争进程、战争善后与赈灾三个方面，明确指出战争会加剧灾荒的程度，阐明甲午战争和灾荒之间错综复杂的关系。就经济方面的影响来讲，夏明方所写的《从清末灾害群发期看中国早期现代化的历史条件——灾荒与洋务运动研究之一》[3]、张国雄所写的《清代江汉平原水旱灾害的变化与垸田生产的关系》[4]比较具有代表性。其中夏明方详细论述了灾荒与中国早期工业化的关系，提出在清末灾害群发的时期，自然灾害对中国早期资本原始积累有很大的消极影响，指明自然灾害的群发性正是与当时天灾、人祸相互交错的作用相关，是天时异常、环境破坏和社会危机共同作用的产物，而灾害的群发必然导致灾荒的产生，阻碍清政府的近代化建设，产生大量的灾民、流民，这不利于劳动力市场的形成，并造成国内市场的剧烈波动。就文化方面的影响来讲，王振忠所写的《清代徽州民间的灾害、信仰及相关习俗——以婺源县浙源乡孝悌里凰腾村文书〈应酬便览〉为中心》[5]、王建革所写的《清代华北的

---

〔1〕 康沛竹："晚清时期对灾因中社会因素的认识"，载《社会科学辑刊》1997 年第 4 期。

〔2〕 李文海："甲午战争与灾荒"，载《历史研究》1994 年第 6 期。

〔3〕 夏明方："从清末灾害群发期看中国早期现代化的历史条件——灾荒与洋务运动研究之一"，载《清史研究》1998 年第 1 期。

〔4〕 张国雄："清代江汉平原水旱灾害的变化与垸田生产的关系"，载《中国农史》1990 年第 3 期。

〔5〕 王振忠："清代徽州民间的灾害、信仰及相关习俗——以婺源县浙源乡孝悌里凰腾村文书《应酬便览》为中心"，载《清史研究》2001 年第 2 期。

蝗灾与社会控制》[1]较为典型。其中王建革在文章中通过对清代华北蝗灾的研究，阐明当时地方政府对社会的控制方法，并进一步分析民间信仰与政府行为的关联性，指明专制文化与传统迷信不但对减灾、防灾产生负面影响，亦使乡村文化更加愚昧落后。就生活方面的影响来讲，刘仰东所写的《灾荒：考察近代中国社会的另一个视角》[2]、王璋所写的《灾荒、制度、民生——清代山西灾荒与地方社会经济研究》[3]较为典型。其中王璋在文章中指出灾荒使百姓道德品质劣化，妇女成为人口贩卖的主要对象。就人口迁移的影响来讲，董龙凯所写的《清光绪年间黄河变迁与山东人口迁移》[4]、池子华所写的《近代农业生产条件的恶化与流民现象——以淮北地区为例》[5]、汪志国所写的《近代安徽自然灾害与人口的变化》[6]较为典型，其中汪志国透过近代安徽自然灾害与人口变动之间的关系，指出灾害是造成近代安徽人口数量减少、人口外流以及人口素质低下的主要原因。

(二) 局部区域研究

1. 以省为单位的研究

以省为单位的区域研究，开始时间较早，在民国时期已经出现，且为多数学者采用。这种情形的出现不仅仅是因为在我国传统社会中，有关灾害的记载较多，资料丰富，保存完整；更是因为我国地域辽阔，各个省份的情形各有不同。到20世纪90年代，由于边疆史的发展，相关领域的学者将眼光投向了中国的边疆省份，如内蒙古、甘肃、新疆、云南、贵州等地，且以论文居多。有周炜所写的《西藏近代雪灾档案研究》[7]、《西藏19世纪以来的水灾——西藏水灾档案研究》[8]，赵艳林所写的《甘肃近代史上的

〔1〕 王建革："清代华北的蝗灾与社会控制"，载《清史研究》2000年第2期。
〔2〕 刘仰东："灾荒：考察近代中国社会的另一个视角"，载《清史研究》1995年第2期。
〔3〕 王璋："灾荒、制度、民生——清代山西灾荒与地方社会经济研究"，南开大学2015年博士学位论文。
〔4〕 董龙凯："清光绪年间黄河变迁与山东人口迁移"，载《中国历史地理论丛》1998年第1期。
〔5〕 池子华："近代农业生产条件的恶化与流民现象——以淮北地区为例"，载《中国农史》1999年第2期。
〔6〕 汪志国："近代安徽自然灾害与人口的变化"，载《安徽大学学报（哲学社会科学版）》2008年第5期。
〔7〕 周炜："西藏近代雪灾档案研究"，载《西藏研究》1990年第1期。
〔8〕 周炜："西藏19世纪以来的水灾——西藏水灾档案研究"，载《中国藏学》1990年第3期。

几次特大旱灾及其严重影响》[1]，吴彤、包红梅所写的《清后期内蒙古地区灾荒史研究初探》[2]，姚佳琳所写的《清嘉道时期云南灾荒研究》[3]等，这些研究成果为全方位了解中国古代灾荒研究提供了支撑。

2. 以特殊区域为单位的研究

以特殊区域为单位的研究，主要是指对黄河、长江、淮河流域等特殊区域的灾荒研究。清代的灾荒尤以黄河流域最为严重，因此该区域的研究成果也较为丰富。早在民国时期，就有学者对其进行研究，至20世纪80年代，对黄河流域灾荒的研究仍是学者关注的对象，如庄积坤所写的《一八五五年前后黄河沁河口至铜瓦厢河段情况初探》[4]、胡梦飞所写的《清代徐州地区黄河水患治理及其救灾措施述略》[5]等，其中庄积坤集中揭示了黄河铜瓦厢改道前后的河患情形，胡梦飞则考察了清代徐州地区黄河水患成因、危害及救灾措施。长江流域的灾荒研究比黄河流域时间稍晚，研究成果主要集中在近四十年，有汪润元等所写的《清代长江流域人口运动与生态环境的恶化》[6]、张萍所写的《明清时期岷江流域水旱灾害初步研究》[7]等，汪润元、勾利军通过对清代中叶以后长江流域的人口问题进行研究，指出人口压力是长江流域生态环境恶化的重要因素。淮河流域和太湖地区在清代的灾情并非无人留意，张崇旺所写的《明清时期自然灾害与江淮地区社会经济的互动研究》[8]、卢勇所写的《明清时期淮河水患与生态、社会关系研究》[9]都系统阐述了明清时期的自然灾害与江淮地区社会经济的互动关系，张崇旺同时提出明清时期江淮地区蝗灾的时空分布特点及影响因素。但从总体而言，有关长江、淮

---

〔1〕 赵艳林："甘肃近代史上的几次特大旱灾及严重影响"，载《开发研究》1995年第4期。

〔2〕 吴彤、包红梅："清后期内蒙古地区灾荒史研究初探"，载《内蒙古社会科学（汉文版）》1999年第3期。

〔3〕 姚佳琳："清嘉道时期云南灾荒研究"，云南大学2015年硕士学位论文。

〔4〕 庄积坤："一八五五年前后黄河沁河口至铜瓦厢河段情况初探"，载《人民黄河》1982年第1期。

〔5〕 胡梦飞："清代徐州地区黄河水患治理及其救灾措施述略"，载《黄河科技大学学报》2012年第2期。

〔6〕 汪润元、勾利军："清代长江流域人口运动与生态环境的恶化"，载《学术季刊》1994年第4期。

〔7〕 张萍："明清时期岷江流域水旱灾害初步研究"，西南大学2014年硕士学位论文。

〔8〕 张崇旺："明清时期自然灾害与江淮地区社会经济的互动研究"，厦门大学2004年博士学位论文。

〔9〕 卢勇："明清时期淮河水患与生态、社会关系研究"，南京农业大学2008年博士学位论文。

河流域灾荒问题的研究成果较少，除一些特殊省份（如安徽省），其他省份的相关问题研究深度不足。

二

关于清代灾荒发生后如何进行赈济的问题，学界的研究自民国就已开始，且研究成果丰硕。[1]到 20 世纪 80 年代，相关问题的研究，取得了新的进展，研究视角不断拓宽，新的学术成果不断涌现。除了之前已经提到的李向军所写的《清代荒政研究》之外，还有许多专著和论文涌现。

（一）总体研究

陈桦、刘宗志所著的《救灾与济贫：中国封建时代的社会救助活动（1750—1911）》[2]一书详细阐述了清代在社会救助方面的制度与措施，特别是用较大篇幅论述了清代救灾程序以及防灾、减灾、救灾措施，学术价值较高。孙绍聘所著的《中国救灾制度研究》[3]一书分为上、中、下三篇，在中篇详细介绍了 1949 年以前中国的救灾制度，并对中国历代的救灾思想、救灾措施、救灾主体、防灾减灾措施等方面进行了独到的研究，使我们能够对建国以前，特别是对清代的赈济研究有较为深入的了解。杨明所著的《清代救荒法律制度研究》[4]从清代救荒的法律渊源、程序、规范等角度进行研究阐述，为我们从法律层面了解清代救济制度提供帮助。

以上内容主要是对清代赈济研究相关著作的论述，在已收集的资料中，有关清代赈济研究的论文占比颇高。陈桦所写的《清代防灾减灾的政策与措施》[5]对清代的防灾减灾政策与措施，如粮食储备、修建水利工程等皆有详细而全面的介绍。张若开所写的《晚清时期的灾荒及清政府的赈灾措施》[6]

---

〔1〕 清代赈济问题研究始于 1937 年邓拓所著的《中国救荒史》，该书运用历史资料，通过统计学的方法，系统探讨了中国历史上历代灾荒的实况及特征，同时详尽分析了历代的救荒政策，其学术影响力不可小觑。

〔2〕 陈桦、刘宗志：《救灾与济贫：中国封建时代的社会救助活动（1750—1911）》，中国人民大学出版社 2005 年版。

〔3〕 孙绍聘：《中国救灾制度研究》，商务印书馆 2004 年版。

〔4〕 杨明：《清代救荒法律制度研究》，中国政法大学出版社 2014 年版。

〔5〕 陈桦：“清代防灾减灾的政策与措施”，载《清史研究》2004 年第 3 期。

〔6〕 张若开：“晚清时期的灾荒及清政府的赈灾措施”，吉林大学 2008 年硕士学位论文。

以晚清这一特殊时期作为研究对象，主要针对政府的赈灾救济制度和措施予以考察研究，指出由于清政府的吏治日益腐败，列强的不断入侵，清政府财政收入急剧恶化，赈济制度出现新的特点。郑庐所写的《清代灾荒救济法制研究》[1]以清代灾荒救济的特点、法律体系以及实际效果等方面为研究对象，从法律层面对清代的灾荒救济作出全面论述，指出清代灾荒救济的法律制度对现代制度的指导意义。张杨所写的《清代赈灾法律制度探析》[2]系统论述清代的赈灾法规和赈济流程，特别是对报灾、勘灾、赈灾、灾后重建等制度性的规定分专章进行阐述，阐明该制度的利弊。陈建宇所写的《清代国家赈灾事业兴衰研究》[3]从清代顺康、雍乾、嘉道、同光四个时期分别对赈灾事业的特点进行论述，指出赈灾事业的积极作用和消极影响，并分析了产生消极影响的原因。黄静所写的《清代自然灾害救助法制州县实践研究》[4]也是从法律角度出发，论述了清代灾害救助法律以及在州县地方的实际运用和操作，展现了清代赈济制度的动态格局。

（二）分类研究

1. 仓储制度的研究

仓储制度是我国传统社会赈济的重要组成部分，常平仓、社仓、义仓等各种仓储平日储粮，灾荒年通过赈济、借贷等方式救济灾民，构成清代重要的减灾、救灾、备灾制度，对保障灾民基本生活、维护社会稳定起到重要作用。

对该研究领域进行总体论述的综述类论文有如下一些：范瑞所写的《1980 年以来国内明清仓政史研究综述》[5]，该文收集了 1980 年至 2008 年期间国内有关仓政研究的相关论文，指出该领域研究存在诸多问题，研究成果薄弱。以其他方面为研究对象的论文有如下一些：吴滔所写的《论清前期苏松地区的仓储制度》[6]，从仓储的变迁历程、管理和运营等三个方面，指出仓储制度在这一特定时期、特定区域内的具体落实情况，清晰地阐述清代

---

〔1〕 郑庐："清代灾荒救济法制研究"，中国政法大学 2009 年硕士学位论文。

〔2〕 张杨："清代赈灾法律制度探析"，南昌大学 2009 年硕士学位论文。

〔3〕 陈建宇："清代国家赈灾事业兴衰研究"，西北农林科技大学 2018 年硕士学位论文。

〔4〕 黄静："清代自然灾害救助法制州县实践研究"，西南政法大学 2016 年博士学位论文。

〔5〕 范瑞："1980 年以来国内明清仓政史研究综述"，载《许昌学院学报》2008 年第 3 期。

〔6〕 吴滔："论清前期苏松地区的仓储制度"，载《中国农史》1997 年第 2 期。

仓储制度的运作实态。李映发所写的《清代州县储粮》[1]，以清代州县的各类仓廒的贮粮来源、仓库的兴建与管理、巣籴办法等为研究对象，深入研究地方仓储的社会功能，同时指明在清中期衰落的原因。以常平仓为研究对象的论文有如下一些：张岩所写的《论清代常平仓与相关类仓之关系》[2]，该文以常平仓的起源、建仓方式、宗旨、管理方式、功能五个方面为主要内容，对清代常平仓与社仓、义仓进行了比较研究，指出常平仓与相关类仓是清政府在不同区域以不同形式进行的一种富有人情味的社会管理活动，是封建政府履行职能的一种方式。姚建平所写的《清代两湖地区社仓的管理及其与常平仓的关系》[3]，指出仓储制度和保甲制度相结合是清代两湖地区社仓管理的一个重要特点，而在管理方面社仓与常平仓有着密切的联系。社仓、义仓研究方面的论文有如下一些：吴洪琳所写的《论清代陕西社仓的区域性特征》[4]一文，以陕北、陕南、关中三个不同的区域为研究对象，指出由于地理等因素的限制，这三个地区社仓的发展及以后的衰落均呈现不同的特征。白丽萍所写的《清代两湖平原的社仓建设》[5]以清前、后两个时期（以乾隆皇帝为界）两湖平原社仓的建置与分布、仓谷来源、仓政管理的特点为研究对象，指出清代社仓制度的发展演变及其在基层社会的具体实践过程。

2. 区域性研究

区域性研究，即以某一省份或区域为研究对象的研究，这一类研究的文章数量非常可观。姚延玲所写的《清代道咸同光时期的灾荒与救助——以山西省为例》[6]，文章以道咸同光四个时期为研究对象，分析了山西灾荒的分布情况、成因以及危害，并就灾荒问题提出救助的措施。总体来说该文较为系统地对这一时期山西的荒政进行论述。韩基凤所写的《清嘉道时期贵州民族地区赈济研究》[7]一文，着眼于嘉庆道光时期贵州的赈济活动，通过叙述

〔1〕 李映发："清代州县储粮"，载《中国农史》1997 年第 1 期。

〔2〕 张岩："论清代常平仓与相关类仓之关系"，载《中国社会经济史研究》1998 年第 4 期。

〔3〕 姚建平："清代两湖地区社仓的管理及其与常平仓的关系"，载《社会科学辑刊》2003 年第 4 期。

〔4〕 吴洪琳："论清代陕西社仓的区域性特征"，载《中国历史地理论丛》2001 年第 1 期。

〔5〕 白丽萍："清代两湖平原的社仓建设"，载《武汉大学学报（人文科学版）》2006 年第 1 期。

〔6〕 姚延玲："清代道咸同光时期的灾荒与救助——以山西省为例"，西北师范大学 2009 年硕士学位论文。

〔7〕 韩基凤："清嘉道时期贵州民族地区赈济研究"，贵州民族大学 2017 年硕士学位论文。

清政府的赈灾过程及社会救济机构的设立，指出赈灾制度对贵州社会的影响，并对当今我国社会保障体系的建设提出思考。李新喜所写的《清代云南救灾机制刍探》[1]，主要论述清政府在云南地区的救灾措施，指出由于云南特殊的地理环境，救灾机制具有明显的地方特点，同时指出救灾机制的社会效果及对后世的影响。刘洪洋所写的《嘉道时期皖北地区灾荒研究》[2]，通过对该地区灾荒及灾荒发生原因的研究，分别指明政府和民间灾荒赈济的措施及作用，同时指出灾荒依然是困扰现在皖北经济和社会协调发展的因素之一。李亮所写的《嘉庆十五年甘肃赈灾研究》[3]一文，通过对《赈纪》等史料的研究，将嘉庆十五年（1810年）甘肃赈灾作为清代甘肃荒政的一个成功个案进行研究，指出赈灾过程中成功的经验，提出该成功经验对后续甘肃赈灾有一定的指导作用。闫娜轲所写的《清代河南灾荒及其社会应对研究》[4]一文，系统研究清代河南地区灾荒的发生情形及原因，特别是对乾隆、嘉庆、光绪三朝的灾荒问题进行具体分析，提出仓储和水利建设是防治灾荒的主要措施，同时指出神灵信仰对灾后社会生活的不良影响。雷亚妮所写的《晚清陕西水旱灾害与社会应对研究》[5]一文，通过拓宽史料，对晚清陕西水旱灾害重新做了统计，提出中国传统救灾形式的"荒政"虽仍承担着赈灾的主导力量，但承担赈灾的主体已经呈现多元化，民间力量发挥了重要的作用，同时分析了救灾效果。

三

通过对以上研究成果的综述，可以看出：经过四十年成果的积累，清代灾荒赈济领域的许多问题已受到了研究者的关注，而且不少具体问题的研究也已相当深入。特别是在90年代以来，该领域的研究大大突破学科本身的局限，与其他学科实现了综合和多种研究视角的运用，灾荒赈济被引入了更广泛、更深入的领域，获得更为广阔的研究空间。但是依然存在以下问题。

---

〔1〕 李新喜："清代云南救灾机制刍探"，云南大学2011年硕士学位论文。
〔2〕 刘洪洋："嘉道时期皖北地区灾荒研究"，内蒙古大学2010年硕士学位论文。
〔3〕 李亮："嘉庆十五年甘肃赈灾研究"，西北师范大学2017年硕士学位论文。
〔4〕 闫娜轲："清代河南灾荒及其社会应对研究"，南开大学2013年博士学位论文。
〔5〕 雷亚妮："晚清陕西水旱灾害与社会应对研究"，陕西师范大学2012年硕士学位论文。

（1）研究范围不够宽泛。由于灾荒赈济研究与不少学科有连接之处，因而需与其他学科结合，开展多领域、多层次的研究工作。就目前来看，在已经出版发表的论著中，跨学科的研究依然未真正实现。而那种仅仅在文章中加上一段生态环境、自然地理概述或法学理论阐述的做法，显然谈不上与其他学科深入连接。

（2）具体问题的研究不够深入。从学术研究的角度来看，许多研究成果较为分散、单一，缺乏内在的有机联系和互动；从研究深度和广度来看，依然存在进一步提升的空间，许多已发表的论著，其研究成果仍然浮于表面，对问题分析不够，比如对灾害成因的分析，大多研究还停留在对致灾原因简单的归纳上，未形成动态研究过程。

综上所述，近四十年来国内清代灾荒赈济问题研究硕果累累，但仍需突破传统研究的领域和范式，加强国际合作与交流，以取得更加丰硕的成果。

敦煌法学专题

敦煌法学之水是很甜很甜的

——2020 年甘肃省法学会敦煌法学研究会成立大会上的致辞

李功国*

内容摘要：敦煌法学是依据我国敦煌及其周边地区石窟艺术与出土法律文献及其他资料研究我国古代敦煌法律现象、法制状况、法律生活、法律关系、法律过程与变迁及其规律的学问，是敦煌学相对独立的一门分支学科。敦煌学和敦煌法学是在汉唐以来敦煌、河西、西域、亚欧联通的史地环境、区位优势、战略布局、文化交往的广阔背景下形成的。敦煌法学在敦煌学现有分支学科中是缺失的，这是很不正常的。敦煌法治文献是敦煌文献极其珍贵的重要组成部分。缺失法律文献，敦煌文献将会遭受极大削弱。敦煌法学、法制、法文化事关国家的基本法律文化制度。敦煌法制文献研究，已有百年学术史，数以百计的学者参与，成果累累，已为敦煌法学研究打下了一个好的基础。敦煌法学具有传承价值，即敦煌法学、法制、法文化是中华法系和我国优秀传统法文化的集中展示。

关键词：敦煌法学　法律文献　价值传承

今天我们在这里聚会，宣布成立"甘肃省法学会敦煌法学研究会"，这是继 2020 年 6 月 20 日"兰州大学敦煌法学研究中心"揭牌成立之后，甘肃法学法律界的又一件大事、喜事！这是我们学习贯彻习近平同志关于"加强敦煌学研究""讲好敦煌学故事"的重要举措和实际行动，标志着敦煌法学研究已从分散、自发的民间学术活动走向国家公助，中国法学也开始重视并承担历史责任。这是敦煌法学研究新的觉醒和历史拐点。它犹如当下风雪寒冬中红梅的逆势绽放，带给人们温馨如春的向往。这也是参会诸位敦煌法学学者和爱好者数十年来艰苦奋斗的结果。对此，我们表示由衷感谢！

记得 25 年前的 1995 年 10 月初，在北京召开的首届"罗马法·中国法与

---

* 李功国，兰州大学教授，主要研究方向为民法学、敦煌法学。

民法法典化"国际研讨会上，以斯奇巴尼教授为首的 50 多位欧洲罗马法学者提出："罗马法之水是很甜很甜的!"我当时正在台上发言，于是即刻回应道："我们中国儒家法文化、敦煌法制法文化之水也是很甜很甜的!"当时台下的外国来宾都站起来为我友好地鼓掌，我国学界前辈周梅先生也称赞我回答得"很好、很得体"。这是我在国际学术场合第一次讲到敦煌法制法文化。

那么，什么是敦煌法学? 敦煌法学是怎样的? 为什么说敦煌法学之水很甜很甜? 我们当前为什么要构建敦煌法学新学科? 它的传承价值和现实意义是什么? 这几个问题是关于敦煌法学的根本性提问，是敦煌法学的形上思维和学理基础，不可不搞清楚。

敦煌法学是研究我国敦煌及其周边地区石窟艺术与出土法律文献及其他资料中所反映出的我国古代敦煌法律现象、法制状况、法律生活、法律关系、法律过程与变迁及其规律的学问，是敦煌学的一个分支学科，一个重要组成部分。

敦煌法学研究，在敦煌学的影响带动下，伴随着出土文物的新发现，早已有了百年历程，凝结着几代学人的心血和汗水，取得了丰硕研究成果和一定成就，为敦煌法学的综合系统研究和学科理论建设开创了条件，奠定了基础。

敦煌法学是敦煌学一个相对独立的分支学科，虽然归属于敦煌学这一文理兼容的综合学科，但它又与社会科学、法学、法文化学、法史学、部门法学乃至哲学、社会学、文献学等有着割不断的联系。不过综观当今时代学术研究的趋向，在牢固基础理论综合研究的同时，更加注重学科细化和独立归属。所以总的看来，敦煌法学应是一门独立归属而又有所归依的交叉学科。由于它鲜明的地域性，以地为名归依于敦煌学系列，是适宜的。

必须看到，敦煌学和敦煌法学是在汉唐以来敦煌、河西、西域、亚欧联通的史地环境、区位优势、战略布局、文化交往的广阔背景下形成的。敦煌的区位特点是"华戎所（支）[交]，一都会也"（《后汉书·郡国志》，刘昭注）。敦煌北邻匈奴，西邻楼兰，南邻羌戎，曾被吐蕃、西夏、回鹘、蒙古占领，境内也有多个民族杂居，更远处则沟通西域、中亚、西亚、欧洲及东亚、南亚，成为多民族文化交汇之地，农耕文化、游牧文化、绿洲文化、工商文化交汇之地，三大宗教、四大文明独一无二的融汇之地。尤其是，敦煌石窟画塑和 20 世纪初莫高窟藏经洞遗书的出土，使得敦煌丰富灿烂的文化震惊了世界。正如姜亮夫先生所说："整个人类的历史都在敦煌，它为什么不至贵？"季羡林评价说："世界上历史悠久、地域广阔、自成体系、影响深远的文化体系只有四个：中国、印度、希腊、伊斯兰，再没有第五个；而这四个文化体系汇流的地方只有一个，就是中国的河西走廊敦煌和新疆地区，再没有第二个了。"

但是，在敦煌学现有分支学科中，却缺失敦煌法学，这是很不正常的，理由如下。

第一，敦煌学是通过现存和出土文献资料，去认识和研究已经消失了的古代敦煌社会的。文献资料是敦煌学第一手、最直接的研究对象，是敦煌学的研究基础，总数以数十万计，而敦煌法律文献则是敦煌文献中最为丰富、最为重要者之一。敦煌文献资料，包括地上地下两种存在形式，十几大门类。无论是莫高窟藏经洞遗书、汉晋简牍、碑铭赞，还是石窟画塑、历史人物，无不保存着丰富的、数以千计的典章文本、公私文书、契约样文、判集案例、法律人物与故事。即使是佛经、儒学典籍，也蕴涵着深厚的法学、法制、法文化内容。如果说敦煌石窟画塑等文化艺术形象是敦煌的硬实力，那么，蕴含在其中的哲学、美学、法学、法文化学、社会学等，则是敦煌文化的软实力。敦煌法治文献是敦煌文献极其珍贵的重要组成部分，缺失法律文献，敦煌文献将会遭受极大削弱。

第二，敦煌法学、法制、法文化事关国家的基本法律文化制度。敦煌法制集中展示了我国古代 2000 年，特别是中古时代强汉盛唐时期封建法制的顶峰状态，可作为中华法系的代表。敦煌还形成了敦煌政治制度、行政与经济管理制度、刑事民事与婚姻家庭制度、民族宗教制度、商贸制度、交通邮驿制度、军旅烽燧屯田制度、诉讼制度等基本制度。制度是社会治理和安定、经贸发展的保障。这些制度及其付诸实践，使得敦煌社会成为处于发达状态的封建法制社会，在世界法制史上也处于领先地位。如果漠视敦煌法制，就会失去这一中国古代法制的历史见证，也会使敦煌文化失去社会与法制根基。

第三，敦煌法制文献研究与敦煌学同步，已有百年学术史，数以百计的学者参与，成果累累，已为敦煌法学研究打下了一个好的基础，使它的学理体系构建不亚于其他分支学科。但是，这样一个较为成熟的学科，却迟迟不能从敦煌学学科群中独立出来，这是中国法学的一大憾事！当然，就敦煌法制文献研究自身来看，这一研究主要是对部分文献的考释，尚缺乏整体观察、综合研究；而且法学专业性研究薄弱，敦煌学各大研究机构和高校极少配备法学专业人员，也没有人才培养计划，没有组织保障，致使敦煌法学至今尚未完成学科理论框架的建设，尚未在敦煌学中占有应有的一席之地。今年 8 月 21 日，由甘肃简牍博物馆、甘肃省考古研究所等单位专家学者历时 8 年完成的《武威汉简集释》图书首发式举行。在全书收录的 643 枚简牍中，最为重要的"武威三简"的两简即"礼仪简"和"王杖简"，正是中国古代"礼法并治"和"老人权益保护"的极为珍贵的法律文献资料。而这些资料的挖掘、考释竟无法律专业人士参与，也未引起法学界、法史界的重视。由此，敦煌法学研究至今仍处于自生自灭、被学界漠视的状态。

敦煌法学具有很强的实践应用性。敦煌法律文献是我国古代，特别是中古时代近千年敦煌及周边地区法制状况和法律生活的真实写照。文献所记载的国家正籍典章以及行政、刑事、民事、经济贸易、婚姻家庭与继承、民族宗教、生态科技、军旅屯田等法律制度，条文具体细致，很有操作性。文献中的土地、水利、商贸活动，刑民诉讼文书、契约形式、婚姻嫁娶礼仪、风俗规约、汉晋简牍、碑铭题记等，均系当时当地百姓、官员、豪族、工匠商人、粟特胡羌、寺庙信徒、军旅戍卒等所亲见亲历。敦煌法制的一大特征是其庶民性、民间性、自治性，法律事务密切联系生活实际，关涉每个人的利益。由此可以看出，敦煌古代法制已经形成了国家制定法与地方立法相结合，国家法与习惯法、自治法相结合，自然法与僧俗两界法并存的二重性、多重性。同时，也已形成立法、执法、司法、监督、守法相衔接的法制体系，而且效率高，运作灵活。由此，敦煌法律文献所反映的敦煌社会，在一定程度上已是一个相当发达的法制社会。敦煌法学也必然具有与敦煌社会密切联系着的实践性、应用性。

敦煌历届地方政府或政权都以中央王朝正籍典章为基本遵循，注重国家正典与地方立法、实施细则相结合，与社会治理相结合；注重礼、法、刑、政综合为治；注重法律适用中的实际效果。诉讼判集、案例、契约等公私文书体现出儒家文化的主流地位和各民族文化的影响，体现出中国优秀传统法律文化中天理、人情与法的和谐内涵和民本、民生、平等、正义的价值观，以及德主刑辅、宽仁慎刑、无讼等理念。敦煌古代社会法律体系比较完备，执行力度强，办案水平高，效率快，像"阿龙土地纠纷案""宋玉认子案""宋里仁侍母案""候粟君所责寇恩事案"等，不仅适用法律准确、认定事实、证据严格，而且程序完备，判处得当，完全符合程序正义与实质正义。特别是办案人员态度认真、执法公正、效率高，灵活掌握情、理、法的衡平，诉讼当事人法制意识强，讼词有说服力。反映出办案的高水平、高质量，在中外案例史上也有很高的可比性。这就使得社会整体治理处于比较稳定、成熟发达状态，为敦煌社会在相当长时期的繁荣安全提供了法制环境，也为中华法系的历史实践和文化传承提供了范例。这是敦煌人在千年悠长岁月中，法律生活与法律智慧的原创性结晶，在中国，乃至在世界也是独一无二的。

敦煌法学的传承价值是：敦煌法学、法制、法文化是中华法系和我国优秀传统法文化的集中展示。其具有本土性、融汇包容性、丰富性以及融入现代的传承延续性、生长发展性，始终坚持多元一体、多族一家、中央集权、郡县制、正籍典章、本土制度，集中展示了中华法系与传统法律文化优势；始终坚守中华民族精神基因，坚持爱国爱家、抵御外侮、维护国土安全的价值观，具有坚忍不拔、自强不息、向往美好生活的强大生命力和创新能力；始终重视民本民生、发展经济贸易，创造了经济繁荣、社会安定的局面，曾经富甲天下，河西存粮曾占全国三分之一；始终维护以儒家文化为主流的多元文化，包括法文化的融合，使敦煌文化与五凉文化、丝路文化融为一体，构成西北文化与中原文化、江南文化并列文化三极，成为世界的敦煌、人类的敦煌；始终注重法制实践，形成较为完善发达的法律体系和制度体系，并具有很强的法律执行力，成为盛唐法制的一处范例。如果说《唐律疏议》是中华法系的标志性法典，那么，敦煌法学、法制、法文化则是中华法系最有实证性、典型性、全景式的集中展示。而且，它的开放包容性、多元文化融合性已经伴随敦煌学产生了世界性影响。

敦煌法学立足于丰富、真实的法律文献资料及其所反映的敦煌古代法律生活，依托于前人百年研究成果，适应新时代深挖历史，把握当代依法治国的新要求。我们基于数十年的学习、关注、参与、思考，审慎地提出建立敦煌法学新学科及其学理体系的意见，主要是出于一种历史责任。如果让真实反映古代敦煌法制社会的数以千计的法律文献在尘封千年、出土百年之后，仍然缺乏专业化的、学科层次的系统整理与开掘，这将是敦煌学与中国法学的一大遗憾。

由此，我们理应要以庄敬自豪的态度，提炼敦煌法学、法制、法文化的传承价值、典型意义，把握其历史延续性、关联性、传承性、生长性和发展规律，坚持唯物史观，反对历史虚无主义和文化殖民主义，弘扬敦煌法学、法制、法文化所集中展示的中华法系和优秀传统法律文化的有益价值，彰显中国意识、中国智慧、中国风格与中国语境，使敦煌法学成为法苑特色学科的一个新的生长点，成为与当代中国特色社会主义法律制度深度联结的历史传承新模式，成为中国特色社会主义法治建设的厚重历史资源和丰润滋养。

今后一段时间，我们要以习近平新时代中国特色社会主义法治理念为指导，在甘肃省法学会直接领导下，与兰州大学敦煌法学研究中心及其他相关单位合作配合，本着坚守、奋斗精神，扎实认真、坚忍不拔、打好基础、创新发展。在三五年内，首先完成以下任务：

（1）组织队伍，完善研究会活动规则；

（2）文献资料搜集、整理，集释 300—500 篇，汇编敦煌法律文献 100 万字；

（3）建立敦煌法学新学科，出版《敦煌法学文稿》学术版、大众版各 50 万字；

（4）举办敦煌法学培训班，培养人才，普及敦煌法学知识；

（5）开展学术交流，扎实工作，开拓创新，努力使敦煌法学处于学术前沿。填补敦煌学的空白与缺失，改变敦煌法学的落后局面。

独角仙人之法律问题思考

杨淑青*

内容摘要：从不同的角度解读独角仙人壁画故事的感悟是不同的。本文将从法律角度进行简要剖析，探讨作为修道仙人和母鹿所生的独角仙人的抚养问题、国王张贴告示找寻能够使独角仙人失去法力的人这一行为的法律性质、扇陀这位貌美如花的应募者的性贿赂行为。壁画中的故事虽是当时社会生活的缩影，但其中反映的思想对我国当下的法制建设仍具有部分借鉴意义。

关键词：独角仙人　抚养监护　悬赏广告　性贿赂

一、独角仙人壁画故事简介

"独角仙人壁画故事"绘制于北周第 428 窟东壁南侧中段，萨埵舍身饲虎故事画的下部，采用单幅画的构图形式，也是为数不多的讲述释迦牟尼的壁画故事。简单的画面勾勒出丰富多彩的故事，其中也蕴含着丰富的法律知识。[1]下文简要探讨独角仙人壁画中的法律问题。

二、独角仙人之抚养监护问题

《大智度论》卷第十七独角仙人条云："过去久远世时婆罗奈国山中有仙人，以仲秋之月于澡盘中小便，见鹿麚麎合会淫心即动精流盘中，麎鹿饮之即时有身，满月生子形类如人，唯头有一角，其足似鹿。鹿当产时至仙人庵边而产，见子是人以付仙人而去。"[2]在这个故事中，母鹿见生下的是一个男孩，只不过脚是鹿脚，头顶上长着一只角，就将此男孩交由仙人抚养。此时母鹿用其最简单的判断，为"独角仙人"最终的"抚养权"作出了明智的选择。可能母鹿并不知道什么是"抚养权"，但是，她却知道，什么样的环境是

---

* 杨淑青，西北师范大学硕士研究生。

〔1〕 陈明："一角仙人故事的文本、图像与文化交流"，载刘新成主编：《全球史评论》（第八辑），中国社会科学出版社 2015 年版。

〔2〕 樊锦诗、马世长："莫高窟北朝洞窟本生、因缘故事画补考"，载《敦煌研究》1986 年第 1 期。

最适合独角仙人生存的。独角仙人看上去更像是人，将其留在仙人的房屋旁边，仙人看见就会知道这是他的亲生骨肉，自然会善待他，教他各般武艺。正如在当代离婚判决中，在子女的抚养权问题上，法院一般会将抚养权判给孩子的亲生父母，在对亲生父母双方的衡量当中，会选择将孩子判给更有利于其成长的一方。[1]在离婚子女的抚养问题上，父母的经济条件固然需要考虑，但是未成年人的情感保护尤为重要。未成年人在温馨的家庭和适合他的环境中成长更有利于儿童的发展。

"保存精液受孕生子"是独角仙人故事中的一个重要命题。母鹿怀孕并生下独角仙人仅仅是因为它喝了修道仙人"精流池中"的水，不是基于两性关系，也不是基于医学技术。这不禁让我们想到2015年美国法院判决的一起"以其他方式辅助受孕生子案件"。案件的梗概是这样的：布鲁丝是一位年轻的女性，她想要生个孩子独自抚养，于是，她找到了好朋友鲍德怀，希望他能够提供精子，鲍德怀几经犹豫、思索之后同意了布鲁丝的请求。于是，他将精液储存在一个塑料瓶内给了布鲁丝，布鲁丝用火鸡浇油滴管（一种厨具）自行人工授精，不久后布鲁丝就怀孕了，并顺利生下一个小孩。在这个案件当中，布鲁丝怀孕的方式同母鹿的受孕方式一样，既不是基于两性关系，也不是基于现代医学技术，因为她并没有进行任何医学治疗或者使用任何医学器材，自行受孕使用的火鸡浇油滴管仅仅是一种厨具。小孩出生以后，布鲁丝和鲍德怀因为探望权问题打起了官司，最后弗吉尼亚上诉法院支持了鲍德怀要求享有探望权的诉讼请求。无论是基于医疗技术实现生育还是不使用人类辅助生殖技术进行生育，由于缺乏传统性交生育的纯粹性，使得代孕者、提供精子和卵子方与孩子间的父母子女关系变得更加复杂。在独角仙人的故事中并没有修道仙人与母鹿之间关于探望权的纷争，这种还探望权以自由的方式，无疑给当代基于血缘关系和代孕关系的父母子女关系提供了借鉴。

三、国王"开募"之悬赏广告

在独角仙人的故事中有这样一段描述："一时上山，值大雨泥滑，其足不

---

[1] 1993年最高人民法院印发的《关于人民法院审理离婚案件处理子女抚养问题的若干具体意见》的通知中规定："人民法院审理离婚案件，对子女抚养问题，应当依照《中华人民共和国婚姻法》第二十九条、第三十条及有关法律规定，从有利于子女身心健康，保障子女的合法权益出发，结合父母双方的抚养能力和抚养条件等具体情况妥善解决。"

便躄地，破其军持，又伤其足，便大嗔恚，以军持盛水，咒令不雨。仙人福德，诸龙鬼神皆为不雨。不雨故，五谷五果尽皆不生，人民穷乏，无复生路。波罗奈王忧愁懊恼，命诸大臣集议雨事。明者议言：传闻仙人山中，有一角仙人，以足不便故，上山躄地伤足，嗔咒此雨令十二年不堕。王思惟言：若十二年不雨，我国了矣，无复人民！王即开募，其有能令仙人失五通，属我为民者，当与分国半治。是波罗奈国有淫女，名曰扇陀，端正无双，来应王募。""王即开募"从当代的法律视角来看是，国王发布了一个悬赏广告，悬赏的内容是，谁能让独角仙人失去神通就分一半国土给这个人。在我国《民法典》公布之前，对于悬赏广告的规定主要是 2007 年《物权法》第 112 条第 2 款："权利人悬赏寻找遗失物的，领取遗失物时应当按照承诺履行义务。"关于悬赏广告是单方法律行为还是契约行为，学术界争议非常激烈。按照单方法律行为说，即使在这个故事中，扇陀并没有前来应募，而是直接前往独角仙人处，施计使独角仙人失去法力后，也可直接到王宫要求国王给予一半国土。但是按照契约行为说，如果扇陀没有前来"应募"，那么她与国王之间的悬赏广告合同并没有成立，即使她的行为完全符合悬赏广告的要求，也不能向国王要求给付一半国土。2020 年公布的《民法典》第 499 条规定："悬赏人以公开方式声明对完成特定行为的人支付报酬的，完成该行为的人可以请求其支付。"此条文实际上是吸纳了 2009 年《最高人民法院关于适用〈中华人民共和国合同法〉若干问题的解释（二）》第 3 条的规定。[1]《民法典》第 499 条中的"公开方式"可以理解为《民法典》第 139 条规定的"以公告方式作出的意思表示"，公告发布即生效。《民法典》的这一规定直接赋予了完成特定行为行为人的报酬请求权。不用去考虑完成特定行为的行为人事先是否知道有悬赏广告这回事，因为《民法典》关于悬赏广告的规定并未将知道悬赏广告的存在作为请求支付报酬的前提，实际上更倾向于单方法律行为说。

四、扇陀美色引诱之性贿赂

扇陀应募之后，向国王要了很多宝物、车辆、马匹和五百位美女前往独

---

〔1〕 2009 年最高人民法院《关于适用〈中华人民共和国合同法〉若干问题的解释（二）》第 3 条规定："悬赏人以公开方式声明对完成一定行为的人支付报酬，完成特定行为的人请求悬赏人支付报酬的，人民法院依法予以支持。但悬赏有合同法第五十二条规定情形的除外。"

角仙人居住的地方。独角仙人看到如此娇艳的美人，将清规戒律忘得一干二净，整日与美女们吃睡在一起，结果元气大伤，失去神通。在此处，扇陀是典型的性贿赂行为。独角仙人神通广大，龙王都不敢违背他的意志，显然是掌握一定权力之人，而扇陀则想利用美色诱惑独角仙人以达到降雨于国家的目的。[1]

在我国现行刑法中，贿赂犯罪客观上表现为利用职务便利索取他人财物或者非法收受他人财物为他人谋利益的行为。收受非财产性利益并不是刑法打击的对象，因此，很多人就摸准了法律的空子。对于手握权力的官员来说，由于非财产性利益并非刑法打击的对象，即使被发现也是党纪政纪处分，而无公职、非党员身份的行贿人根本不受党纪政纪的约束。但是，从社会危害性的角度来看，财产型行贿受贿和非财产型行贿受贿的社会危害性是相当的。

当前，性贿赂入刑方面的障碍主要表现在以下几个方面：第一，违反罪刑法定原则。我国法律最初对贿赂的内容仅规定为财物，随着经济社会的发展，烟酒、金钱等财物已经不能满足受贿人的需求，各种有价证券等成为贿赂的内容，2003年、2007年、2008年、2016年最高人民法院、最高人民检察院陆续出台司法解释，将贿赂犯罪中的财物的范围扩大为货币、物品和财产性利益，但是，非财产性利益仍没有被纳入其中。第二，将性贿赂作为犯罪，侵犯女性人格尊严。反对性贿赂入罪者认为，财物是贿赂犯罪的内容，将性行为入罪，实际上是将女性的性行为用金钱价值进行衡量，严重践踏了女性尊严。第三，性贿赂难以取证。性贿赂一般具有隐秘性，涉及当事人众多隐私信息。但是，这些理由并不应该成为性贿赂入罪难的原因。美国最高法院大法官本杰明·卡多佐说过，"一个制定法的解释不必永远保持相同"。社会在发展进步，物质条件在改善，受贿的内容已然发生了改变，作为上层建筑的法律也应该适时作出调整，将非财产性利益入罪是大势所趋。另外，对妇女人格尊严的保护应该定位于打击以妇女的性行为作为交易对象，而不是排除性贿赂犯罪。所有犯罪行为的取证都存在一定难度，这需要侦查人员提高技术来应对，而不是将取证具有隐蔽性的犯罪排除在外。值得关注的是，在我国现行刑法当中并不缺乏取证难的犯罪，例如，强奸罪。因此，进一步探讨性贿赂入罪问题仍具有巨大价值。在独角仙人故事当中，扇陀的性贿赂

---

〔1〕 王伟均："从古印度民间神话到中国现代新十日谈小说——论沈从文故事小说《扇陀》的印度文学渊源"，载《中国比较文学》2019年第4期。

行为并没有受到惩罚，可能是与当时的社会背景相关，我们对待历史的态度是，结合时代的发展情况进行批判继承，而不是全盘吸收。

敦煌壁画故事中法学元素非常丰富，需要我们进一步挖掘，独角仙人故事为解决离婚案件中子女抚养问题开拓了新思路，引发我们对悬赏广告法律性质的探讨，同时，启示我们要结合社会发展的实际情况判断性贿赂行为的入罪问题。

百年来秦汉简牍法律文献相关研究论著目录

田庆锋　唐晓甜　杨富梅　陈美媛*

内容摘要：本文收录中国大陆地区 20 世纪初至今，百余年来各种中文报刊、辑刊等刊物所发表的秦汉简牍法律文献相关研究论文索引 1790 条，公开出版相关研究图书索引 250 条，两者共计 2040 条，其中难免挂一漏万，敬请指正。

本文所收录的秦汉简牍法律文献相关研究目录，按照"相关报刊论文目录""相关硕博学位论文"和"相关图书目录"分别编写。其中，将"相关报刊论文目录"和"相关图书目录"分为"通论""行政法制""民事法制""刑事法制""司法制度"。根据百年来相关成果，其研究主要集中于行政法制和刑事法制。

本文各部分中的目录，大致以论文发表时间、刊物期次以及图书出版时间的先后为序，进行编排。若为多名作者，则仅明确列举第一作者，其他作者省略；若为译著，则只写明原作者及国别，译者略。本文每条目包含的信息分别为：（1）发表的论文：论文名称、作者、报刊名称（如为期刊，则省去"哲学社会科学版""人文社会科学版"等信息）、期次和出版时间（如为论文集，则表明出版社以及出版时间；如为辑刊，则只注明第几辑和出版时间；同年发表的论文，大体按照先期刊论文，后报纸和辑刊论文的顺序排列）；（2）硕博论文：论文名称、作者、学校、学位、毕业时间；（3）图书目录：书名、作者（编者、译制者）、出版社及出版年月。

关键词：秦汉简牍　法律文献　研究论著　目录

---

* 田庆锋，法学博士，法学博士后，西北师范大学副教授，主要从事法律史、法律文献学、宪法学、法理学的教学和研究工作；唐晓甜，西北师范大学 2020 硕士研究生；杨富梅，西北师范大学 2020 级硕士研究生；陈美媛，西北师范大学 2019 级硕士研究生。本文为西北师范大学 2016 年青年教师科研能力提升计划项目"'一带一路'视域下的西北方志法律资源整理与研究"（项目编号：SKGG16014）阶段研究成果。

一、相关报刊论文目录

（一）通论

江陵凤凰山十号汉墓简牍初探/弘一//文物 . -1974 年 06 期

从江陵凤凰山一六八号墓看汉初法家路线/舒之梅//考古 . -1976 年 01 期

战国时期秦封建法制的发展——读《睡虎地秦墓竹简》札记/崔春华//辽宁大学学报 . -1980 年 05 期

甘肃汉简概述/余尧//西北师大学报 . -1981 年 02 期

大通上孙家寨汉简释文/大通上孙家寨汉简整理小组//文物 . -1981 年 02 期

汉律的主要内容及其阶级实质/陈连庆//秦汉史论丛 . 第 1 辑 . -1981 年

青川出土木牍文字简考/李昭和//文物 . -1982 年 01 期

甘肃汉简学术史料价值概述/薛英群//文献 . -1983 年第 18 期

从《秦简》看法制史研究中的几个问题/孔庆明//法律史论丛 . 第 3 辑 . -1983 年

《居延汉简甲乙编》释文评议/谢桂华、李均明//敦煌学辑刊 . -1984 年 02 期

江苏连云港市出土的汉代法律版牍考述/张廷皓//文博 . -1984 年 03 期

《睡虎地秦墓竹简》译注斟补/栗劲//吉林大学社会科学学报 . -1984 年 05 期

云梦秦简《语书》探析：秦始皇时期颁行的一个地方性法规/刘海年//学习与探索 . -1984 年 06 期

江陵张家山汉简概述/张家山汉墓竹简整理小组//文物 . -1985 年 01 期

《睡虎地秦墓竹简》译注商兑/孙晓春、陈维礼//史学集刊 . -1985 年 02 期

《睡虎地秦墓竹简》校注简记/张世超、张玉春//古籍整理研究学刊 . -1985 年 04 期

玉门、武威新获简牍文字校释——读《汉简研究文集》札记/胡平生//考古与文物 . -1986 年 06 期

居延新获《永始三年诏书》册初探/薛英群//秦汉史论丛 . 第 3 辑 . -1986 年

文物中的法律史料及其研究/刘海年//中国社会科学 . -1987 年 05 期

居延汉简中的"秋射"与"署"/薛英群//史林.–1988 年 01 期

简牍法律史料探源/高潮、刘斌//政法论坛.–1988 年 05 期

从"王杖十简"看我国古代尊长敬老的传统美德/董俭//中国档案.–1990 年 11 期

秦汉简牍述略/黄展岳//史学史研究.–1991 年 03 期

"江陵汉简"研究中的若干问题/杨剑虹//江汉考古.–1992 年 01 期

汉简与汉代法制研究/徐世虹//内蒙古大学学报.–1992 年 02 期

居延新简汉律佚文考/徐世虹//政法论坛.–1992 年 03 期

简·简牍·简册/林木//历史教学.–1992 年 04 期

海外和台、港简牍研究述要/沈颂金//中国史研究动态.–1992 年 07 期

武威旱滩坡出土汉简考述——兼论"挈令"/李均明、刘军//文物.–1993 年 10 期

古代的简牍/林沄//中国典籍与文化.–1994 年 01 期

甘肃简牍述论/王锷//西北师大学报.–1994 年 02 期

秦汉史研究九十年评述/张传玺//秦汉史论丛.第 6 辑.–1994 年

汉初法律系全部继承秦律说——读张家山汉简《奏谳书》札记之意/高敏//秦汉史论丛.第 6 辑.–1994 年

秦制、楚制与汉制/卜宪群//中国史研究.–1995 年 01 期

甘肃汉简的发现与研究述评/贾廷芳//甘肃教育学院学报.–1995 年 02 期

日本学者大庭脩简牍研究述评/赵汝清//敦煌研究.–1996 年 01 期

丝路古道上的法律文化资料简介/齐陈骏//敦煌学辑刊.–1996 年 02 期

尹湾汉墓简牍释文选/滕昭宗//文物.–1996 年 08 期

尹湾汉墓简牍概述/滕昭宗//文物.–1996 年 08 期

评堀毅著《秦汉法制史考论》/高敏//简帛研究.第 2 辑.–1996 年

马王堆三号汉墓纪年木牍性质的再认识/陈松长//文物.–1997 年 01 期

云梦龙岗简牍考释补正及其相关问题的探讨/刘国胜//江汉考古.–1997 年 01 期

汉代的立法形式与立法语言/徐世虹//内蒙古大学学报.–1997 年 01 期

散见"县泉汉简"/张俊民//敦煌学辑刊.–1997 年 02 期

试论中国古代律令法及其在世界法制史上的地位/吴怀民//福建师范大学学报.–1997 年 03 期

从《睡虎地秦墓竹简》看秦国文书上报制度/孙瑞//档案学研究．-1997年03期

《睡虎地秦墓竹简》杂考/魏德胜//中国文化研究．-1997年04期

试论中国古代律令及其在世界法制史上的地位/吴怀民//中国人民大学学报．-1997年04期

睡虎地秦简与龙岗秦简的比较/黄爱梅//华东师范大学学报．-1997年04期

云梦龙岗秦简考释校证/胡平生//简牍学研究．第1辑．-1997年

日本对中国法制史研究的现状与特色/林明//烟台大学学报．-1998年04期

略论中国古代令的发展及其特点/李玉生//中州学刊．-1998年06期

秦令与睡虎地秦墓竹简相关问题略析/张建国//中外法学．-1998年06期

汉简中所见令文辑考/高恒//简帛研究．第3辑．-1998年

汉令甲、乙、丙辨正/徐世虹//简帛研究．第3辑．-1998年

居延汉简新解一则/陈涌清//中国史研究．-1999年02期

《尹湾汉墓简牍》是东海郡非常时期的档案资料/朱绍侯//史学月刊．-1999年03期

秦国简牍文字的出土与纂研/郝茂//新疆师范大学学报．-1999年04期

敦煌悬泉遗址简牍整理简介/吴礽骧//敦煌研究．-1999年04期

韩国的简牍研究/沈颂金//中国史研究动态．-1999年07期

《尹湾汉墓简牍》杂释三则/卜庆华//连云港教育学院学报．-2000年02期

西北文献考古百年述略/李金荣//图书馆理论与实践．-2000年02期

简牍制度新探/胡平生//文物．-2000年03期

尹湾汉墓简牍研究述评/蔡万进//平顶山师专学报．-2000年03期

简牍档案百年述论/杨小红//档案学通讯．-2000年06期

近十年西北简牍研究述评/沈颂金//中国史研究动态．-2000年06期

居延出土汉律散简释义/陈公柔//燕京学报．新九期．-2000年

汉代法律运行机制的现代启示/于振波//湖南大学学报．-2001年01期

近三十年大陆及港台简帛发现、整理与研究综述/于振波//南都学坛．-2002年01期

《津关令》的颁行年代与文书格式/彭浩//郑州大学学报.-2002年03期

从张家山汉简看楚汉法统关系/蔡万进等//中州学刊.-2002年04期

五年来海峡两岸尹湾汉墓简牍研究综述/李炳泉//中国史研究动态.-2002年05期

从出土简牍看秦汉法律制度的继承和发展/车佐贤//甘肃社会科学.-2002年03期

从悬泉置壁书看《月令》对汉代法律的影响/于振波//湖南大学学报.-2002年05期

湘西里耶秦简的价值及其研究/沈颂金//中国史研究动态.-2003年08期

中国简牍的世纪综述/何双全//中国文物报.-2002年01月25日

张家山汉墓竹简研究述评/张小峰等//中国史研究动态.-2003年02期

张家山汉简中的法律思想/崔永东//法学研究.-2003年05期

《张家山汉墓竹简》释文注释商榷/刘钊//古籍整理研究学刊.-2003年03期

王杖十简/（日）冨谷至//《中国法制史考证》丙编第1卷，中国社会科学出版社.-2003年

从张家山出土汉简看汉代律法/郑璞//湖南冶金职业学院学报.-2004年02期

论秦汉的律与令/南玉泉//内蒙古大学学报.-2004年03期

《二年律令》与汉初驿传制度/连劭名//四川文物.-2004年04期

从悬泉置壁书看《月令》在汉代的法律地位/于振波//绿叶.-2004年05期

里耶秦简秦令三则探析/蔡万进等//许昌学院学报.-2004年06期

《甘露二年丞相御史律令》册释文辑校/杨媚//简牍学研究.第4辑.-2004年

张家山汉简法律文书研讨综述：关于八月案比/李均明//出土文献研究.第6辑.-2004年

近50年日本的秦汉时代法制史研究/（日）宫宅洁//周秦汉唐文化研究.第3辑.-2004年

简牍法制史料概说/李均明//中国史研究.-2005年第A1期

秦令的演化及其在法律形式中的地位/南玉泉//考古与文物.-2005年

02 期

从《二年律令》的性质看汉代法典的编纂修订与律令的关系/杨振红//中国史研究.-2005 年 04 期

出土文献与秦文化研究/徐卫民//河南科技大学学报.-2006 年 01 期

近年来湘西里耶秦简研究综述/伍成泉//中国史研究动态.-2007 年 06 期

简牍所见秦律令/张军//新西部（下旬刊）.-2008 年 08 期

《二年律令》年代问题研究/张忠炜//历史研究.-2008 年 03 期

岳麓书院所藏秦简综述/陈松长//文物.-2009 年 03 期

从《二年律令》看汉初孝道伦理与法制的混融/吴凡明//求索.-2009 年 11 期

天水放马滩秦简整理与研究现状述评/孙占宇//中国史研究动态.-2009 年 12 期

发现最初的混合法：从睡虎地秦简到张家山汉简/李力//河北法学.-2010 年 02 期

简析《二年律令》的史料价值/丁光勋//档案学通讯.-2010 年 03 期

《睡虎地秦墓竹简》释文校补/尤仕平等//乐山师范学院学报.-2010 年 04 期

从出土秦汉律看中国古代的"礼""法"观念及其法律体现：中国古代法律之儒家化说商兑/杨振红//中国史研究.-2010 年 04 期

浅谈出土律令名目与"九章律"的关系/于振波//湖南大学学报.-2010 年 04 期

读《张家山 247 号墓汉简法律文献研究及其述评（ 1985.1—2008.12）》/张忠炜//中国古代法律文献研究.第 4 辑.-2010 年

挈令新探/凡国栋//简帛.第 5 辑.-2010 年

出土简牍法律文书述略/骈宇骞等//中国典籍与文化.-2011 年 04 期

悬泉汉简二十年研究综述/马智全//中国史研究动态.-2011 年 05 期

百年回顾：出土法律文献与秦汉令研究/徐世虹//上海师范大学学报.-2011 年 05 期

秦汉律令关系试探/张忠炜//文史哲.-2011 年 06 期

《睡虎地秦墓竹简》注译商榷六则/戴世君//江汉考古.-2012 年 04 期

近 30 年来居延汉简研究综述/郝建平//鲁东大学学报.-2012 年 03 期

2011 年秦汉魏晋简牍研究概述/鲁家亮//简帛．第 7 辑．-2012 年

秦汉法律研究百年（二）/徐世虹//中国古代法律文献研究．第 6 辑．-2012 年

三十六年来《睡虎地秦墓竹简》研究综述/夏利亚//古籍整理研究学刊．-2013 年 04 期

汉朝典章《九章律》初析/张爱华、孙志勇//兰台世界．-2013 年 03 期

韩国的秦汉法律简牍研究现况（2000~2013）——以张家山汉简《二年律令》为中心/金庆浩//中国古代法律文献研究．第 7 辑．-2013 年

秦汉简牍法律文献释文补正：以睡虎地秦简和张家山汉简为对象/赵久湘、张显成//鲁东大学学报．-2014 年 06 期

近三十年来有关简牍与历史地理问题研究综述/阎盛国//历史地理．-2014 年 02 期

西北师大简牍学科发展现状及近年硕、博学位论文综述/张英梅等//简牍学研究．第 5 辑．-2014 年

《论敦煌悬泉汉简中的"厩令"——兼谈汉代"诏"、"令"、"律"的转化/于洪涛//华东政法学院学报．-2015 年 04 期

张家山汉墓竹简（释文修订本）补正/郭丽华、张显成//古籍整理研究学刊．-2015 年 05 期

"秦法未败"探析/马卫东//史学集刊．-2016 年 03 期

英国国家图书馆藏斯坦因所获汉文简牍未刊部分/张存良等//文物．-2016 年 06 期

岳麓秦简中的几个令名小识/陈松长//文物．-2016 年 12 期

《英国国家图书馆藏斯坦因所获未刊汉文简牍》补遗释文/汪涛等//出土文献研究．第 15 辑．-2016 年

简牍所见秦代制度与伦理思想/朱锦程//伦理学研究．-2017 年 01 期

周秦两汉法律"布之于民"考论/徐燕斌//法学研究．-2017 年 06 期

出土简牍法律文献的定名、性质与类别/徐世虹//古代文明．-2017 年 03 期

在简牍学、古文书学、法制史与秦汉史之间/苏俊林等//上海文汇报．-2017 年 02 月 3 日

由秦汉简牍看词汇史上的"汉承秦制"现象/张显成//文汇学人．-2017 年 04 月 14 日

秦简牍与秦人法制/陈伟//文汇学人．-2017 年 05 月 12 日

海昏侯墓出土奏牍选释/张予正等//南方文物．-2018 年 02 期

居延新简释文补遗/邬文玲//湖南大学学报．-2018 年 03 期

湖北云梦睡虎地 77 号西汉墓出土简牍概述/熊北生//文物．-2018 年 03 期

敦煌悬泉汉简研究综述/刘全波等//甘肃广播电视大学学报．-2018 年 04 期

秦法治观再考——以秦简所见两种吏道文本为基础/朱腾//政法论坛．-2018 年 06 期

也谈睡虎地秦简"夜草为灰"/赵平安//中原文化研究．-2018 年 06 期

江西南昌西汉海昏侯刘贺墓出土简牍/管理等/文物．-2018 年 11 期

居延新简释文补遗（四则）/邬文玲//出土文献研究．第 17 辑．-2018 年

李雪梅：法制文物宝藏的诉说者/王茜//法人．-2019 年 01 期

西汉时期的法律传播研究/蒋宗言//齐齐哈尔大学学报．-2019 年 02 期

古书"杂篇"与秦汉各种《杂律》/张庆路//宁夏大学学报．-2019 年 03 期

出土简牍所见战国秦汉国家权力对人际关系的规制/牛钩鹏等//青海社会科学．-2019 年 03 期

在官治与民治之间：关于基层社会秩序变革的一个概括/周庆智//学术交流．-2019 年 07 期

论岳麓秦简法律文献的史料价值/陈伟//武汉大学学报．-2019 年 02 期

秦简牍和张家山汉简中"灋""法"分流现象试说/翁明鹏//励耘语言学刊．-2019 年 02 期

张家山汉简《二年律令》辨误二则/李银良//中国史研究．-2019 年 03 期

汉文帝七年《朝仪》诏书补考/张英梅//敦煌研究．-2019 年 03 期

秦汉律令性质及其关系新解/肖洪泳//中南大学学报．-2019 年 06 期

骤变与渐变：秦汉之际的法律儒家化/张拥军//学习与实践．-2019 年 09 期

肩水金关汉简所见赦令研究/姚磊//社会科学．-2019 年 10 期

试由简帛探究有关秦法严密性的问题/何海涛//文化产业．-2019 年 12 期

里耶秦简 10-15 补论——兼论睡虎地 77 号汉墓功次文书/张忠炜//中国

古代法律文献研究．第 13 辑．-2019 年

睡虎地秦简法律文书集释（八）：《法律答问》61-110 简/中国政法大学中国法制史基础史料研读会//中国古代法律文献研究．第 13 辑．-2019 年

湖北荆州市胡家草场西汉墓 M12 出土简牍概述/李志芳等//考古．-2020 年 02 期

从君主命令到令、律之别——先秦法律形式变迁史纲/朱腾//清华法学．-2020 年 02 期

新见汉律律名疏证/张忠炜；张春龙//西域研究．-2020 年 03 期

（二）行政法制

甘肃武威磨咀子汉墓出土王杖十简通考/陈直//考古．-1961 年 03 期

从江陵凤凰山出土的汉简看文景时期的赋役政策/武汉大学历史系《中国古代史稿》编写组//武汉大学学报．-1975 年 05 期

啬夫考——读云梦秦简札记/郑实//文物．1978 年 02 期

"有秩"非"啬夫"辨——读云梦秦简札记兼与郑实同志商榷/高敏//文物．1979 年 03 期

秦法和秦人执法——读《睡虎地秦墓竹简》浅识/陈抗生//江汉论坛．-1979 年 03 期

居延出土《甘露二年丞相御史律令》简牍考释/伍德煦//西北师大学报．-1979 年 04 期

秦汉啬夫考/钱剑夫//中国史研究．-1980 年 01 期

居延简册《甘露二年丞相御史律令》考述/初仕宾//考古．-1980 年 02 期

云梦秦简所见职官述略/于豪亮//文史．第 8 辑．-1980 年

关于《秦律》中的"居"——《睡虎地秦墓竹简》注释质疑/张铭新//考古．-1981 年 01 期

"事末利及怠而贫者举以为收孥"试析——兼谈秦的"抑末"政策/臧知非//徐州师范学院学报．-1983 年 03 期

居延汉简中所见西汉屯田二、三事/宋治民//四川大学学报．-1981 年 02 期

秦官吏制度管窥/马作武//北京政法学院学报．-1981 年 02 期

试论秦代军事制度/熊铁基//秦汉史论丛．第 1 辑．-1981 年

秦代租赋徭役制度初探/黄今言//秦汉史论丛.第1辑.-1981年

汉代水税刍议/涌泉//秦汉史论丛.第1辑.-1981年

从"少府"职掌看秦汉封建统治者的经济特权/杨宽/秦汉史论丛.第1辑.-1981年

秦置相邦丞相渊源考/韩养民//人文杂志.-1982年02期

战国秦汉的监察和视察地方制度/杨宽//社会科学战线.-1982年02期

秦代法吏体系考略/刘海年//学习与探索.-1982年02期

西汉徭役制度简论/黄今言//江西师院学报.-1982年03期

对《居延简册〈甘露二年丞相御史律令〉考述》的商榷/朱绍侯//河南师大学报.-1982年04期

浅谈秦代经济管理中对官吏的几种规定——读《睡虎地秦墓竹简》的一点看法/宫长为//东北师大学报.-1982年06期

秦国乡、里、亭新考/罗开玉//考古与文物.-1982年05期

释青川秦牍的田亩制度/杨宽//文物.-1982年07期

青川新出秦田律木牍及其相关问题/黄盛璋//文物.-1982年09期

青川郝家坪木牍研究/李学勤//文物.-1982年10期

秦汉时代的丞相和御史（居延汉简解读笔记）/林剑鸣//兰州大学学报.-1983年03期

秦亭考/徐日辉//文史知识.-1983年01期

四川青川秦墓为田律木牍考释——并略论我国古代田亩制度/胡澱咸//安徽师范大学学报.-1983年03期

有关啬夫的一些问题/朱大昀/秦汉史论丛.第2辑.-1983年

从居延汉简看西汉在西北的屯田/杨剑虹//西北史地.-1984年02期

青川秦牍《更修为田律》研究之二/张金光//山东大学文科论文集刊.-1984年02期

秦汉地方警察机构——亭/高恒//国际政治学院学报.-1984年02期

秦代治安机构及有关治安的法律/刘海年//国际政治学院学报.-1984年03期

关于秦代土地所有制的几个问题/杜绍顺//华南师大学报.-1984年03期

论肩水金关出土的《永始三年诏书》简册/大庭修、姜镇庆//敦煌学辑刊.-1984年02期

居延甘露二年御史书册考述补/初师宾等/考古与文物.-1984 年 04 期

秦国官吏法律责任述评/程维荣//历史教学.-1984 年 10 期

简析《秦律》对官吏生活的约束/罗开玉//现代法学.-1985 年 03 期

秦汉徭役制度辨析（上）/高敏//郑州大学学报.-1985 年 03 期

王莽官制述论/刘德增//山东师大学报.-1985 年 04 期

睡虎地秦简《日书》与楚、秦社会/李学勤//江汉考古.-1985 年 04 期

论青川秦牍中的"为田"制度/张金光//文史哲.-1985 年 06 期

秦代的粮仓管理——读《睡虎地秦墓竹简》札记/宫长为//东北师大学报.-1986 年 02 期

井田制、爰田制新探/于琨奇//安徽师大学报.-1986 年 03 期

秦汉徭役制度辨析（下）/高敏//郑州大学学报,-1986 年 04 期

西汉屯戍制度的几个问题/臧知非//徐州师范学院学报.-1986 年 04 期

也论秦自商鞅变法后的土地制度——与张金光同志商榷/施伟青//中国社会经济史研究.-1986 年 04 期

试论西汉边防兵的几个问题/张勇//江西师范大学学报.-1986 年 04 期

汉代地主收租图与地租剥削/林木//中原文物.-1986 年 04 期

西域木简所见《汉律》中的"证不言清"律/连劭名//文物.-1986 年 11 期

秦国重农政策简论/陈绍棣//秦汉史论丛.第 3 辑.-1986 年

秦简律文中的"受田"/高尚志//秦汉史论丛.第 3 辑.-1986 年

论秦汉的"迁豪"、"徙民"政策/孟祥才//秦汉史论丛.第 3 辑.-1986 年

论"徙民实边"不是屯田/刘光华//兰州大学学报.-1987 年 01 期

汉代更赋辨误——兼谈"戍边三日"问题/臧知非//徐州师范学院学报.-1987 年 02 期

京房及其考课法/秦学颀//西南师范大学学报.-1987 年 03 期

西汉徙民实边屯田说质疑/柳春藩//中国史研究.-1988 年 02 期

汉代"案比"制度的渊源及其流演/钱剑夫//历史研究.-1988 年 03 期

关于汉代亭制的几个问题/李均明//中国史研究.-1988 年 03 期

从人地关系角度探索两汉流民问题/叶文宪//苏州科技学院学报.-1988 年 C1 期

青川秦牍《为田律》所规定的"为田"制/罗开玉//考古 . –1988 年 08 期

秦商鞅变法后田制问题商榷/杨作龙//中国史研究 . –1989 年 01 期

秦国汉初亩制再探/周国林//农业考古 . –1989 年 02 期

汉代西北屯田及其土地形态演化探论/刘汉东//郑州大学学报 . –1989 年 05 期

从江陵 10 号墓简牍研究汉初赋税史/李孝林//江汉考古 . –1990 年 01 期

秦代的粮仓管理制度/李孔怀//上海师范大学学报 . –1990 年 01 期

秦汉时期南方的农业生产新探索/杨剑虹//武汉大学学报 . –1990 年 02 期

先秦至两汉时期马政述略/米寿祺//甘肃社会科学 . –1990 年 02 期

对居延敦煌汉简中庸的性质浅议/朱绍侯//中国史研究 . –1990 年 02 期

西汉王国官制考实/吴荣曾//北京大学学报 . –1990 年 03 期

汉代军法论略/黄今言//江西师范大学学报 . –1990 年 04 期

封检题署考略/李均明//文物 . –1990 年 10 期

论战国秦汉时代的廉政制度/余华青/西北大学学报 . –1991 年 01 期

西汉越族官印试释/王人聪//东南文化 . –1991 年 01 期

汉代兵役制度演变论略/臧知非// 山东大学学报 . –1991 年 01 期

中国古代官吏的休假制度与婚姻家庭——从《孔雀东南飞》的爱情悲剧谈起/林剑鸣//学术月刊 . –1991 年 02 期

从银雀山竹书《守法》、《守令》等十三篇论及战国时期的爰田制/沈长云//中国社会经济史研究 . –1991 年 02 期

汉代田税及其相关问题/臧知非//中国社会经济史研究 . –1991 年 03 期

对《秦商鞅变法后田制问题商榷》的商榷/张金光//中国史研究 . –1991 年 03 期

秦汉武库制度/庄春波//史学月刊 . –1991 年 06 期

从汉简看汉代西北边塞守御制度/马曼丽//中国边疆史地研究 . –1992 年 01 期

简论秦汉军制的特点及其影响/黄今言//江西师范大学 . –1992 年 01 期

从三组汉简看军功爵制的演变/朱绍侯//史学集刊 . –1992 年 02 期

析"更名民曰黔首"/袁林//兰州大学学报 . –1992 年 02 期

析汉代的"假税"与"八月算民"/陈明光//中国社会经济史研究 . –

1992 年 02 期

敦煌汉简所见关传向过所演变/程喜霖//敦煌研究.-1992 年 02 期

青川秦牍《为田律》再研究/罗开玉//四川文物.-1992 年 03 期

秦汉乡里的社会职能/仝晰纲//山东师范大学学报.-1992 年 03 期

秦汉户籍制度考述/孙筱//中国史研究.-1992 年 04 期

西汉官吏立法研究/李振宏//中国史研究.-1992 年 04 期

汉代察举制度略论/陈长琦//华南师范大学学报.1992 年 04 期

秦简牍所见内史非郡辨/张金光//史学集刊.-1992 年 04 期

简牍文书"刺"考述/李均明//文物.-1992 年 09 期

评刘邦的土地政策/罗庆康//零陵学院学报.-1993 年 01 期

评《先秦军事制度研究》/黄朴民等//吉林大学社会科学学报.-1993 年 02 期

试论简牍文书的签署/戴煜滨//图书馆学研究.-1993 年 02 期

一部颇具特色的先秦军制史著——简评《先秦军事制度研究》/商国君//人文杂志.-1993 年 03 期

"间田"非"王田"辨——兼评王莽王田/王彦辉//东北师大学报.-1993 年 03 期

汉代居延地区的政权组织/唐晓军//西北史地.-1993 年 03 期

秦国（广会）籍制度探略/蔡万进//中州学刊.-1993 年 04 期

汉代郡政府行政职能考察/陈长琦/暨南学报.-1993 年 04 期

汉简"省卒"考/李振宏//史学月刊.-1993 年 04 期

青川秦牍《更修为田律》适用范围管见/张金光//四川文物.-1993 年 05 期

秦汉工商管理政策研究/王健//简帛研究.第 1 辑.-1993 年

居延汉简廪名籍所记口粮的标准和性质/徐扬杰//简帛研究.第 1 辑.-1993 年

秦汉简所见边郡军事与民政系统的职权关系/许乐尧//简帛研究.第 1 辑.-1993 年

甲渠塞临木部候长考/刘军//简帛研究.第 1 辑.-1993 年

居延"愚吏"简校笺/魏启鹏//简帛研究.第 1 辑.-1993 年

西汉居延边塞休吏制度/赵沛等//文博.-1994 年 01 期

《居延新简》所记的西汉物价研究/罗庆康//安徽史学.-1994年02期

居延汉简三类会计簿书窥测/杨剑虹//西北史地.-1994年02期

江陵高台汉墓新出"告地策"、遣策与相关制度发复/黄盛璋//江汉考古.-1994年02期

江陵10号汉墓简牍统计史料研究/李孝林//西安统计学院学报.-1994年02期

汉代官吏的考课时间与方式/于振波//北京大学学报.-1994年05期

汉简簿籍与经济管理述要/李均明//秦汉史论丛.第6辑.-1994年

从新居延汉简看我国古代会计报告的光辉成就/姜永德等//北京商学院学报.-1995年01期

从居延汉简看汉代的戍卒管理制度/李振宏//河南大学学报.-1995年01期

秦汉赋税立法之比较/张洪林等//中州学刊.-1995年01期

汉代简牍档案的管理/张启安//档案学通讯.-1995年02期

敦煌郡的边塞长城及烽警系统/李正宇//敦煌研究.-1995年02期

汉敦煌郡宜禾、中部都尉有关问题考/李并成//西北师大学报.-1995年02期

评《秦汉官吏法研究》/区永圻//文史哲.-1995年03期

秦人傅籍标准试探/马怡//中国史研究.-1995年04期

从云梦秦简看秦的国有制经济/杨师群//史学月刊.-1995年04期

居延汉简中的"功"与"劳"/胡平生//文物.-1995年04期

秦代谪戍、赘婿、闾左新考/蒋非非//北京大学学报.-1995年05期

汉简"中劳"、"中功"考/余振波//北京大学学报.-1995年06期

试论《秦律》中的手工业管理——读《睡虎地秦墓竹简》札记/宫长为//学术月刊.-1995年09期

"天田"义源及具体制度——简牍研究的一点初步想法/侯丕勋//西北师大学报.-1996年01期

秦汉环境保护初探/倪根金//中国史研究.-1996年02期

吏与秦汉官僚行政管理/卜宪群//中国史研究.-1996年02期

汉代居延戍边官吏的俸钱及相关的一些问题/施伟青//中国社会经济史研究.-1996年02期

汉代居延屯田小考——汉甲渠候官出土文书为中心/张俊民//西北史地.-1996 年 03 期

论秦汉地方监察系统与监察法/范学辉等//三峡学刊.-1996 年 03 期

居延汉简所见候官少吏的任用与罢免/李天虹//史学集刊.-1996 年 03 期

云梦秦简所见财政管理——读《睡虎地秦墓竹简》札记/宫长为//史学集刊.-1996 年 03 期

秦汉郡国农官考实/仝晰纲//史林.-1996 年 04 期

编户齐民与两汉王朝的人口控制/马新//东岳论丛.-1996 年 05 期

西汉郡级档案文书的重大发现——东海县尹湾村汉墓出土一批简牍/刘洪石//北京档案.-1996 年 12 期

从《奏谳书》看汉初军功爵制的几个问题/朱绍侯//简帛研究.第 2 辑.-1996 年

简帛所见军法辑证/陈伟武//简帛研究.第 2 辑.-1996 年

汉简中所见法律论考/高恒//简帛研究.第 2 辑.-1996 年

汉劾制管窥/徐世虹//简帛研究.第 2 辑.-1996 年

马王堆帛书《刑德》中的军吏/李学勤//简帛研究.第 2 辑.-1996 年

汉简"得算"、"负算"考/于振波//简帛研究.第 2 辑.-1996 年

从简牍看秦汉时期的乡与里组织/杨剑虹//陕西历史博物馆馆刊.第 3 辑.-1996 年

秦封泥窥管/黄留珠//西北大学学报.-1997 年 01 期

新发现的秦封泥与秦代郡县制/周伟洲//西北大学学报.-1997 年 01 期

秦封泥与秦印/李学勤//西北大学学报.-1997 年 01 期

汉代居延官俸发放的若干问题/施伟青//中国经济史研究.-1997 年 01 期

尹湾汉墓简牍和西汉地方行政制度/谢桂华//文物.-1997 年 01 期

汉代田税征收方式与农民田税负担新探/臧知非//史学月刊.-1997 年 02 期

秦相的设置及相关问题/尚志儒//文博.-1997 年 02 期

尹湾汉墓新出《集簿》考述/谢桂华//中国史研究.-1997 年 02 期

试论尹湾汉墓出土《东海郡属县乡吏员定簿》的史料价值——读尹湾汉简札记之一/高敏//郑州大学学报.-1997 年 02 期

关于汉代居延官吏同官异俸的问题/施伟青//中国社会经济史研究.-1997

年 02 期

汉代田税征收方式与农民田税负担新探/臧知非//史学月刊．-1997 年 02 期

论秦汉重农政策在实际贯彻中的问题/宋澄宇、黄先//农业考古．-1997 年 03 期

汉灵帝中平五年"改刺史，新置牧"考/范学辉、于芹//河南大学学报．-1997 年 03 期

汉印制度杂考/汪桂海//历史研究．-1997 年 03 期

秦汉公文文书与官僚行政管理/卜宪群//历史研究．-1997 年 04 期

西汉东海郡各县、邑、侯国及乡官的设置/吴大林等//东南文化．-1997 年 04 期

《集簿》的释读、质疑与意义探讨——读尹湾汉简札记之二/高敏//史学月刊．-1997 年 05 期

西汉地方行政制度的典型实例——读尹湾六号汉墓出土木牍/周振鹤//学术月刊．-1997 年 05 期

世界罕见的赋税史实物——凤凰山 10 号汉墓简牍新探/李孝林//重庆工业管理学院学报．-1997 年 05 期

秦乡官制度及乡、亭、里的关系/张金光//历史研究．-1997 年 06 期

新发现秦封泥中的"上霁"及"南宫""北宫"问题/田静等//人文杂志．-1997 年 06 期

叔孙通定《傍章》质疑——兼析张家山汉简所载律篇名/张建国//北京大学学报．-1997 年 06 期

汉简"应书"辨疑/初世宾、张东辉//简牍学研究．第 1 辑．-1997 年

战国秦汉西北地区的土地所有制与经营方式/李清凌//简牍学研究．第 1 辑．-1997 年

汉简人事管理研究之一——行塞举与离署申报/刘军//简牍学研究．第 1 辑．-1997 年

两汉二十等爵制蠡谈/赵荧//简牍学研究．第 1 辑．-1997 年

从东海尹湾汉墓新出土简牍看我国古代书籍制度/刘洪//中国文化研究．-1998 年 01 期

从《睡虎地秦墓竹简》看秦国下行文书管理制度/孙瑞//档案学研究．-

1998 年 01 期

西汉东海郡吏员设置考述/卜宪群//中国史研究.-1998 年 01 期

河西汉简中的库及其源流/李永平//敦煌研究.-1998 年 01 期

汉唐过所与中日过所比较/程喜霖//敦煌研究.-1998 年 01 期

略论长沙走马楼吴简中的佃田租税简/邱东联//船山学刊.-1998 年 01 期

论先秦农业税的基本形态与主要流变/郭小东//中山大学学报.-1998 年 A1 期

简牍文书的居延都尉"俸例册"/张俊民//档案.-1998 年 02 期

从东海郡《集簿》看汉代的亩制、亩产与汉魏田租额/杨际平//中国经济史研究.-1998 年 02 期

西汉仓制考/邵鸿//中国史研究.-1998 年 03 期

沉睡了两千余年的政府档案——《尹湾汉墓简牍》/谢桂华//文史知识.-1998 年 03 期

汉代内郡的吏员构成与乡、亭、里关系——东海郡尹湾汉简研究/杨际平//厦门大学学报.-1998 年 04 期

尹湾汉墓木牍《集簿》中户口统计资料研究/高大伦//历史研究.-1998 年 05 期

两汉在西北的屯田制度/李清凌//简牍学研究.第 2 辑.-1998 年

尹湾木牍长吏除迁考——汉简人事研究之二/刘军//出土文献研究.第 2 辑.-1998 年

从简牍看汉代的行政文书范本——"式"/邢义田//简帛研究.第 3 辑.-1998 年

汉简札记三则/高敏//湖南省博物馆文集.第 4 辑.-1998 年

汉代边防军养兵费用之考察/黄今言等//秦汉史论丛.第 7 辑.-1998 年

汉代统计中的指标与数列/李均明//秦汉史论丛.第 7 辑.-1998 年

秦西汉误释未释官印考/赵平安//历史研究.-1999 年 01 期

尹湾汉简《考绩簿》所载给我们的启示——读尹湾汉简札记之三/高敏//东南文化.-1999 年 01 期

《尹湾汉墓简牍》解决了汉代官制中几个疑难问题/朱绍侯//许昌师专学报.-1999 年 01 期

汉代上计制度论考——兼评尹湾汉墓木牍《集簿》/高恒//东南文化.-

1999 年 01 期

西汉东海郡长吏升迁考述/卜宪群//商丘师范学院学报.-1999 年 01 期

居延敦煌汉简所见汉代的"邑"/冯小琴//敦煌研究.-1999 年 01 期

略谈汉代禄秩的特点与倾向/阎步克//杭州师范学院学报.-1999 年 01 期

汉代列侯的家吏——兼谈马王堆三号墓墓主/傅举有//文物.-1999 年 01 期

汉代法制杂考/张积/北京大学学报.-1999 年 01 期

论汉代的督邮/高荣//中山大学学报.-1999 年 03 期

80 年代以来秦汉吏治研究综述/葛晓舒//中国史研究动态.-1999 年 03 期

居延汉简印章资料研究/王廷洽//青海师专学报.-1999 年 03 期

秦汉粟价与更赋考/于琨奇//扬州教育学院学报.-1999 年 03 期

秦汉时期的人口流动与文化交融/王子今//重庆师范大学学报.-1999 年 03 期

秦汉时期江南地区的交通工具与交通道路管理/肖华忠//江西师范大学学报.-1999 年 04 期

秦"属邦"、"臣邦"与"典属国"/刘瑞//民族研究.-1999 年 04 期

继承秦代衣钵的西汉法治/萧平汉//衡阳师范学院学报.-1999 年 04 期

汉代戊己校尉阐释/赵贞//敦煌研究.-1999 年 04 期

秦汉地方行政运行机制初探/范学辉//文史哲.-1999 年 05 期

两汉领、录尚书事制度比较研究/李宜春//晋阳学刊.-1999 年 05 期

秦汉律学考/何勤华//法学研究.-1999 年 05 期

秦汉中央行政决策体制研究/刘太祥//史学月刊.-1999 年 06 期

本世纪秦汉邮驿制度研究综述/高荣//中国史研究动态.-1999 年 06 期

秦汉时期个体小农家庭的分化述论/张仁玺//山东师大学报.-1999 年 06 期

尹弯汉简研究的新成果——廖伯源《简牍与制度》评介/张荣芳等//中国史研究动态.-1999 年 08 期

汉代乡亭里研究概述/沈颂金//中国史研究动态.-1999 年 10 期

《奏谳书》与秦汉铭文中的职官省称/李学勤//中国古代法律文献研究.第 1 辑.-1999 年

汉简中的官吏奖惩制度/罗鸿瑛//法律史论集.第 2 卷.-法律出版社

1999 年

秦朝利用法律手段对经济行为的规范管理/王柏中等//鞍山师范学院学报.-2000 年 02 期

秦汉县政府机构设置与行政职能/袁刚//南都学坛.-2000 年 02 期

尹湾汉墓简牍与西汉官制探析/于琨奇//中国史研究.-2000 年 02 期

居延汉简中的燧长和候长/于振波//史学集刊.-2000 年 02 期

汉代豪民与乡里政权/王彦辉//史学月刊.-2000 年 04 期

也谈《尹湾汉墓简牍》的性质/卜宪群//史学月刊.-2000 年 05 期

读汪桂海著《汉代官文书制度》/侯旭东//中国史研究动态.-2000 年 08 期

中国古代赋役制度史研究的回顾与展望/陈明光等//历史研究.-2001 年 01 期

尹湾汉墓简牍"提封"释义——兼谈汉代土地统计方法问题/臧知非//史学月刊.-2001 年 01 期

论东周秦汉时代的乡官/王彦辉等//史学集刊.-2001 年 03 期

小议居延汉简中的"私去署"问题/李振宏//郑州大学学报.-2001 年 05 期

汉代屯戍生活中的古典人道精神/李振宏//历史研究.-2001 年 05 期

银雀山汉简中的官社经济体制/张金光//历史研究.-2001 年 05 期

秦简《效律》"饮水"释义/彭浩//文物.-2001 年 12 期

汉简所见候长和燧长的待遇/孟志成//西北成人教育学报.-2002 年 01 期

秦汉监察制度的形成/王春知//安徽教育学院学报.-2002 年 01 期

秦汉时期对地方官吏经济政绩的考核/张弘等//东岳论丛.-2003 年 02 期

汉简所反映的关津制度/李均明//历史研究.-2002 年 03 期

西汉前期的"傅年"探讨——读《张家山汉墓竹简》札记之六/高敏//新乡师范高等专科学校学报.2002 年 03 期

《二年律令》所见汉初政治制度/谢桂华//郑州大学学报.-2002 年 03 期

张家山汉简所见规范人口管理的法律/李均明//政法论坛.-2002 年 05 期

汉初查处官员非法收入的制度——张家山汉简《二年律令》研读札记/王子今//政法论坛.-2002 年 05 期

张家山汉简与汉初货币/李均明//中国文物报.-2002 年 11 月 22 日

张家山汉简《二年律令》所见盐政史料/王子今//文史．第 4 辑．-2002 年

张家山汉简《津关令》涉马诸令研究/陈伟//考古学报．-2003 年 01 期

张家山汉简《二年律令·秩律》所见巴蜀县道设置/王子今等//四川文物．-2003 年 02 期

张家山汉简《金布律》中的早期井盐史料及相关问题/王子今//盐业史研究．-2003 年 02 期

从张家山汉简看西汉时期私奴婢的社会地位/王彦辉//东北师大学报．-2003 年 02 期

尹湾汉简《元延二年日记》所反映的汉代吏休制度/蔡万进//中国史研究.2003 年 02 期

秦汉"名田宅制"说——从张家山汉简看战国秦汉的土地制度/杨振红//中国史研究．-2003 年 03 期

汉代税"以顷计征"新证——兼答李恒全同志/臧知非//江西师范大学学报．-2003 年 03 期

西汉授田制度与田税征收方式新论——对张家山汉简的初步研究/臧知非//江海学刊．-2003 年 03 期

张家山汉简所见西汉矿业税收制度试析——兼谈西汉前期"弛山泽之禁"及商人兼并农民问题/臧知非//史学月刊．-2003 年 03 期

从张家山汉简《二年律令》看西汉前期的土地制度——读《张家山汉墓竹简》札记之三/高敏//中国经济史研究．-2003 年 03 期

论张家山汉简《二年律令》中的"宦皇帝"/阎步克//中国史研究．-2003 年 03 期

汉初县吏之秩阶及其任命——张家山汉简研究之一/廖伯源//社会科学战线．-2003 年 03 期

关于汉代有"户赋"、"质钱"及各种矿产税的新证——读《张家山汉墓竹简》/高敏//史学月刊．-2003 年 04 期

西汉郡国官秩级相对下降考述/阎步克//文史．-2003 年 04 期

西汉县令长初探/邹水杰等//北京大学学报．-2003 年 04 期

张家山汉简《贼律》"叚大母"释义/王子今等//考古与文物．-2003 年 05 期

从《秩律》论战国秦汉间禄秩序列的纵向伸展/阎步克//历史研究 . -2003 年 05 期

《二年律令 · 秩律》的中二千石秩级阙如问题/阎步克//河北学刊 . -2003 年 05 期

从张家山汉简看西汉初期平价制度/温乐平等//江西师范大学学报 . -2003 年 06 期

也谈 "真二千石" /阎步克//史学月刊 . -2003 年 12 期

《奏谳书》新郪信案例爵制释疑/朱绍侯//史学月刊 . -2003 年 12 期

张家山汉简所见汉初中央与诸侯王国关系论略/臧知非//陕西历史博物馆馆刊 . 第 10 辑 . -2003 年

张家山汉简中的名田制及其在汉代的实施情况/于振波//中国史研究 . -2004 年 01 期

试论张家山汉简《钱律》/闫晓君//法律科学 . -2004 年 01 期

从张家山汉简《具律》看汉初 "爵论" 制度/谭卫元//江汉考古 . -2004 年 01 期

论汉代的名田（受田）制及其破坏/朱绍侯//河南大学学报 . -2004 年 01 期

西汉戊己校尉新论/孟宪实//广东社会科学 . -2004 年 01 期

简牍所见秦名田制蠡测/于振波//湖南大学学报 . -2004 年 02 期

《张家山汉墓竹简 · 二年律令》中的教育问题和现代意义/陈战峰//长安大学学报 . -2004 年 02 期

汉简所见的 "候史" /高荣、张荣芳//中国史研究 . -2004 年 02 期

论秦徭役制中的几个法定概念/张金光//山东大学学报 . -2004 年 03 期

《蛮夷律》考略——从一桩疑案说起/曾代伟等//民族研究 . -2004 年 03 期

张家山汉简 "小爵" 臆释/刘敏//中国史研究 . -2004 年 03 期

从《二年律令》看汉初丞相与御史大夫的关系/王惠英//徐州师范大学学报 . -2004 年 03 期

从张家山汉律看汉初国家授田制度的几个特点/朱红林//江汉考古 . -2004 年 03 期

关于西汉时期西域汉人的几个问题/贾丛江//西域研究 . -2004 年 04 期

论张家山汉简中的军功名田宅制度/王彦辉//东北师大学报.-2004年04期

龙山里耶秦简二题/张俊民//考古与文物.-2004年04期

从《二年律令》看汉初的以法治吏/王瑷珲//边疆经济与文化.-2004年05期

张家山汉简所见汉初马政及相关问题/臧知非//史林.-2004年06期

《张家山汉简·二年律令》所见汉初国家对基层社会的控制/沈刚//学术月刊.-2004年10期

论张家山汉简《津关令》之"禁马出关"——兼与陈伟先生商榷/龚留柱//史学月刊.-2004年11期

关于汉代文书的一点考察/(日)鹈饲昌男//中国古代法律文献研究.第2辑.-2004年

张家山汉简《行书律》考/李均明//中国古代法律文献研究.第2辑.-2004年

秦汉时期的始傅、始役、终役的年龄研究/丁光勋//秦汉史论丛.第9辑.-2004年

汉初县吏之秩阶及其任命/廖伯源//秦汉史论丛.第9辑.-2004年

从张家山汉简看西汉私奴婢的社会地位/王彦辉//秦汉史论丛.第9辑.-2004年

张家山汉简所见制约行政权的法律/李均明//秦汉史论丛.第9辑.-2004年

说张家山汉简《二年律令》中的诸侯/曹旅宁//陕西历史博物馆馆刊.第11辑.-2004年

汉简"致籍"考辨/李天虹//文史.第67辑.-2004年

从张家山汉简看汉名田制与唐均田制之异同/于振波//湖南城市学院学报.-2005年01期

秦汉"傅籍"制度与社会结构的变迁——以张家山汉简《二年律令》为中心/臧知非//人文杂志.-2005年01期

《二年律令》与汉代课役身分/张荣强//中国史研究.-2005年02期

两汉农都尉的设置数额及其隶属关系/李炳泉//中国边疆史地研究.-2005年02期

说"军吏"——从长沙走马楼吴简谈起/黎虎//文史哲.-2005 年 02 期

从简牍看汉代的户赋与刍稾税/于振波//故宫博物院院刊.-2005 年 02 期

《二年律令》所见二十等爵对西汉初年国家统治秩序的影响/张鹤泉//吉林师范大学学报..-2005 年 03 期

"吏户"献疑——从长沙走马楼吴简谈起/黎虎//历史研究.-2005 年 03 期

秦汉法典体系的演变/孟彦弘//历史研究.-2005 年 03 期

试论简牍中所见谷物"付受"文书/苏卫国//沈阳师范大学学报.-2005 年 04 期

出土秦汉简牍看秦代稟衣的范围/刘向明//嘉应学院学报.-2005 年 04 期

战国后期秦国半两货币制度考略：云梦睡虎地简牍试探/王裕巽//钱币博览.-2005 年 04 期

汉代居延地区社会治安初探/赵浴沛//河南省政法管理干部学院学报.-2005 年 04 期

武威汉简《仪礼》研究四十年综述/张焕君等//中国史研究动态.-2005 年 05 期

汉代边塞的档案管理———以居延边塞为例/赵沛//学习与探索.-2005 年 05 期

里耶秦简与秦地方官制/黄海烈//北方论丛.-2005 年 06 期

秦汉律篇二级分类说——论《二年律令》二十七种均属九章/杨振红//历史研究.-2005 年 06 期

从出土材料看汉代更赋的征收机构及其征收时间问题/朱德贵//学术论坛.-2005 年 08 期

从张家山汉律说汉初列侯的政治经济权益/曹旅宁//长沙理工大学学报..-2005 年 03 期

《尹湾汉墓简牍》中有关郡县侯国吏制的几个问题/汤其领//史学月刊.-2005 年 11 期

张家山汉简《奏谳书》所见秦汉主奴关系试析/臧知非//秦文化论丛.第 12 辑.-2005 年

战国秦汉时期的里社与私社/杨华//天津师范大学学报.-2006 年 01 期

秦汉之际乡里吏员杂考——以里耶秦简为中心的探讨/卜宪群//南都学坛.-

2006 年 01 期

汉代河西屯戍系统的仓/朱奎泽//中国农史 . −2006 年 02 期

说"财用钱"/赵宠亮//历史研究 . −2006 年 02 期

汉初货币制度变革与经济结构的变动——兼谈张家山汉简《钱律》问题/臧知非//苏州大学学报 . −2006 年 03 期

简牍所见汉代边塞徼巡制度/汪桂海//中国边疆史地研究 . −2006 年 03 期

简牍所见西汉马政/黄敬愚//南都学坛 . −2006 年 03 期

从籴粟记录看汉代对西北边塞的经营——读《额济纳汉简》札记/于振波//中国社会经济史研究 . −2006 年 04 期

简牍所见汉代乡部的建制与职能/臧知非//史学月刊 . −2006 年 05 期

"莢钱"试解/谢桂华//历史研究 . −2006 年 02 期

《张家山汉简〈二年律令〉集释》评价/张淑一//中国史研究动态 . −2006 年 06 期

张家山汉简与汉代户赋制度新探/朱德贵//学术论坛 . −2006 年 06 期

试论我国古代的市场管理制度——以简牍文书为中心考察/吴治繁//四川理工学院学报 . −2006 年 06 期

简牍所见王莽对匈奴采取的政策/特日格乐//中央民族大学学报 . −2006 年 06 期

试论我国古代的物价管理制度——以简牍文书为中心考察/吴治繁//重庆师范大学学报 . −2006 年 05 期

居延汉简所见西北边塞的财物"拘校"/黄今言//史学月刊 . −2006 年 10 期

从张家山汉简《二年律令》看汉初法典的儒家化/杨颉慧//学术论坛 . −2006 年 10 期

浅议秦汉官吏法的几个特点/王彦辉等//史学月刊 . −2006 年 12 期

从里耶秦简看秦的公文制度/陈治国//中国历史文物 . −2007 年 01 期

简牍所见秦汉县属吏设置及演变/邹水杰//中国史研究 . −2007 年 03 期

秦汉时期民族关系的法律调整——以《属邦律》和《蛮夷律》为中心/陈庆云//曲靖师范学院学报 . −2007 年 04 期

从简帛看秦汉乡里的文书问题/卜宪群//文史哲 . −2007 年 06 期

近五十年来秦汉土地制度研究综述/闫桂梅//中国史研究动态 . −2007 年 07 期

汉代居延戍卒及其法律地位/程维荣//政治与法律.-2008 年 03 期

汉代限田制说/李恒全//史学月刊.-2007 年 09 期

从张家山竹简看汉初的赋税征课制度/黄今言//史学集刊.-2007 年 02 期

汉代西北屯戍系统粮食分配问题探析——以汉简资料为中心/朱奎泽//中国农史.-2007 年 02 期

汉代亭长与盗贼/黎明钊//中国史研究.-2007 年 02 期

龙岗秦简"行田"解——兼谈龙岗秦简所反映的田制问题/臧知非//秦汉研究.第 1 辑.-2007 年

传舍使用与汉帝国的日常统治/侯旭东//中国史研究.-2008 年 01 期

张家山 336 号汉墓《朝律》的几个问题/曹旅宁//贵州师范大学学报.-2008 年 01 期

《二年律令》中的工商业税和徭役史料研究/梁莉//重庆工学院学报.-2008 年 01 期

从《二年律令》看汉初核验与审计/张兴林//重庆工学院学报.-2008 年 01 期

天长纪庄木牍《算簿》与汉代算赋问题/袁延胜//中国史研究.-2008 年 02 期

湖南里耶所出"秦代迁陵县南阳里户版"研究/张荣强//北京师范大学学报.-2008 年 04 期

长沙东牌楼东汉"户籍简"补说/张荣强//中国史研究.-2008 年 04 期

张家山汉简所见的亭及其吏员——秦汉亭制研究之三/高荣//西北师大学报.-2008 年 05 期

简牍所见西陵、西平考/蔡万进//中州学刊.-2008 年 05 期

汉代吏治与社会救助/王文涛//河南大学学报.-2008 年 06 期

从汉"里"谈长沙走马楼吴简中的"里"和"丘"/郭浩//史学月刊.-2008 年 06 期

里耶秦简《祠律》考述/曹旅宁//史学月刊.-2008 年 08 期

汉代法律体系及其研究方法/杨振红//史学月刊.-2008 年 10 期

关于汉初的矿产税/赵浴沛//光明日报.-2008 年 2 月 24 日

从新出简牍看秦汉时期的田租征收杨振红//简帛.第 3 辑.-2008 年

秦汉地方吏治探微——以云梦秦简和张家山汉简之《效律》为例/刘玉华//

江苏警官学院学报.-2009 年 01 期

由出土简牍看汉代的马食/赵岩//农业考古.-2009 年 01 期

秦简牍所载农田形制与管理研究/孔祥军//南京农业大学学报.-2009 年 01 期

江苏尹湾汉简所见的武库与使节辨析/谢绍鹢//西域研究.-2009 年 02 期

里耶秦简：户籍档案的探讨/黎明钊//中国史研究.-2009 年 02 期

试论《二年律令》中爵位继承制度的几个问题/王彦辉//江苏行政学院学报.-2009 年 02 期

张家山汉简《二年律令》有关汉代边防的法律/李方//中国边疆史地研究.-2009 年 02 期

秦律令中的"新黔首"与"新地吏"/于振波//中国史研究.-2009 年 03 期

从睡虎地秦简看县令史与文书档案管理/刘向明//中国历史文物.-2009 年 03 期

也论简牍所见汉代河西屯戍系统的仓/赵岩//中国农史.-2009 年 03 期

读云梦睡虎地 M77 汉简《葬律》/彭浩//江汉考古.-2009 年 04 期

居延汉简所见"助吏"/赵宠亮//南都学坛.-2009 年 04 期

从出土简牍看秦汉时期的行书制度/易桂花、刘俊男//中国历史文物.-2009 年 04 期

张家山汉简《奏谳书》"杜泸女子甲和奸"案年代探析/陈治国//中国历史文物.-2009 年 05 期

凤凰山十号汉墓据"算"派役文书研究/杨际平//历史研究.-2009 年 06 期

东汉简牍《和从书》所见东汉若干制度探索/叶玉英//厦门大学学报.-2009 年 06 期

试析汉代河西戍边军队的粮草供给问题/范香立//淮北煤炭师范学院学报.-2009 年 06 期

西汉田税"以顷计征"的史实及其他——再答李恒全同志/臧知非//徐州师范大学学报.-2009 年 06 期

秦汉时期的"赐民爵"及"小爵"/刘敏//史学月刊.-2009 年 11 期

敦煌悬泉汉简所见"适"与"适"令/张俊民//兰州学刊.-2009 年 11 期

从简牍看秦汉生态保护立法/刘伟等//成才之路.-2009年33期

《额济纳汉简》中的兵器买卖契约/刘华祝//秦汉史论丛.第11辑.-2009年

南越宫署出土简牍释文辨正/胡平生//秦汉史论丛.第11辑.-2009年

广州南越国宫署遗址出土西汉木简考释/何有祖//考古.-2010年01期

从凤凰山汉简看西汉地方财政税收/李伟//南京师大学报.-2010年03期

睡虎地秦简《为吏之道》校读札记/白于蓝//江汉考古.-2010年03期

秦赀、赎之罚的清偿与结算问题——里耶秦简JI（9）～12简小记/张金光//西安财经学院学报.-2010年04期

张家山汉简《二年律令》中的"诸侯"——历史笺释与法律考辨/支振锋//华东政法大学学报.-2010年04期

东牌楼东汉简牍所见"督盗贼"补考/庄小霞//南都学坛.-2010年03期

居延新简中粮仓的经济监督/曹游佳//重庆理工大学学报.-2010年03期

居延新简之会计管理制度/朱颖华//重庆理工大学学报.-2010年03期

从汉简看汉朝会计监督/涂光银//重庆理工大学学报.-2010年03期

从新出简牍再探秦汉的大内与少内/陈治国等//江汉考古.-2010年03期

汉简所见汉代河西边郡人口来源考/杨芳//敦煌研究.-2010年03期

岳麓书院藏秦简所见秦郡名称补正/王伟//考古与文物.-2010年05期

西汉江夏郡沿革略考——从纪南松柏汉墓简牍说起/苏卫国//学术交流.-2010年05期

居延汉简所见"罢卒"/赵宠亮//石家庄学院学报.-2010年05期

敦煌悬泉汉简所见河西的羌人/高荣//社会科学战线.-2010年10期

"江胡"与"州陵"——岳麓书院藏秦简中的两个地名初考/陈伟//中国历史地理论丛.第1辑.-2010年

从出土"算"、"事"简看两汉三国吴时期的赋役结构——"算赋"非单一税目辨/杨振红//中华文史论丛.第1期.-2011年

汉简所见西北边塞的流动人口及社会管理/侯宗辉//中国边疆史地研究.-2011年01期

简牍所见秦汉法律诉讼中的乡/孙闻博//中华文化论坛.-2011年01期

松柏汉墓35号木牍侯国问题初探/马孟龙//中国史研究.-2011年02期

说秦汉徭役制度中的"更"——汉牍《南郡卒编更簿》小记/张金光//

鲁东大学学报．–2011 年 02 期

简牍所见西汉前期南郡属县（侯国）考/邓玮光//中国历史地理论丛．–2011 年 04 期

秦汉令史考/刘晓满//南都学坛．–2011 年 04 期

秦汉国家统治机构中的"司空"/宋杰//历史研究．–2011 年 04 期

秦汉时期的廉政法律及其实践——以秦汉简牍法律文献为例/戴金波//法治湖南与区域治理研究．–2011 年 04 期

《汉书·文帝纪》"养老令"新考/赵凯//南都学坛．–2011 年 06 期

简牍文书中的汉唐户政管理制度/郑军//贵州社会科学．–2011 年 10 期

简牍所见秦汉乡政新探/孙闻博//简帛．第 6 辑．–2011 年

汉晋赋役制度识小/凌文超//简帛．第 6 辑．–2011 年

简牍时代的仓廪图/马怡//中国社会科学院历史研究所学刊．第 7 辑．–2011 年

新出汉简户口簿籍研究/胡平生//出土文献研究．第 10 辑．–2011 年

汉初爵制结构的演变与官、民爵的形成/凌文超//中国史研究．–2012 年 01 期

吴简中的吏、吏民与汉魏时期官、吏的分野——中国古代官僚政治社会构造研究之三/杨振红//史学月刊．–2012 年 01 期

张家山 336 号汉墓《功令》的几个问题/曹旅宁//史学集刊．–2012 年 01 期

秦汉乡里赋税制度和赋税征收/张信通//中国经济史研究．–2012 年 01 期

岳麓秦简《为吏治官及黔首》释文校补/马芳等//长春大学学报．–2012 年 01 期

论汉代的"訾算"与"以訾征赋"/王彦辉//中国史研究．–2012 年 01 期

天长纪庄木牍《户口簿》及相关问题/蔡万进//中国史研究．–2012 年 01 期

秦汉行政中的效率规定与问责/刘晓满等//安徽史学．–2012 年 02 期

悬泉汉简所见折垣与祭越二国考/罗帅//西域研究．–2012 年 2 期

汉科研究：以购赏科为中心/张忠炜//南都学坛．–2012 年 03 期

秦汉时分纪时制综论/李天虹//考古学报．–2012 年 03 期

《里耶秦简》（壹）所见秦代县乡机构设置问题蠡测/王彦辉//古代文明 . - 2012 年 04 期

居延汉简"稍入"是边塞的财政收入之一/路方鸽//南都学坛 . -2012 年 04 期

居延汉简反映的汉代河西地区戍卒、田卒问题探析/黄兆宏等//石河子大学学报 . -2012 年 04 期

汉简所见河西边郡"盗贼"考论/侯宗辉//敦煌研究 . -2012 年 04 期

汉代边防法律的社会控制功能——以汉简研究为中心/江娜//求索 . -2012 年 04 期

张家山汉简所见西汉初期土地及赋税制度/陈立正等//西北师大学报 . -2012 年 04 期

汉代上公及三公系统职官丛考——以印泥、简牍等实物资料为中心/郭俊然//盐城师范学院学报 . -2012 年 05 期

从居延汉简看汉代民爵八级的政治地位/朱绍侯//南都学坛 . -2012 年第 04 期

汉简所见两汉之交河西窦融集团的粮荒问题/侯宗辉//甘肃社会科学 . -2012 年 05 期

汉简"小府"考——兼谈简牍词汇语义的辨析/李迎春//石家庄学院学报 . -2012 年 05 期

战国及秦：国家索取制度的形成与定型化/张金光//西安财经学院学报 . -2012 年 05 期

秦简所见田租的征收/于振波//湖南大学学报 . -2012 年 05 期

睡虎地秦简中的"将阳"小考/陈松长//湖南大学学报 . -2012 年 05 期

从《睡虎地秦墓竹简》看秦的重农政策/张士伟//齐齐哈尔大学学报 . -2012 年 06 期

从出土简牍看秦汉时期的户税征收/李恒全//甘肃社会科学 . -2012 年 06 期

中国秦代汉初货币制度发微——张家山汉简与睡虎地秦简对比研究/罗运环//武汉大学学报 . -2012 年 06 期

关于秦与汉初"入钱缿中"律的几个问题/陈伟//考古 . -2012 年 08 期

里耶古城北城壕出土户籍简牍的时代与性质/刘瑞//考古 . -2012 年 09 期

张家山汉简《二年律令》第90、91简解/丁义娟//学术探索．-2012年10期

从天长纪庄木牍看汉代的徭役制度/李恒全//社会科学．-2012年10期

张家山汉简"奴婢代户"律制定时间及其作用探析/宋磊等//兰台世界．-2012年24期

王杖木简再考/（日）籾山明//中国古代法律文献研究．第5辑．-2012年

《甘露二年御史书》校读/邬文玲//中国古代法律文献研究．第13辑．-2012年

《里耶秦简》【壹】中的"课"与"计"——兼谈战国秦汉时期考绩制度的流变/沈刚//鲁东大学学报．-2013年01期

睡虎地秦简《法律答问》性质探测/曹旅宁//西安财经学院学报．-2013年01期

《二年律令·户律》"田合籍"辨/袁延胜等//南都学坛．-2013年01期

出土秦汉户籍简的类别及登记内容的演变/王彦辉//史学集刊．-2013年03期

出土资料所见的汉代杂号将军考论/郭俊然//黎明职业大学学报．-2013年03期

试论秦汉简牍中的"室"和"室人"——以秦汉奴婢为中心/文霞//史学集刊．-2013年03期

也从里耶简谈秦代乡啬夫与乡守：论基层管理的双头模式/张朝阳//史林．-2013年01期

从户的相关立法谈秦汉政府对人口的控制/王彦辉等//东北师大学报．-2013年01期

东汉列侯推恩分封问题辨正——东汉侯爵继承制度研究之一/尤佳等//古代文明．-2013年02期

秦汉经济立法指导思想释读/谢华//衡阳师范学院学报．-2013年02期

汉代酷吏的法律文化解读/李巍涛//陕西师范大学学报．-2013年02期

秦汉律简"同居"考论/贾丽英//石家庄学院学报．-2013年02期

略论秦汉以来桂西的"羁縻"制度及现代价值/余海岗//钦州学院学报．-2013年03期

秦汉时期现金管理刍议——以岳麓秦简、居延汉简"稍入钱"为例/郭浩//

中国社会经济史研究 . -2013 年 03 期

从秦"邦"、"内史"的演变看战国秦汉时期郡县制的发展/杨振红//中国史研究 . -2013 年 04 期

"贡"、"赋"之间——试论《里耶秦简》【壹】中的"求羽"简/沈刚//中国社会经济史研究 . -2013 年 04 期

读岳麓秦简论秦汉户籍制度/张荣强//晋阳学刊 . -2013 年 04 期

里耶秦简所见的"田"与"田官"/陈伟//中国典籍与文化 . -2013 年 04 期

秦简牍"质日"考释三则/于洪涛//鲁东大学学报 . -2013 年 04 期

论汉初名田宅制度的一个问题：按爵位继承旧户田宅？/张朝阳//中国农史 . -2013 年 04 期

秦汉日常秩序中的社会与行政关系初探——关于"自信"一词的解释/卜宪群等//文史哲 . -2013 年 04 期

战国秦汉间"赀"的字义演变与其意义/石洋//华东政法大学学报 . -2013 年 04 期

简牍所见秦汉律令行政/刘太祥//南都学坛 . -2013 年 04 期

读岳麓秦简论秦汉户籍制度/张荣强//晋阳学刊 . -2013 年 04 期

秦汉律"购赏"考/宋国华//法律科学 . -2013 年 05 期

秦汉简牍中记载的"行钱"与"行金"研究/丁光勋//西安财经学院学报 . -2013 年 05 期

出土资料所见的汉代地方仓官考/郭俊然//江西教育学院学报 . -2013 年 05 期

出土资料所见的西汉王国工官考/郭俊然//晋城职业技术学院学报 . -2013 年 06 期

里耶秦简文书档案初探/吴荣政//湘潭大学学报 . -2013 年 06 期

汉魏外封武官制度研究/李文学//西南民族大学学报 . -2013 年 06 期

简牍所见秦汉时期的官员廉政建设/吕红梅//前沿 . -2013 年 08 期

简牍所见秦汉律令行政/刘太祥//中国社会科学文摘 . -2013 年 10 期

秦简所见"更戍"和"屯戍"制度新解/朱德贵//兰州学刊 . -2013 年 11 期

浅谈秦代地方职官——以里耶秦简为例/崔殿尧//黑龙江史志 . -2013 年

23 期

西汉初年徭役制度——由张家山汉简《奏谳书》"毋忧案"说起/万荣//江西师范大学学报 . -2014 年 01 期

秦代船及船官的考察——以里耶秦简为视窗/杨延霞等//鲁东大学学报 . -2014 年 01 期

西北所出汉代簿籍册书简的排列与复原——从东汉永元兵/侯旭东//史学集刊 . -2014 年 01 期

居延汉简所见"养"浅析/何海龙等//中国社会经济史研究 . -2014 年 01 期

金关汉简中的翟义同党陈伯阳及相关问题/刘乐贤//中国史研究 . -2014 年 01 期

从秦汉简牍看秦汉赋税制度/秦其文等//理论观察 . -2014 年 01 期

秦汉时期的郡尉与县尉——以出土简牍等有关考古材料为例/李晓筠//泰山学院学报 . -2014 年 01 期

肩水金关汉简所见"从者"探析/侯宗辉//敦煌研究 . -2014 年 02 期

从里耶秦简看"书同文字"的历史内涵/臧知非//史学集刊 . -2014 年 02 期

汉文帝"除诽谤妖言诏"发覆/宋洁//史学月刊 . -2014 年 03 期

从律令看汉代对孝文化的推崇/李晓燕//中原文化研究 . -2014 年 06 期

睡虎地秦简和张家山汉简《效律》研究——简牍汉简所见战国秦汉时期的经济法规研究之三/朱红林//社会科学战线 . -2014 年 03 期

里耶秦简 J1（16）5、J1（16）6 的释读与文书的制作、传递/杨振红等//浙江学刊 . -2014 年 03 期

北大秦牍（泰原有死者）考释/姜守诚//中华文史论丛 . -2014 年 03 期

汉晋绍封制度论考/尤佳//中华文史论丛 . -2014 年 03 期

西汉时期内外观的变迁：印制的视角/（日）阿部幸信//浙江学刊 . -2014 年 03 期

汉代诸侯荐璧朝觐制度探因/吴照魁等//南都学坛 . -2014 年 03 期

试论汉魏之际幕府制度的变迁/杨鑫//江汉学术 . -2014 年 03 期

丞相、皇帝与郡国计吏：两汉上计制度变迁探微/侯旭东//中国史研究 . -2014 年 04 期

西汉地方邮政"财助"问题刍议/郭浩//中国社会经济史研究.-2014年04期

里耶秦简与"闾左"为"里佐"说/王子今//湖南大学学报.-2014年04期

肩水金关汉简的赵地戍卒/黎明钊//邯郸学院学报.-2014年04期

秦汉与罗马帝国文书驿传制度比较研究/王云庆等//中华文化论坛.-2014年05期

岳麓秦简所见"租禾"、"刍稾"税和"臬税"刍议/朱德贵//史学集刊.-2014年05期

秦律中的"官"释义——兼论里耶秦简"守"的问题/秦涛//西南政法大学学报.-2014年02期

经济发展与战国秦汉之际法制建设的互动/朱红林//吉林师范大学学报.-2014年04期

从云梦秦简看秦军制/黄兆宏//青海师范大学学报.-2014年06期

汉简所见"致籍"与"出入名籍"考辨——以肩水金关简为中心/田家溧//史学集刊.-2014年06期

张家山三三六号汉墓《秩律》残简相关问题阐释/马孟龙//江汉考古.-2014年06期

秦汉简牍法律文献释文补正——以睡虎地秦简和张家山汉简为对象/赵久湘等//鲁东大学学报.-2014年06期

简牍秦律中的田租征收事务/孙铭//农业考古.-2014年06期

汉代"良家子"考/宋艳萍//秦汉史论丛.第13辑.-2014年

论东汉诏除郎/邹水杰//秦汉史论丛.第13辑.-2014年

秦汉时期的"行钱"与"行金"研究/丁光勋//秦汉史论丛.第13辑.-2014年

汉代"授杖"制度考略/靳宝//秦汉史论丛.第13辑.-2014年

汉代"癃"病与汉代社会救助/王文涛//秦汉史论丛.第13辑.-2014年

"更名民曰'黔首'"的若干问题辨析/王健//秦汉史论丛.第13辑.-2014年

《汉书·百官公卿表上》"奉常"条疏证/李炳泉//秦汉史论丛.第13辑.-2014年

西汉授田制废止问题辨正——兼谈张家山汉简《二年律令》授田制的历史实践问题/臧知非//人文杂志.-2015年01期

里耶秦简所见秦代公田及相关问题/魏永康//中国农史.-2015年02期

秦汉律所见"质钱"考辨/李力//法学研究.-2015年02期

长沙走马楼西汉简牍所见"都乡七年垦田租簿"及其相关问题分析/朱德贵//中国社会经济史研究.-2015年02期

再论秦及汉初的"田"与"天部"/李勉//中国农史.-2015年03期

秦及汉初的司寇与徒隶/孙闻博//中国史研究.-2015年03期

汉代游徼职能补遗及其警区设置研究/林永强//知与行.-2015年03期

简牍所见秦汉国有财物管理制度/刘太祥//南都学坛.-2015年03期

说"税田":秦汉田税征收方式的历史考察/臧知非//历史研究.-2015年03期

论敦煌悬泉汉简中的"厩令"——兼谈汉代"诏""令""律"的转化/于洪涛//华东政法大学学报.-2015年04期

岳麓秦简《县官田令》初探/王勇//中国社会经济史研究.-2015年04期

秦及汉初"傜"的内涵与组织管理/孙闻博//中国经济史研究.-2015年05期

秦简牍所见田制考论/魏永康//西安财经学院学报.-2015年05期

由"记王言"而"代王言:战国秦汉人臣草诏制度的演生/代国玺//文史哲.-2015年06期

张家山汉简"蛮夷律"辨正/魏永康//史学集刊.-2015年06期

汉代甲渠候官的日常管理/张文瀚//史学月刊.-2015年07期

《睡虎地秦墓竹简》中官吏管理研究/段德龙//绥化学院学报.-2015年08期

秦汉傜戍制度补论/王彦辉//史学月刊.-2015年10期

秦代中央与地方关系的重新审视——以出土政务文书为中心/吴方基//史林.-2016年01期

秦简中的"吏仆"与"吏养"/沈刚//人文杂志.-2016年01期

西汉"武功爵"新探/晋文//历史研究.-2016年02期

新出秦简礼俗考/周海峰//中国文化研究.-2016年02期

汉代公文形态新探/代国玺/中国史研究.-2015年02期

汉代"使主客"略考/邬文玲//中国史研究.-2016年03期

秦至清皇权专制社会说的法制史论证/李振红//古代文明.-2016年03期

再谈秦至汉初的"户赋"征收/朱圣明//中国经济史研究.-2016年03期

《奏谳书》所见西汉初年的户籍问题/袁延胜//古代文明.-2016年03期

简牍所见秦汉行政法的基本特点/刘太祥//南都学坛.-2016年04期

秦代"户赋"新证/陈松长//湖南大学学报.-2016年04期

岳麓秦简所见"訾税"问题新证/朱德贵等//中国经济史研究.-2016年04期

东汉内郡县法官法吏复原研究/姚远/华东政法大学学报.-2016年04期

西汉中后期地方权力运行与皇权衰落问题探析/李峰//郑州大学学报.-2016年05期

简牍所见秦代地方性法规与行政管理/吴方基//鲁东大学学报.-2016年05期

睡虎地秦简文本复原二题/王伟//中国矿业大学学报.-2016年06期

西汉初期民爵的承袭与削除/晁辽科//安康学院学报.-2016年06期

里耶秦简所见秦统一衡制新证/庄小霞//东方论坛.-2016年06期

张家山汉简"奴婢代户"律考论/宋磊//理论月刊.-2016年07期

秦汉简牍所见基层官员殴詈现象探析/靳腾飞//江汉论坛.-2016年11期

新莽时期的行政区划与地名改易研究/张亚凤//档案.-2016年11期

简牍所见秦和汉初田亩制度的几个问题/臧知非//人文杂志.-2016年12期

秦简牍"从人"考/李洪财//文物.-2016年12期

里耶秦简中的"田官"与"公田"/李勉等//简帛研究二〇一六（春夏卷）.-2016年

从劳力需求看秦代赦免制度/杨琳等//简帛研究二〇一六（春夏卷）.-2016年

里耶秦户籍简三题/韩树峰//简帛研究二〇一六（春夏卷）.-2016年

从出土文书论秦代县政令的下达与执行机制/吴方基//简帛研究二〇一六（春夏卷）.-2016年

简牍所见秦代县廷令史与诸曹关系考/邹水杰//简帛研究二〇一六（春夏卷）.-2016年

税田与取程：秦代田租征收方式蠡测/王勇//简帛研究二○一六（秋冬卷）.-2016年

秦守官、假官制度综考/王伟//简帛研究二○一六（秋冬卷）.-2016年

秦律令之流布及随葬律令性质问题/周海锋/华东政法大学学报.-2016年04期

简牍所见秦代对南方新占领地区特殊统治政策探析/沈刚//简牍学研究.第6辑.-2016年

论卒史一职的性质、来源与级别/李迎春//简牍学研究.第6辑.-2016年

里耶秦简所见秦代县行政中官、曹组织的职能分野与行政互动/黎明钊等/简帛.-第13辑，2016年

秦代县级档案文书的处理周期/沈刚//出土文献研究.第15辑.-2016年

秦汉简牍中的《田律》及其立法宗旨/朱德贵等//出土文献研究.第15辑.-2016年

汉初齐国无郡论/游逸飞//历史地理.第33辑.-2016年

聚落与交通视阈下的秦汉亭制变迁/王彦辉//历史研究.-2017年01期

简牍所见秦汉行政奖励制度/刘太祥//南都学坛.-2017年01期

西汉继体之君正当性论证杂议——以霍光废刘贺为例/吕宗力//史学集刊.-2017年01期

秦简所见里的拆并、吏员设置及相关问题/符奎//安徽史学.-2017年02期

新出简牍所见秦与汉初的田租制度及相关问题/慕容浩//社会科学研究.-2017年02期

"小""大"之间——战国至西晋课役身分的演进/张荣强//历史研究.-2017年02期

"新地吏"与"为吏之道"/张梦晗//中国史研究.-2017年03期

秦即墨郡的设置和变迁——以里耶8-657号秦简为据/李勉等//中国历史地理论丛.-2017年03期

秦简"有秩"新证/邹水杰//中国史研究.-2017年03期

里耶秦简《迁陵吏志》考释/孙闻博//国学学刊.-2017年03期

"算赋"生成与汉代徭役货币化/臧知非//历史研究.-2017年04期

简牍所见秦代地方职官选任/沈刚//历史研究.-2017年04期

简牍所见秦及汉初"户赋"问题再探讨/朱德贵//深圳大学学报.-2017年04期

汉代"罢癃"制度研究/李生平//残疾人研究.-2017年04期

岳麓秦简所见田税问题探讨/朱德贵//税务研究.-2017年05期

秦汉简牍"居县"考/陈伟//历史研究.-2017年05期

岳麓秦简《奔警律》及相关问题浅论/陈松长//湖南大学学报.-2017年05期

西汉昌邑王国职官制度研究/温乐平等//江西社会科学.-2017年05期

出土文献所见秦"新黔首"爵位问题/于振波等//湖南社会科学.-2017年06期

竹简秦汉律中的"以爵减、免、赎"非儒家"议爵/宋磊//首都师范大学学报.-2017年06期

秦县中的史类吏员研究/朱腾//中国人民大学学报.-2017年06期

岳麓秦简中的令文格式初论/陈松长//上海师范大学学报.-2017年06期

秦国乡官里吏发展管理农业职能/张信通//中国农史.-2017年06期

汉魏之际公府掾史迁转之变化/张欣//史学月刊.-2017年06期

从简牍所见官印犯罪管窥两汉政治与法律/韩旭//兰州教育学院学报.-2017年08期

岳麓秦简所见《戍律》初探/朱德贵//社会科学.-2017年10期

秦汉诉讼制度中的"覆"及相关问题/杨振红等//史学月刊.-2017年12期

秦汉新出简牍中的"舆田"和"税田"/李恒全等//文教资料.-2017年31期

秦及西汉前期的垦田统计与田租征收——以垦田租簿为中心的考察/高智敏//简帛研究二〇一七（春夏卷）.-2017年

秦汉时期的女爵和女户/冯闻文//简帛研究二〇一七（春夏卷）.-2017年

秦简《为吏之道》的思想主体分析/李锐//简帛研究二〇一七（春夏卷）.-2017年

秦简所见地方行政制度研究的新进展/吴方基//简帛研究二〇一七（春夏卷）.-2017年

秦汉"赀税"补论/齐继伟//简帛研究二〇一七（春夏卷）.-2017 年

岳麓书院藏秦简《金布律》研究/周海峰//简帛研究二〇一七（春夏卷）.-2017 年

西北汉简所见吏卒家属研究/钟良灿//简帛研究二〇一七（春夏卷）.-2017 年

西北汉简所见民爵分布与变迁/贾丽英//简帛研究二〇一七（春夏卷）.-2017 年

简牍所见秦代的行戍群体/刘鹏//简帛研究二〇一七（秋冬卷）.-2017 年

里耶秦简所见功劳文书/戴卫红//简帛研究二〇一七（秋冬卷）.-2017 年

睡虎地秦简与授田制研究的若干问题/晋文//历史研究.-2018 年 01 期

秦汉校长考辨/于振波//中国史研究.-2018 年 01 期

秦国准乡官、乡官职责职数考/张信通//河西学院学报.-2018 年 01 期

秦代文书行政制度与公文关系刍议/韦春喜//文学遗产.-2018 年 01 期

从新出简牍看秦的土地私有制/李恒全等//信阳农林学院学报.-2018 年 01 期

里耶秦简中的积户与见户——兼论秦代基层官吏的量化考核/晋文//中国经济史研究.-2018 年 01 期

秦代县级属吏的迁转路径——以里耶秦简为中心/单印飞//鲁东大学学报.-2018 年 01 期

秦代地方官员的文书传递职权——以里耶秦简异地同级文书为中心的考察/朱圣明//南都学坛.-2018 年 01 期

出土文献视野下的汉代候官探究/张文瀚//郑州大学学报.-2018 年 01 期

简牍所见秦汉行政法研究述评/刘太祥//南都学坛.-2018 年 01 期

从新出简牍看秦田租的征收方式/李恒全//中国经济史研究.-2018 年 02 期

出土材料所见百济职官制度/戴卫红//社会科学战线.-2018 年 02 期

近 30 年来汉代俸禄制度研究综述/郑茜方//三门峡职业技术学院学报.-2018 年 02 期

秦至汉初户赋的性质、征收与管理/李勉等//重庆师范大学学报.-2018

年 02 期

汉简所见居延地区的人口构成/张宏伟//甘肃广播电视大学学报．－2018年 02 期

早期帝国土地赋役的制度史考察——评臧知非《秦汉土地赋役制度研究》/贾丽英//石家庄学院学报．－2018 年 02 期

从新出简牍看秦田租的征收方式/李恒全//中国经济史研究．－2018 年02 期

睡虎地汉简中的功次文书/陈伟等//文物．－2018 年 03 期

里耶秦简牍户籍文书妻从夫姓蠡测/孙兆华等//中国人民大学学报．－2018年 03 期

岳麓书院藏秦简始皇禁伐树木诏考异/于振波//湖南大学学报．－2018 年03 期

秦至西汉属国的职官制度与安置模式/黎明钊等//中国史研究．－2018 年03 期

《肩水金关汉简》所见汉武帝"茂陵邑"探微/孙家洲//中国人民大学学报．－2018 年 03 期

效者与仓储保管——读睡虎地秦简《仓律》札记二则/陈翔//殷都学刊．－2018 年 03 期

汉代诏令研究述评/杨耀文//重庆三峡学院学报．－2018 年 03 期

也说汉代"訾算"——兼论吴简中的"訾"/齐继伟//湖南大学学报．－2018 年 03 期

《肩水金关汉简》所见"传"的制度补（一）/张英梅//敦煌研究．－2018 年 03 期

秦及汉初二十等爵与"士下"准爵层的剖分/贾丽英//中国史研究．－2018 年 04 期

浅析秦汉郡、县（道）吏员的设置/董波//青海师范大学学报．－2018 年04 期

西汉王朝西域都护的行政管理/李楠//内蒙古社会科学．－2018 年 04 期

"簿籍"与"取程"：北大藏秦简《田书》性质再探/杨博//农业考古．－2018 年 04 期

里耶秦简所见秦迁陵县粮食支出机构的权责/王勇//中国农史．－2018 年

04 期

西汉后期至新莽时代"三公制"的演生/徐冲//文史．-2018 年 04 期

汉简警备檄书与西汉昭宣时期河西边塞防御/裴永亮等//敦煌学辑刊．-2018 年 04 期

《肩水金关汉简》所见戍卒史料考略/姚磊//中国边疆史地研究．-2018 年 04 期

论秦及汉初身份秩序中的"庶人"/王彦辉//历史研究．-2018 年 04 期

秦代确有算赋辨/晋文//中国农史．-2018 年 05 期

秦汉林业职官考述/罗启龙等//中州学刊．-2018 年 05 期

简牍所见秦汉社会治安行政管理制度/刘太祥//南都学坛．-2018 年 05 期

从商鞅的"分异令"再论秦国家庭结构/薛洪波//北华大学学报．-2018 年 05 期

臧知非《秦汉土地赋役制度研究》评介/高海云//中国史研究动态．-2018 年 05 期

评臧知非《秦汉土地赋役制度研究》/王文涛//咸阳师范学院学报．-2018 年 05 期

关于汉代列侯问题研究/师彬彬//史志学刊．-2018 年 05 期

里耶秦简所见居役的几个问题/刘鹏//河南工业大学学报．-2018 年 05 期

汉武边塞与西域屯田/达吾力江·叶尔哈力克//历史研究．-2018 年 06 期

西汉身份等级制度与刘贺身份认同困境/吴方基//江西社会科学．-2018 年 06 期

汉代乡里制度的几个问题/鲁西奇//云南大学学报．-2018 年 06 期

东汉县廷行政运作的过程和模式/王朔//华中师范大学学报．-2018 年 06 期

秦国乡里赋税制度与赋税征收再探讨/张信通//中国农史．-2018 年 06 期

秦汉以降编民耕战政策模式初探/李治安//文史哲．-2018 年 06 期

秦代县级行政组织中的武职系统——以秦简为中心的考察/沈刚//烟台大学学报．-2018 年 06 期

从里耶简看秦代紧急公文种类与递送方式/于洪涛//档案学通讯．-2018 年 06 期

从出土简牍看秦汉政府对马牛的管理/牛文翰//四川文理学院学报．-2018

年 06 期

西北汉简所见吏及家属出入符比对研究/齐继伟//敦煌研究．-2018 年 06 期

"右盐主官"印探析/孙鑫//博物院．-2018 年 06 期

王国秩序与帝国战略：秦"出其人"问题的历史考察/熊永//史学月刊．-2018 年 07 期

汉代候官研究述论/张文瀚//史学月刊．-2018 年 08 期

张家山汉简中的"偏妻"身份考辨/孙玉荣//社会科学．-2018 年 11 期

列侯受田论/秦铁柱//甘肃农业．-2018 年 18 期

中国古代对偷漏税的防范与惩治/彭勇//人民论坛．-2018 年 28 期

汉代肩水塞部隧设置研究/郭伟涛//文史．-2018 年 01 期

"县官"之由来与战国秦汉时期的"天下"观/杨振红//中国史研究．-2019 年 01 期

关于秦汉计量单位石、桶的几个问题/邹大海//中国史研究．-2019 年 01 期

《汉旧仪》大鸿胪、郡国二千石调百石条考辨/张欣//中国史研究．-2019 年 01 期

秦代县级行政长官称谓及职权新探——以里耶秦简官署文书为中心/于洪涛//古代文明．-2019 年 01 期

论秦及汉初简牍中有关逃亡的法律/邹水杰//湖南师范大学社会科学学报．-2019 年 01 期

里耶秦简牍所见郡县订补/晏昌贵//历史地理研究．-2019 年 01 期

从《睡虎地秦墓竹简》所见行文制度看秦朝的行政运作和效率/陈妙闽//南京师范大学文学院学报．-2019 年 01 期

岳麓书院藏秦简和张家山汉简所见"租误券"研究/束江涛//湖北社会科学．-2019 年 01 期

简牍所见秦代县级财政管理问题探讨/沈刚//中国经济史研究．-2019 年 01 期

中国早期"民本"思想与商周的有限王权/宁镇疆//人文杂志．-2019 年 01 期

篆隶之间探秦制——读陈伟《秦简牍校读及所见制度考察》/王彦辉//史

学月刊.-2019 年 01 期

魏晋南朝时期的作部与都督府/权家玉//许昌学院学报.-2019 年 01 期

岳麓秦简中的"作功上"与秦王朝大兴土木/杨振红//湖南师范大学社会科学学报.-2019 年 01 期

里耶秦简所见迁陵蛮夷与秦朝蛮夷政策/王勇//中央民族大学学报.-2019 年 01 期

秦汉至三国吴的"訾税"变迁/贾丽英//历史研究.-2019 年 02 期

简牍所见秦及汉初"有爵寡"考论/苏俊林//中国史研究.-2019 年 02 期

长沙东汉简牍所见"纸""帋"的记载及相关问题/符奎//中国史研究.-2019 年 02 期

西汉郡少府考析/李伟//开封教育学院学报.-2019 年 02 期

尊君卑臣：汉代上书体式及套语中的皇帝权威/余建平//档案学通讯.-2019 年 02 期

论中国古代专职法官在战国时期的出现/黄海//华东政法大学学报.-2019 年 02 期

秦官营铁农具的生产管理及民间供给/刘鹏//古代文明.-2019 年 02 期

再论里耶秦简中的"守"和守官/袁延胜等//古代文明.-2019 年 02 期

编户齐民制与传统中国的国家能力/李磊//文化纵横.-2019 年 02 期

秦铁官体系与冶铁业新识/汤超//江汉考古.-2019 年 02 期

汉代上计使者在中央与地方二元政治格局中的特殊作用/李斯等//重庆师范大学学报.-2019 年 02 期

秦汉简牍所见"算赋""口赋"再探讨/朱德贵//中国农史.-2019 年 02 期

由"邦"到"天下"——秦"邦"更名所见制度变革及其意义/高智敏//中华文史论丛.-2019 年 02 期

秦汉简牍所见"算赋""口赋"再探讨/朱德贵//中国农史.-2019 年 02 期

西汉后期河务与清河郡行政变迁/李迎春//中国历史地理论丛.-2019 年 03 期

里耶"户隶"简与秦及汉初附籍问题/吴方基//中国史研究.-2019 年 03 期

汉文帝七年《朝仪》诏书补考——以《肩水金关汉简》（四）所见简牍为依据/张英梅//敦煌研究．-2019 年 03 期

《秦汉简牍户籍资料研究》读后/蔡万进//中国史研究动态．-2019 年 03 期

中国古代书写载体与户籍制度的演变/张荣强//武汉大学学报．-2019 年 03 期

汉代西域都护设置的时间及其职责相关问题考辨/张瑛//西北民族大学学报．-2019 年 03 期

秦汉时期的户人与家长/钟良灿//文史．-2019 年 03 期

中国君主官僚制政体建立初期之经济基础/朱军献//中州学刊．-2019 年 03 期

里耶秦简"日备归"与秦代新地吏管理/吴方基//古代文明．-2019 年 03 期

秦汉时期"里"的治安管理/张信通//陕西理工大学学报．-2019 年 03 期

西汉后期河务与清河郡行政变迁/李迎春//中国历史地理论丛．-2019 年 03 期

悬泉汉简《甘露二年病死马书》所见驿置传马管理/孙富磊//敦煌学辑刊．-2019 年 03 期

里耶秦简"日备归"与秦代新地吏管理/吴方基//古代文明．-2019 年 03 期

出土简牍所见秦代仓、廥的设置与管理/谢坤//中国农史．-2019 年 03 期

秦代傅籍标准新考——兼论自占年与年龄计算/凌文超//文史．-2019 年 03 期

汉末魏晋时期县级主官加领校探讨/戴卫红//中国史研究．-2019 年 04 期

张家山汉简中的田制等问题/晋文//山东师范大学学报．-2019 年 04 期

释西北屯戍汉简中的"缇绩""缇行胜"/张丽萍等//敦煌研究．-2019 年 04 期

金关简私传申请所见汉王朝对人口流动的控制/孙宁//河西学院学报．-2019 年 04 期

周秦时期生态保护法制解读——以睡虎地云梦秦简为依据/吴志勇//黑龙江生态工程职业学院学报．-2019 年 04 期

秦汉地方祠官考/范云飞//泰山学院学报．-2019 年 04 期

张家山汉简中的田制等问题/晋文//山东师范大学学报．-2019 年 04 期

阴阳五行说视野下的秦简"钱倍十一"规定新探/方潇//政法论坛．-2019 年 05 期

秦简"新地吏"再探——兼论秦"新地"统治政策/苑苑//学术探索．-2019 年 05 期

徭使与秦帝国统治：以简牍资料为中心的探讨/沈刚//社会科学．-2019 年 05 期

汉代九卿制度的形成/孙正军//历史研究．-2019 年 05 期

汉初内史职能辨析/张梦晗//中国社会科学院研究生院学报．-2019 年 05 期

里耶秦"邑里"户籍简探微/袁延胜等//郑州大学学报．-2019 年 05 期

长沙走马楼吴简职官称谓语研究/赵国华//渤海大学学报．-2019 年 06 期

悬泉置出土《失亡传信册》再考/孙富磊//敦煌研究．-2019 年 06 期

试论里耶秦简中的"献"/李兰芳//中国农史．-2019 年 06 期

秦汉简牍所见"巴县盐"新解及相关问题考述/庄小霞//四川文物．-2019 年 06 期

地方财政视角下秦国县少内简析/李伟//开封教育学院学报．-2019 年 07 期

肩水金关汉简所见田卒与戍卒之别/牛忠菁等//赤峰学院学报．-2019 年 07 期

秦洞庭郡属县小议/郑威//江汉考古．-2019 年 05 期

西汉遣策"偶人简"研究/田天//文物．-2019 年 06 期

简纸更替与中国古代基层统治重心的上移/张荣强//中国社会科学．-2019 年 09 期

汉代"户赋"性质、生成与演变——"户赋"源于田税说/臧知非//人文杂志．-2019 年 09 期

休耕制与战国秦汉的土地制度/代国玺//社会科学．-2019 年 10 期

肩水金关汉简所见赦令研究/姚磊//社会科学．-2019 年 10 期

生态保护意识：唐禁屠令中的历史与社会因素探析/翁洁仪//福建教育学院学报．-2019 年 10 期

秦郡"执法"考——兼论秦郡制的发展/王四维//社会科学.-2019年
11期

休耕制与战国秦汉的土地制度/代国玺//社会科学文摘.-2019年11期

秦汉时期两类"小""大"身份说/凌文超//社会科学战线.-2019年
12期

秦县级公田的劳动力供给与垦种运作/刘鹏//北京社会科学.-2019年
12期

睡虎地汉简中的券与相关文书/陈伟等//文物.-2019年12期

走马楼西汉简所见"译人"及相关问题试论/王博凯//简帛研究二〇一九
(春夏卷).-2019年

论肩水金关出入关符的类型和使用/李迎春//简帛研究二〇一九（春夏
卷）.-2019年

秦汉"叚父"称谓及"不同父者"间的关系试探——以《岳麓书院藏秦
简（伍）》一则令文为中心/张以静//简帛研究二〇一九（春夏卷）.-
2019年

读袁延胜《秦汉简牍户籍资料研究》/王茹等//简帛研究二〇一九（秋冬
卷）.-2019年

往来肩水金关的人们与西汉后期的边郡、内郡/（日）高村武幸//简牍学
研究.第8辑.-2019年

岳麓书院藏秦简《徭律》研究/周海锋//简牍学研究.第8辑.-2019年

长沙走马楼西汉简中的"将田"小考/陈松长等//出土文献.第14辑.-
2019年

汉代官用私印小议——以职官姓名印和"名印"私印为中心/杜晓//出土
文献.第14辑.-2019年

四川渠县城坝遗址J9汉代户口简考释——兼论课役身分"老"的形成与
演变/凌文超//出土文献.第14辑.-2019年

也谈简牍所见秦的"田"与"田官"/刘鹏//简帛.第18辑.-2019年

唯物史观视阈下的中国古代土地制度变迁/臧知非等//中国社会科学.-
2020年01期

新见秦代吏治律令探论——基于《岳麓书院藏秦简》（陆）的秦令考察/
陈松长//政法论坛.-2020年01期

封建郡县之争与秦始皇嗣君选择/熊永//历史研究．-2020 年 01 期

四十年来秦汉户赋研究述评/刘文超等//中国史研究动态．-2020 年 01 期

里耶秦简所见秦代县吏的调动/琴载元//西北大学学报．-2020 年 01 期

岳麓秦简中的"县官田令"初探/陈松长//中州学刊．-2020 年 01 期

新出秦简中的授田制问题/晋文//中州学刊．-2020 年 01 期

从诸官到列曹：秦汉县政承担者的转变及其动因考论/姚立伟//史学月刊．-2020 年 01 期

岳麓秦简中的"为符官"与"致所官"考论/陈松长//湖南大学学报．-2020 年 01 期

简牍所见秦及汉初行政惩罚中的官吏代偿/罗昭善//咸阳师范学院学报．-2020 年 01 期

里耶秦简（贰）所见秦代乡仓初探/吴方基//湖南社会科学．-2020 年 01 期

汉代敦煌郡库与西域戍卒兵物管理/马智全//敦煌研究．-2020 年 01 期

秦国"战时管理体制"的合理性/张信通//陕西理工大学学报．-2020 年 01 期

张家山汉简《二年律令》土地制度立法意图及相关途径探析/黄玺//廊坊师范学院学报．-2020 年 01 期

从新出秦简看秦代盐业制度/韩织阳//盐业史研究．-2020 年 01 期

出土文献与秦音乐机构设置及管理问题研究/李立//中原文化研究．-2020 年 01 期

秦代属邦与民族地区的郡县化/邹水杰//历史研究．-2020 年 02 期

秦及汉初简牍中的"寡"——以爵位、户籍、经济生活为中心/孙玉荣//中国经济史研究．-2020 年 02 期

论秦汉时期乡的规模和管理方式的变迁/张新超//内蒙古大学学报．-2020 年 02 期

以历史地理缕析汉代文化以职官制度探究汉代政治/申超//地域文化研究．-2020 年 02 期

论汉代县属游徼的设立与演变/张新超//古代文明．-2020 年 02 期

从"周礼"到"汉制"——公私视角下的秦汉地方宗庙制度/范云飞//史林．-2020 年 02 期

岳麓秦简秦郡史料补议/欧扬//中国历史地理论丛.-2020年02期

汉初"献费"新探/郭丛//史学月刊.-2020年03期

屯田区概念与西域屯垦史研究/侯甫坚//西域研究.-2020年03期

从"在里占著"到"随就虚落"——论秦汉户籍登记地点的变迁/束江涛//湖北社会科学.-2020年04期

北大秦简《田书》与秦代田亩、田租问题新释/杨博//中国农史.-2020年02期

龙岗秦简中的"行田""假田"等问题/晋文//文史.-2020年02期

从"司马主天"到"太尉掌兵事":东汉太尉渊源考/徐冲//中国史研究.-2020年02期

岳麓秦简《尉卒律》中的"比其牒"与"案比"制度/王萍//中国史研究.-2020年02期

秦简所见盐业资料辑考/苏俊林//盐业史研究.-2020年02期

汉代的"典属国"辨析/尹亮//青海民族研究.-2020年02期

中国古代优抚政策与思想/张涛//广西大学学报.-2020年03期

秦献公:战国时期推动秦国兴起的前驱者/高士荣//西安财经大学学报.-2020年03期

西汉西北地区长城地带探究——以西汉政府控制区为例/黄永美//重庆师范大学学报.-2020年03期

张家山汉简所见典客考论/万尧绪等//安庆师范大学学报.-2020年03期

试析里耶秦简的所属机构/刘自稳//国学学刊.-2020年03期

里耶秦简所见异地廪食及粮食补偿问题/常城//西安文理学院学报.-2020年03期

简牍所见"专职"土吏与汉代边郡粮食管理/吴方浪//中国农史.-2020年03期

秦汉简牍中的"案致"——兼论汉初地方立法建议/舒哲岚//湖南社会科学.-2020年04期

汉代凉州刺史考/刘维栋//南都学坛.-2020年04期

再论秦至汉初的"分异令"及"分户"问题——以出土简牍为中心/李希珺//南都学坛.-2020年04期

肩水金关的机构与职能考/王蕾//敦煌研究.-2020年04期

秦对关东基层社会的治理——以里典为中心的考察/苑苑//农业考古．-2020 年 04 期

简牍所见"专职"士吏与汉代边郡粮食管理（续）/吴方浪//中国农史．-2020 年 04 期

汉武帝朝的秩级整理运动/孙正军//文史哲．-2020 年 05 期

论汉代的重农政策/郝建平//咸阳师范学院学报．-2020 年 05 期

东晋"度田税米"再考：性质、租额与实施背景/陆帅//中国经济史研究．-2020 年 05 期

从简到纸：东晋户籍制度的变革/韩树峰//中国人民大学学报．-2020 年 05 期

汉宣帝吏治建设小考/田丰//唐山师范学院学报．-2020 年 05 期

汉代政府借贷与社会控制/李瑞金//咸阳师范学院学报．-2020 年 05 期

《岳麓书院藏秦简》中有关秦代印章制度问题略考/李莹波//中国书法．-2020 年 05 期

西汉海昏侯刘贺墓出土"房中"简初识/杨博//文物．-2020 年 06 期

试论战国秦汉城乡关系的新变化/马新、王越//山东社会科学．-2020 年 08 期

试论简牍所见秦对边缘地区的管辖/张韶光//史学月刊．-2020 年 08 期

"士大夫""官人百吏"考辨——兼论"吏民"的出现/孙闻博//人文杂志．-2020 年 08 期

居延都尉府治与居延候官考略/李文娟//赤峰学院学报．-2020 年 08 期

兵符与帝玺：秦汉政治信物的制度史考察/孙闻博//史学月刊．-2020 年 09 期

秦汉公文格式考/秦一鸣//兰台世界．-2020 年 09 期

秦汉出土简帛中涉医优恤制度/陈稳根等//中医药导报．-2020 年 13 期

秦朝御史大夫制度之历史得失/卜宪群//中国纪检监察．-2020 年 19 期

"暨过误失坐官案"所见官吏职务犯罪的再探讨/朱潇//教育教学论坛．-2020 年 28 期

（三）民事法制

从《四民月令》看东汉大地主的田庄/邱汉生//历史教学．-1959 年 11 期

"粟君所责寇恩事"简册略考/肖亢达//文物.-1978 年 01 期

秦代的经济制裁法/无戈//陕西日报.-1980 年 11 月 12 日

居延新简《责寇恩事》的几个问题/初仕宾等//考古与文物.-1981 年 03 期

从睡虎地秦墓竹简看秦代的农业经济/安作璋//秦汉史论丛.第 1 辑.-1981 年

汉代买地券考/吴天颖//考古学报.-1982 年 01 期

从凤凰山简牍看文景时期的农业生产/陈振裕//农业考古.-1982 年 01 期

青川县出土秦更修田律木牍——四川省青川县战国墓发掘简报/李昭和等//文物.-1982 年 01 期

关于《汉侍廷里父老们僤买田约束石券》/宁可//文物.-1982 年 12 期

河南偃师县发现汉代买田约束石券/黄士斌//文物.-1982 年 12 期

从竹简《秦律》看秦代的经济立法/潘世宪//内蒙古大学学报.-1983 年 01 期

关于西汉自耕农经济的初步探析/黄言午//江西师范大学学报.-1983 年 03 期

秦田律考释/田宜超等//考古.-1983 年 06 期

从云梦秦简看秦代的经济立法/刘序传//法学研究.1983 年 06 期

《秦简》中经济法规问题的探索——读《睡虎地秦墓竹简》札记/薛梅卿//法律史论丛.第 3 辑.-1983 年

秦律的经济关系规范考论/水寿//法律科学-西北政法学院学报.-1984 年 02 期

秦律的经济关系规范考论(续)/水寿//法律科学-西北政法学院学报.-1984 年 03 期

关于秦代的经济立法/陈汉生//政治与法律.-1984 年 02 期

论秦简中有关经济法规的基本原则/栗劲//法律科学-西北政法学院学报.-1985 年 03 期

居延汉简债务文书述略/李均明//文物.-1986 年 11 期

汉简中的债务文书及"贳卖名籍"/连劭名//考古与文物.-1987 年 03 期

文物中的法律史料及其研究/刘海年//中国社会科学.-1987 年 05 期

从《先令券书》看汉代有关遗产继承问题/杨剑虹//武汉大学学报.-

1988 年 03 期

《汉代婚姻形态》序/李学勤//人文杂志 . –1988 年 05 期

周秦、两汉的刍、稾及其税考/杨作龙//农业考古 . –1989 年 01 期

江陵凤凰山 10 号汉墓"中服共侍约"牍文新解/姚桂芳//考古 . –1989 年 03 期

汉简所见西北边塞的商品交换和买卖契约/林甘泉//文物 . –1989 年 09 期

两汉地价补论/李振宏//史学月刊 . –1990 年 03 期

汉代的古典借贷关系/秦晖//中国经济史研究 . –1990 年 03 期

战国秦汉时期妇女的法律地位/任芬//中国妇女管理干部学院学报 . –1991 年 01 期

从《九章算术》的有关记载看汉代贸易中的"共买"/宋杰//北京师范学院学报 . –1991 年 02 期

论中国历代契约资料的蕴藏及其史料价值/张传玺//北京大学学报 . –1991 年 03 期

试论中国古代高利贷的起源和发展/刘秋根//河北学刊 . –1992 年 02 期

汉代官府与私人之间的债务关系/宋杰//首都师范大学学报 . –1993 年 01 期

汉简与汉代西北屯戍盐政考述/谢桂华//盐业史研究 . –1994 年 01 期

汉代丝绸之路上的物价、税收及市场管理述论/王震亚//西北师大学报 . –1994 年 01 期

汉代豪民私债考评/王彦辉//中国史研究 . –1994 年 02 期

从汉简管窥河西四郡市场/高维刚//四川大学学报 . –1994 年 02 期

商品货币经济与汉代军队//邵鸿//中国史研究 . –1994 年 03 期

秦代工商法律研究/张中秋//江苏社会科学 . –1994 年 05 期

从江陵凤凰山 10 号墓简牍研究西汉早期会计史/李孝林//北京商学院学报 . –1996 年 02 期

秦汉时期的官营运输业/孙中家等//求是学刊 . –1996 年 03 期

战国时期的土地私有化及其社会影响/晁福林//江海学刊 . –1996 年 04 期

荥阳东汉仓楼彩绘养老图/王学敏//中原文物 . –1996 年 04 期

居延新汉简"粟君债寇恩"民事诉讼个案研究/张建国//中外法学 . –1996 年 05 期

从秦汉简牍研究古代商业经济/李孝林//重庆商学院学报.－1996 年 04 期

汉代贩运贸易论略/黄今言等//中国社会经济史研究.－1997 年 01 期

汉代居延的商品经济/杨剑虹//敦煌研究.－1997 年 04 期

秦简"敖童"解/黄留珠//历史研究.－1997 年 05 期

从云梦秦简看秦的经济立法/王震亚//简牍学研究.第 1 辑.－1997 年

汉简中的商品、价格、税收与市场管理/王震亚//简牍学研究.第 1 辑.－
1997 年

关于"假田"的几个问题/康德文//陕西师范大学学报.－1998 年 02 期

新的耕耘 新的收获——《两汉乡村社会史》读后/赵世瑜//东岳论丛.－
1998 年 04 期

长沙走马楼佃田租税简的初步研究/邱东联//江汉考古.－1998 年 04 期

汉代的"平贾"/宋杰//首都师范大学学报.－1998 年 02 期

青川秦牍《为田律》研究/罗开玉//简牍学研究.第 2 辑.－1998 年

木简券书破别形式述略/胡平生//简牍学研究.第 2 辑.－1998 年

两汉乡村社会各阶层新论/马新//山东大学学报.－1999 年 01 期

居延汉简中的"茭"/王昭义//西北史地.－1999 年 02 期

粟君债寇恩简册新探/张建国//考古与文物.－2000 年 01 期

论土地兼并的合理性及其根源——两汉人地关系个案研究/叶文宪//苏州
铁道师范学院学报.－2000 年 01 期

汉代的"分田劫假"与豪民兼并/王彦辉//东北师大学报.－2000 年 05 期

汉简中的债务文书辑证/高恒//法律史论集.第 3 卷.法律出版社.－
2001 年

张家山汉简所反映的二十等爵制/李均明//中国史研究.－2002 年 02 期

"王杖诏书"与汉代养老制度/臧知非//史林.－2002 年 02 期

秦汉邮书管理制度初探/高荣//人文杂志.－2002 年 02 期

张家山汉简所见规范继承关系的法律/李均明//中国历史文物.－2002 年
02 期

对汉代民法渊源的新认识/徐世虹//郑州大学学报.2002 年 03 期

论汉代的"吏道"/赵光怀//河南师范大学学报.－2002 年 04 期

从《甲渠言部吏毋嫁娶过令者》文书看汉代社会中的婚俗奢靡问题/周宇//
中国社会经济史研究.－2002 年 04 期

论秦律中所见的家族法/曹旅宁//学术研究．–2002年04期

张家山二年律令简所见汉代的继承法/徐世虹//政法论坛．–2002年05期

西汉初年军功爵制的等级划分——《二年律令》与军功爵制研究之一/朱绍侯//河南大学学报．–2002年05期

从《二年律令》看西汉前期的赐爵制度/高敏//文物．–2002年09期

吕后二年赐田宅制度试探——《二年律令》与军功爵制研究之二/朱绍侯//史学月刊．–2002年12期

尹湾简牍再现秦汉社会生活/宋杰//文汇报．–2002年08月24日

《二年律令》与汉代女性权益保护/高凯//光明日报．–2002年11月5日

张家山汉简《田律》与青川秦木牍《为田律》比较研究/高大伦//简帛语言文字研究．第1辑．–2002年

西汉初律令中的母、妻/侯旭东//中国社会科学院院报．–2004年1月29日

从张家山汉简看西汉时期私奴婢的社会地位/王彦辉//东北师大学报．–2003年02期

睡虎地秦简和张家山汉简反映的秦汉时期后子制和家系继承/尹在硕//中国历史文物．–2003年01期

从简牍资料看秦的家庭结构/魏道明//青海师范大学学报．–2003年01期

睡虎地秦墓简牍所见秦社会婚姻、家庭诸问题/赵浴沛//中国社会经济史研究．–2003年04期

张家山汉简所见西汉继承制度初论/臧知非//文史哲．–2003年06期

张家山二年律令简中的损害赔偿之规定/徐世虹//华学．第6辑．–2003年

"偏妻""下妻"考/王子今//华学．第6辑．–2003年

试论张家山汉简中的"私属"/王爱清等//乌鲁木齐职业大学学报．–2004年02期

居延汉简所见边军的服装配给与买卖/赵沛//辽宁大学学报．–2004年05期

从张家山汉简看"月为更卒"的理解问题/臧知非//苏州大学学报．–2004年06期

秦汉律所反映的后子制和继承法/尹在硕//秦汉史论丛．第9辑．–

2004 年

从居延汉简看汉代居延地区社会经济/陈东旭等//内蒙古文物考古 . -2005 年 02 期

论汉代的分户析产/王彦辉//中国史研究 . -2006 年 04 期

汉代简牍中所见私人契约/孙瑞等//学习与探索 . -2006 年 04 期

从简牍文书看中国传统财产继承制度/罗鸿瑛等//中西法律传统 . 第 5 卷 . -2006 年

睡虎地秦墓竹简《仓律》校读（一则）/彭浩//考古学研究 . 第 6 辑 . -2006 年

《二年律令》有关奴婢的法律思想初探/曾加//西北大学学报 . -2007 年 01 期

《二年律令·户律》与高祖五年诏书的关系/王彦辉//湖南大学学报 . -2007 年 01 期

秦汉法律简牍中的"庶人"身份及法律地位问题/曹旅宁//咸阳师范学院学报 . -2007 年 03 期

宗法伦理与汉代家系继承制度/ 刘厚琴//南都学坛 . -2007 年 03 期

试析张家山汉简所见的汉初婚姻法/王辉//大庆师范学院学报 . -2007 年 03 期

普遍授田制的终结与私有地权的形成/张金光/历史研究 . -2007 年 05 期

从长沙东牌楼简牍看汉代出嫁女的财产继承/贾丽英//光明日报 . -2007 年 07 月 13 日

睡虎地秦简和张家山汉简中的《金布律》研究/朱红林//社会科学战线 . -2008 年 01 期

秦代金钱兑换率蠡测/盛治刚//东岳论丛 . -2008 年 01 期

《二年律令》与秦汉继承法/曹旅宁//陕西师范大学学报 . -2008 年 01 期

试论秦汉简牍中奴婢的户籍问题/文霞//广东教育学院学报 . -2008 年 02 期

汉代物价考（二）——以汉简为中心/刘金华//文博 . -2008 年 02 期

张家山汉简所见汉代婚姻禁令/张淑一//史学集刊 . -2008 年 03 期

从《二年律令·户律》看汉初立户分户问题/晋文等//中国农史 . -2008 年 03 期

汉代西北边地物价考——以汉简为中心/刘金华//中国社会经济史研究.-2008 年 04 期

对《二年律令》有关土地、田赋、继承制度中几则释文的思考/王彦辉等//东北师大学报.-2008 年 04 期

秦汉时期的"户绝"与社会控制/王彦辉//学习与探索.-2008 年 06 期

从出土简牍看汉代马价/丁邦友等//鲁东大学学报.-2008 年 06 期

简牍与秦汉社会史研究三题：秦汉时期的"户绝"与社会控制/王彦辉//学习与探索.-2008 年 06 期

睡虎地秦墓竹简所见社会保障相关内容研究/张东//文博.-2008 年 06 期

简牍所见秦汉子女的孝亲责任/关翠霞等//河北法学.-2009 年 01 期

张家山《二年律令》与《风俗通义》中两则案例的对读/张朝阳//史林.-2009 年 04 期

战国末期至西汉初年的妇女婚姻家庭生活——以睡虎地秦简和张家山汉简为主要研究对象/黄爱梅//史林.-2009 年 04 期

秦汉妇女的继产承户/尹在硕//史学月刊.-2009 年 12 期

徭、戍为秦汉正卒基本义务说——更卒之役不是"徭"/杨振红//中华文史论丛.-2010 年 01 期

从张家山汉简《二年律令》推论汉初女性社会地位/夏增民//浙江学刊.-2010 年 01 期

汉简所见西汉优抚措施/王文涛//齐鲁学刊.-2010 年 01 期

从西北汉简中的物价看河西地区的商品经济/侯宗辉//焦作师范高等专科学校学报.-2010 年 02 期

简牍资料所见西汉前期的"卒更"/陈伟//中国史研究.-2010 年 03 期

论基于救助的汉代社会保障/王文涛//天津师范大学学报.-2010 年 03 期

关于《二年律令·户律》受田宅对象的探讨/贾文丽//首都师范大学学报.-2010 年 03 期

长沙走马楼竹简所见"地僦钱"拾遗/沈刚//中国历史文物.-2010 年 04 期

从〈数〉的"舆（與）田"、"税田"算题看秦田地租税制度/肖灿//湖南大学学报.-2010 年 04 期

论汉代的贫困救济——以假田和赐田为例/林兴龙//长春理工大学学报.-

2010 年 05 期

西汉 "授田制" 辨析/张功//天水行政学院学报 . −2010 年 05 期

说《二年律令》"平贾" 及其他/臧知非//秦汉研究 . 第 4 辑 . −2010 年

论战国农民之特质——战国与两汉农民的比较研究/马新//东岳论丛 . −2012 年 01 期

汉代继承问题刍议/闫晓君//法律科学 . −2012 年 02 期

秦汉出嫁女与父母本家关系探析/贾丽英//中国史研究 . −2012 年 03 期

里耶秦简债务文书研究/朱红林//古代文明 . −2012 年 03 期

汉代家庭财产的支配形态与流转方式/张功//天水行政学院学报 . −2012 年 03 期

秦汉至唐宋时期遗嘱制度的演化/乜小红//历史研究 . −2012 年 05 期

论汉代官方的所有权形态——以汉简为考察对象/季立刚等//《湖南师范大学社会科学学报 . −2013 年 03 期

秦及汉初算数书所见田租问题探讨/王文龙//咸阳师范学院学报 . −2013 年 01 期

秦汉财产损害赔偿制度考/田振红//福建师范大学学报 . −2013 年 03 期

论汉初名田宅制度的一个问题：按爵位继承旧户田宅/张朝阳//中国农史 . −2013 年 04 期

秦汉简中的 "公卒" 和 "庶人" /曹骥//唐都学刊 . −2013 年 04 期

"本事" 签牌考索/杨小亮//齐鲁学刊 . −2013 年 04 期

从出土简牍看秦汉家庭继承制度/李恒全//中国农史 . −2013 年 06 期

西汉《商贾律》探析/张功//陕西师范大学学报 . −2013 年 06 期

睡虎地秦简和张家山汉简《效律》研究——简牍所见战国秦汉时期的经济法规研究之二/朱红林//社会科学战线 . −2014 年 03 期

从张家山汉简看汉初家产等级继承制/李恒全//贵州社会科学 . −2014 年 07 期

关于秦汉时期的贫贱民等级/刘敏//秦汉史论丛 . 第 13 辑 . −2014 年

读《秦汉家庭法研究——以出土简牍为中心》/彭卫//河北学刊 . −2015 年 06 期

秦汉商业用地制度初探——以出土文献为中心/邬勖//江西社会科学 . −2015 年 07 期

从简牍记录探析中国古代借贷关系与性质/陈敏等//财会月刊.-2015年12期

新出秦简所见秦代市场与商人探讨/沈刚//中国社会经济史研究.-2016年01期

解读秦汉时期的家庭法——评《秦汉家庭法研究：以出土简牍为中心》/吕红梅//石家庄学院学报.-2016年01期

岳麓秦简《金布律》关于奴婢、马牛买卖的法律规定/王勇//中国社会经济史研究.-2016年03期

长沙五一广场东汉简牍所见商业问题探讨/朱德贵//中国社会经济史研究.-2016年04期

传统继承制度的历史变迁/邓长春等//孔学堂.-2016年04期

对丝绸之路上居延、敦煌汉简中的雇佣券之探讨/屈波等//江汉考古.-2016年05期

中国古代契约之存在基础及作用/隆奕等//北华大学学报.-2016年06期

从《二年律令·置后律》看汉代女性的继承权/梁馨予等//西北民族大学学报.-2016年06期

简牍文献中秦及汉初奴婢制度的特征/高士荣//敦煌学辑刊.-2017年01期

里耶秦简"校券"与秦代跨县债务处理/吴方基//中国社会经济史研究.-2017年04期

《二年律令》所见汉初奴婢家庭问题研究/宁江英//内蒙古大学学报.-2017年06期

试论汉代的民间借贷习俗与官方秩序/李一鸣//民俗研究.-2018年01期

战国秦汉时代女性财产权问题再考察/薛洪波//中国经济史研究.-2018年01期

睡虎地秦简"身高六尺"涉数法律规定源由新探/方潇//清华法学.-2018年02期

岳麓秦简律令文书所见借贷关系探讨/朱德贵等//史学集刊.-2018年02期

秦简所见"敖童"再探/文霞//石家庄学院学报.-2018年02期

"结信止讼"——论我国古代契约的止讼功能/乔洪武等//孔子研究.-

2018 年 02 期

秦汉时代的狗——以扬州新出土西汉寻狗案为中心/张朝阳等//史林 . - 2018 年 02 期

里耶秦简牍户籍文书妻从夫姓蠡测/孙兆华等//中国人民大学学报 . -2018 年 03 期

论秦及汉初身份秩序中的"庶人"/王彦辉//历史研究 . -2018 年 04 期

从岳麓秦简"主市曹臣史"看秦汉市场管理机构/张韶光//中国社会经济史研究 . -2018 年 04 期

秦汉时期借贷的期限与收息周期/石洋//中国经济史研究 . -2018 年 05 期

简牍所见秦汉时期债务偿还问题刍议/张燕蕊//史学月刊 . -2018 年 06 期

秦国县、乡、里行政组织发展畜牧经济探讨/张信通//西安财经学院学报 . -2018 年 06 期

再论"室人"与"同居"——以简牍为核心看战国秦汉时期的农业家庭/李亚光//安徽农业大学学报 . -2018 年 06 期

西北汉简所见"司御钱"考/王锦城//敦煌研究 . -2018 年 06 期

"同生""同产"辨正/李建平//中国语文 . -2018 年 06 期

试论秦及西汉时期牛的相关问题及法律规范/马小娟//甘肃广播电视大学学报 . -2018 年 06 期

从北大汉简《妄稽》看汉代士人家庭女性地位/曹正阳//文化产业 . -2018 年 09 期

张家山汉简中的"偏妻"身份考辨/孙玉荣//社会科学 . -2018 年 11 期

河西简文所见汉代纺织品的地方品牌/王子今//简帛 . -2018 年 2 辑

简牍所见秦及汉初的"致"/杨怡等//河南科技大学学报 . -2019 年 01 期

战国秦及汉初的家庭关系/李亚光//东北农业大学学报 . -2019 年 01 期

简牍文献所见秦汉女子"逃嫁"问题/臧莎莎//科学经济社会 . -2019 年 02 期

我国古代契约史研究中的几个问题/杨际平//中国史研究 . -2019 年 03 期

论马王堆汉墓《丧服图》题记所反映的"本服"观念/徐渊//北方文物 . -2019 年 03 期

"同生""同产"考辨/李亚光//东岳论丛 . -2019 年 03 期

西北屯戍汉简中的"庸""葆""就"及相互关系考辨/张丽萍等//中国

社会经济史研究．-2019 年 03 期

秦代傅籍标准新考/凌文超//文史．-2019 年 03 期

秦简所见"同居"辨析/黄鑫鑫//安顺学院学报．-2019 年 04 期

三国两晋南北朝时期的商业文书/丁海斌等//档案．-2019 年 04 期

秦汉再婚家庭的财产权——以简牍材料为中心/张以静//河北学刊．-2019 年 04 期

汉至魏晋南北朝买地券称谓语研究/文静等//齐齐哈尔大学学报．-2019 年 05 期

中国古代审计法律论纲/肖建新//淮北师范大学学报．-2019 年 05 期

秦汉商业文书研究/丁海斌等//档案．-2019 年 06 期

庶人：秦汉社会爵制身份与徒隶身份的衔接/贾丽英//山西大学学报．-2019 年 06 期

汉代西北边疆屯戍系统中的雇佣人口——以西北汉简为中心的考察/侯宗辉//军事历史研究．-2019 年 06 期

长沙五一广场东汉简牍所见早期房屋租赁纠纷案例研究/张朝阳//史林．-2019 年 06 期

居延地区盗贼问题探究——以居延汉简为中心/惠丹阳//河西学院学报．-2019 年 06 期

清华简《成人》及有关先秦法律制度/贾连翔//文物．-2019 年 09 期

秦汉时期两类"小""大"身份说/凌文超//社会科学战线．-2019 年 12 期

传世文献与出土简牍中的"下妻"、"偏妻"和"中妻"/彭卫//中国社会科学报．-2019 年 09 月 10 日

思想与行动的距离——中国古代自然资源与环境保护概观/王利华//史学理论研究．-2020 年 02 期

秦汉经济制度与大一统国家治理/晋文//历史研究．-2020 年 03 期

汉唐时期律令法系中奴婢马牛等大宗动产买卖过程研究——以新出益阳兔子山汉简所见异地买卖私奴婢传致文书为线索/曹旅宁//社会科学．-2020 年 01 期

传统法律中的服制话语探究/陈晓枫等//甘肃社会科学．-2020 年 01 期

论秦汉时期婚姻成立的要件/刘鸣//咸阳师范学院学报．-2020 年 01 期

秦及汉初简牍中的"外妻"/孙玉荣//史学月刊．-2020 年 03 期

汉代西北戍卒家属廪食问题考论——以出土简牍为中心/秦浩翔//古今农业.-2020年03期

汉代鸠杖敬老制度的考古学观察/王晓晖//华夏考古.-2020年04期

传统文化的现代光辉：中国民法典的法文化基因/焦利//新视野.-2020年06期

对古代"契"字内涵的探究/李亚东//今古文创.-2020年28期

（四）刑事法制

秦汉的民爵、囚徒和谪发/龚鹏九//邵阳师专教与学.-1981年03期

从秦律"渎职罪"看秦代对官吏玩忽职守的处分/黄展岳//光明日报.-1981年6月8日

秦"隶臣妾"为官奴隶说/苏诚鉴//江淮论坛.-1982年01期

《秦律》中"隶臣妾"性质再探/陈玉璟//阜阳师范学院学报.-1982年02期

"居赀"非刑名辨——兼论秦律中的几个问题/朱绍侯//许昌师专学报.-1982年02期

秦律赀罚制述论/吕名中//中南民族大学学报.-1982年03期

秦律刑罚的适用原则（上）/刘海年//法学研究.-1983年01期

秦律刑罚的适用原则/刘海年//法学研究.-1983年02期

谈"隶臣妾"与秦代的刑罚制度/钱大群//法学研究.-1983年05期

秦律中的刑徒及刑期问题/高恒//法学研究.-1983年06期

秦律中的"赀"与"赀赎"/吕名中//秦汉史论丛.第2辑.-1983年

"隶臣妾"是带有奴隶残余属性的刑徒/王占通等//吉林大学学报.-1984年02期

秦律和罪刑法定主义/栗劲//法学研究.-1984年03期

"谪戍制"考析/臧知非//徐州师范学院学报.-1984年03期

秦律刑罚考析/刘海年//中国法学文集.第1辑.-1984年

关于秦刑徒的几个问题/张金光//中华文史论丛.-1985年01期

秦刑徒刑期辨正/李力//史学月刊.-1985年03期

略论秦代隶臣妾的身份问题/张传汉//辽宁大学学报.-1985年04期

关于中国岁刑的起源：兼谈秦刑徒的刑期和隶臣妾的身份（上下）/刘海

年//法学研究.-1985 年 05、06 期

再探隶臣妾与秦代的刑罚制度/钱大群//法学研究.-1985 年 06 期

秦汉族刑、收孥、相坐诸法渊源考释/彭年//四川师范大学学报.-1986年 02 期

西域木简所见《汉律》中的"证不言请"律/连劭名//文物.-1986 年 11 期

关于秦代谪戍制的几个问题/胡大贵//西南师范大学.-1991 年 01 期

汉简中所见的刑徒制/吴荣曾//北京大学学报.-1992 年 02 期

论秦简所载魏律"叚门逆旅"//杨禾丁//四川大学学报.-1993 年 01 期

秦《户律》和《具律》考//彭浩//简帛研究.第 1 辑.-1993 年

敦煌马圈湾汉简中的一组律令册/吴礽骧//简帛研究.第 1 辑.-1993 年

《秦简》所见之"非公室告"与"家罪"/（韩）金烨//秦汉史论丛.第 6 辑.-1994 年

秦汉弃市非斩刑辨/张建国//北京大学学报.-1996 年 05 期

汉简《奏谳书》和秦汉刑事诉讼程序初探/张建国//中外法学.-1997 年 02 期

银雀山汉简中反映的刑法思想/崔永东//中国文化研究.-1997 年 03 期

秦简《中劳律》释义/黄留珠//文博.-1997 年 06 期

略读《前近代中国の刑罚》所引发的思考/孙家洲//中国史研究动态.-1998 年 02 期

秦代刑罚制度考述/王震亚//简牍学研究.第 2 辑.-1998 年

出土法律史料中的刑法思想/崔永东//北京大学学报.-1999 年 01 期

论汉代刑罚制度改革的历史背景/孙光妍//北方论丛.-1999 年 01 期

《王杖十简》与《王杖诏书令册》法律思想研究/崔永东//法学研究.-1999 年 02 期

汉简所见劳役刑名资料考释/徐世虹//中国古代法律文献研究.第 1 辑.-1999 年

简牍所见秦代刑徒的生活及服役范围/张荣芳；高荣//秦文化论丛.第 7 辑.-1999 年

《甘露二年丞相御史书》探微/张小锋//首都师范大学学报.-2000 年 05 期

秦汉刑徒的考古资料/张政烺//历史教学.-2001 年 01 期

由简牍文书看汉代职务罪规定/胡仁智//法商研究.-2001 年 03 期

试论汉代边塞刑徒的输送与管理/陈玲//简帛研究（2001）.广西师范大学出版社.-2001 年

《二年律令·具律》中应分出《囚律》条款/李均明//郑州大学学报..-2002 年 03 期

张家山汉简《二年律令》汉律价值初探（笔谈）/李学勤等//郑州大学学报.-2002 年 03 期

张家山汉简所反映的适用刑罚原则/李均明//郑州大学学报.-2002 年 04 期

张家山汉简《二年律令》所见刑罚原则/南玉泉//政法论坛.-2002 年 05 期

论西汉初期的赎/张建国//政法论坛.-2002 年 05 期

张家山汉简《收律》与家族连坐/李均明//文物.-2002 年 09 期

读张家山汉简《行书律》/彭浩//文物.-2002 年 09 期

张家山汉简所见"妻悍"、"妻殴夫"等事论说/王子今//南都学坛.-2002 年 04 期

试说张家山简《史律》/李学勤//文物.-2002 年 04 期

张家山出土汉律的特色/崔永东//政法论坛.-2002 年 05 期

睡虎地秦律研究综述/曹旅宁//中国史研究动态.-2002 年 08 期

从张家山汉简看汉初"矫制"之法/孙家洲//光明日报.-2002 年 9 月 24 日

秦代的"隐官"、"隐宫"考/刘瑞//秦文化论丛.第 9 辑.-2002 年

略论西汉控制犯罪的理论对策/姜晓敏//政法论坛.-2003 年 04 期

从《二年律令》看与军功爵制有关的三个问题/朱绍侯//河南大学学报.-2003 年 01 期

张家山汉简《贼律》"偏捕"试解/王子今//中原文物.-2003 年 01 期

张家山汉简盗律考/曹旅宁//南都学坛.-2003 年 01 期

从《二年律令》看汉初二十级军功爵的价值/朱绍侯//河南大学学报.-2003 年 02 期

汉代的不道罪与大逆不道罪/魏道明//青海社会科学.-2003 年 02 期

秦汉律令中的完刑/韩树峰//中国史研究.-2003 年 04 期

再论"矫制"——读《张家山汉墓竹简》札记（之一）/孙家洲//南都学坛 . -2003 年 04 期

从《睡虎地秦墓竹简》看秦国地方官吏的犯罪与惩罚/武玉环//吉林大学社会科学学报 . -2003 年 05 期

《张家山汉墓竹简·二年律令》中诸律的制作年代试探/高敏//史学月刊 . -2003 年 09 期

张家山汉简所见刑罚等序及相关问题/李均明//华学 . 第 6 辑 . -2003 年

张家山汉简中"隶臣妾"身份探讨/张颉慧//中原文物 . -2004 年 01 期

从《二年律令》看汉律对渎职罪的处罚/姜建设//史学月刊 . -2004 年 01 期

张家山汉简《贼律》集释/朱红林//古籍整理研究学刊 . -2005 年 02 期

张家山汉简《二年律令·贼律》补释/许道胜//江汉考古 . -2004 年 04 期

张家山汉简《奏谳书》所见汉初对官吏犯罪的惩处/刘向明//嘉应学院学报 . -2004 年 04 期

张家山汉简《具律》的流变及"斩右趾"罪的弃市问题/王纪潮//东南文化 . -2004 年 04 期

汉代的罚金与赎刑/高叶青//南都学坛 . -2004 年 06 期

秦汉盗罪及其立法沿革/闫晓君//法学研究 . -2004 年 06 期

汉代的罚金和赎刑/高叶青//南都学坛 . -2004 年 06 期

张家山汉简所见的家庭犯罪及刑罚资料/尹在硕//中国古代法律文献研究 . 第 2 辑 . -2004 年

张家山汉简《贼律》研究/崔永东//法律史论集 . 第 5 卷 . -2004 年

简牍所反映的汉代文书犯罪/李均明//出土文献研究 . 第 6 辑 . -2004 年

关于秦律、汉律中的"三环"问题/刘华祝//秦汉史论丛 . 第 9 辑 . -2004 年

秦律、汉律中的杀人罪类型/（日）水间大辅//秦汉史论丛 . 第 9 辑 . -2004 年

《二年律令·行书律》浅析/张俊民//秦汉史论丛 . 第 9 辑 . -2004 年

秦汉时期家族犯罪研究述评/贾丽英等//石家庄学院学报 . -2005 年 04 期

汉朝刑具拘系制度考述/宋杰//社会科学战线 . -2005 年 01 期

试说张家山汉简《具律》中的"证不言请"律/朱红林//中国历史文物 . -

2005 年 02 期

睡虎地秦简与张家山汉简反映的秦汉亲亲相隐制度/张松//南都学坛.-2005 年 06 期

汉代证据制度探析/李晓英//郑州大学学报.-2005 年 05 期

张家山汉简《二年律令》之"司寇"、"城旦舂"名分析/万荣//晋阳学刊.-2005 年 06 期

《二年律令·置后律》中的若干问题/王彦辉//古籍整理研究学刊.-2005 年 06 期

"待罪"的观念意义/雷戈//浙江社会科学.-2006 年 01 期

中国古代的判例研究：一个学术史的考察/汪世荣//中国法学.-2006 年 01 期

汉简《贼律》沿革考/闫晓君//华南师范大学学报.-2006 年 01 期

张家山汉律赎刑考辨/曹旅宁//华南师范大学学报.-2006 年 01 期

长沙走马楼三国吴简"刑手"、"刑足"考释/曹旅宁//广东社会科学.-2006 年 01 期

"购赏科条"识小/张忠炜//历史研究.-2006 年 02 期

略论《奏谳书》所反映的秦汉"覆讯"制度/程政举//法学评论.-2006 年 02 期

秦汉简牍中的不孝罪诉讼/徐世虹//华东政法学院学报.-2006 年 03 期

论张家山汉简《收律》/闫晓君//华东政法学院学报.-2006 年 03 期

赀刑变迁与秦汉政治转折/臧知非//文史哲.-2006 年 04 期

从出土简牍看秦汉"隐官"的主要来源/刘向明//嘉应学院学报.-2006 年 05 期

浅析张家山汉简《二年律令·贼律》所见刑名的刑等/万荣//江汉考古.-2006 年 03 期

论张家山汉简中的"告不审"罪/季琳/新乡师范高等专科学校学报.-2007 年 01 期

秦汉磔刑考/曹旅宁//湖南大学学报.-2007 年 01 期

秦汉时期的司法职务犯罪/田振洪//池州师专学报.-2007 年 01 期

论张家山汉简中的"告不审"罪/季琳//新乡师范高等专科学校学报.-2007 年 01 期

耐刑、徒刑关系考/韩树峰//史学月刊.-2007年02期

论汉律/王伟//历史研究.-2007年03期

秦汉奸罪考/王辉//甘肃理论学刊.-2007年03期

古代脯肉与张家山汉简《二年律令》有关毒脯肉的规定/刘向明//中华医史杂志.-2007年04期

竹简秦汉律中的"赎罪"与"赎刑"/朱红林//史学月刊.-2007年05期

秦简中的赎——睡虎地秦墓竹简研读札记/吕利等//山西大学学报.-2007年05期

汉代"不忠入律"研究/刘厚琴//济南大学学报.-2007年05期

"诽谤"之法折射的秦汉政治实态/孙家洲//秦汉研究.第2辑.-2007年

读《奏谳书》"春秋案例"三题/张忠伟//中国古代法律文献研究.第3辑.-2007年

近年来《二年律令》与秦汉法律体系研究述评/徐世虹//中国古代法律文献研究.第3辑.-2007年

秦汉简牍中所见特殊类型奸罪研究/孙闻博//中国历史文物.-2008年03期

"亲亲相隐"法律化始于《二年律令》/金勇//天中学刊.-2008年03期

张家山汉简《具律》中所见影响"减刑"的几个因素/鲁家亮//社会科学.-2008年03期

简牍材料所见二十等爵与秦汉刑罚的减免/董平均//秦汉研究.第3辑.-2008年

张家山汉简《亡律》考论/闫晓君//法律科学.-2009年01期

汉律"性越轨"治罪条令与汉代妇女人身权益——基于简牍资料的研究/顾丽华//妇女研究论丛.-2009年02期

秦汉时期的和奸罪——以简牍资料为中心的考察/顾丽华等//古代文明.-2009年02期

简论《盗律》对《二年律令》的影响/冯勇//西北大学学报.-2009年02期

简牍资料所见秦汉奴婢的诉讼权/文霞//中国史研究.-2009年03期

汉代特权群体因罪自杀问题再研究/张忠炜//文史.-2009年03辑

汉代匿名文书犯罪诸问题再探/赵凯//河北学刊.-2009 年 03 期

从出土文献看城旦舂刑名的适用范围/薛瑞泽//中原文物.-2009 年 06 期

从二年律令对不孝罪的规定看汉初的以孝入律/翟芳//理论界.-2009 年 11 期

秦汉时期的和奸罪：以简牍资料为中心的考察/顾丽华等//古代文明.第 3 辑.-2009 年

秦汉奴婢盗窃罪释例/文霞//咸阳师范学院学报.-2010 年 01 期

汉代弛刑徒略论/陈玲等//河西学院学报.-2010 年 01 期

"不道"罪源流考/梁文生//河北法学.-2010 年 02 期

汉代髡钳城旦刑考略/陈玲等//青海民族大学学报.-2010 年 03 期

有关秦汉《金布律》的若干问题/程维荣//兰州大学学报.-2010 年 04 期

睡虎地秦简"关市律"辨正/陈松长//史学集刊.-2010 年 04 期

简牍所见汉代边塞刑徒的管理/陈玲//南都学坛.-2010 年 05 期

秦律中的甲盾比价及相关问题/于振波//史学集刊.-2010 年 05 期

秦汉简牍中的作刑/安忠义//鲁东大学学报.-2010 年 06 期

秦汉伤害罪探析/张功等//天水师范学院学报.-2010 年 06 期

从《二年律令》看黥刑在汉初的运用/翟芳//史学月刊.-2010 年 06 期

论秦汉城旦舂刑的变迁及其影响/程维荣//政治与法律.-2010 年 11 期

《二年律令·贼律》中的罪名及其法律问题研究/连宏//社会科学战线.-2010 年 11 期

浅议秦汉时期的"笞杀"/于凌等//赤峰学院学报.-2010 年 12 期

张家山《二年律令》札记三则/王伟//中国古代法律文献研究.第 4 辑.-2010 年

秦汉简牍法律用语"完"再考辨：兼及"髡"、"耐"/赵久湘//古汉语研究.-2011 年 04 期

关于《二年律令》年代及性质的几个问题/王彦辉//古代文明.-2012 年 01 期

秦汉时期刑罚减免论述/杨国誉、晋文//理论学刊.-2012 年 04 期

近十年来张家山汉简《二年律令》中的刑罚研究述评/朱家栋//黑龙江省政法管理干部学院学报.-2012 年 04 期

汉简所见河西边郡"盗贼"考论/侯宗辉//敦煌研究.-2012 年 04 期

从简帛文献看汉代的复作/陈玲//青海社会科学.-2012年05期

汉初三族刑的变迁/（日）水间大辅//厦门大学学报.-2012年06期

从出土简牍看秦代基层法律特点：以睡虎地秦简之《秦律十八种》为例/张倩云//西江月.-2012年16期

读秦汉简牍再论赎刑/南玉泉//中国古代法律文献研究.第5辑.-2012年

秦汉律的赎刑/任仲燜//简帛研究（2010）.-2010年01期

秦汉律与唐律"谋杀"比较研究/刘晓林//甘肃社会科学.-2013年02期

里耶秦简"隶妾居赀"问题研究/曹书林//咸阳师范学院学报.-2013年03期

秦汉律中有关的"谒杀"、"擅杀"初考/刘晓林//甘肃政法学院学报.-2013年05期

秦汉时期诽谤罪论考/吕红梅等//石河子大学学报.-2013年05期

《睡虎地秦墓竹简》"城旦春"考释/李程//海南大学学报.-2013年05期

汉代简牍文献刑事证据材料考析/张琮军//现代法学.-2013年06期

秦汉简牍"自告"、"自出"再辨析/万荣//江汉论坛-2013年08期

"具五刑"考——兼证汉文帝易刑之前存在两个"五刑"系统/宋洁//中国史研究.-2014年02期

《岳麓简（三）》"癸、琐相移谋购案"相关问题琐议/陈松长//华东政法大学学报.-2014年02期

《岳麓简（三）》所见的共犯处罚/（日）水间大辅//华东政法大学学报.-2014年02期

《岳麓简（三）》"癸、琐相移谋购案"中的法律适用/邹勋//华东政法大学学报.-2014年02期

简牍资料所见秦汉奴婢的逃亡犯罪/文霞//石家庄学院学报.-2014年05期

秦汉律中的职务犯罪——以"公罪"为考察对象/徐世虹//政法论丛.-2014年06期

秦代"城旦春"考辨/张新超//史学月刊.-2014年10期

汉代死刑中的"枭戮"/宋杰//秦汉史论丛.第13辑.-2014年

马王堆帛书《伊尹·九主》与刑名学派/田旭东//秦汉史论丛. 第 13 辑 . -2014 年

关于《二年律令》年代及性质讨论的几个问题/王彦辉//秦汉史论丛. 第 13 辑 . -2014 年

先秦至六朝时期的罪与罚/（日）釜谷武志//复旦学报 . -2015 年 01 期

秦代简牍文献刑事证据规则考论/张琮军//法学 . -2015 年 02 期

岳麓秦简所见"隶臣妾"问题新证/朱德贵//社会科学 . -2016 年 01 期

里耶简"司空厌弗令田当坐"文书研究/于洪涛//古代文明 . -2016 年 01 期

西汉"复作"的生成机制及身份归属探讨/崔建华//中国史研究 . -2016 年 02 期

试论秦汉简牍法律用语中的罪刑共名/赵久湘//长江师范学院学报 . -2016 年 02 期

秦汉时期基层官吏职务连坐新探——基于秦汉简牍的考察/靳腾飞//湖北社会科学 . -2016 年 06 期

"辠"与"罪"及其所见之刑法观的变迁/李勤通//华东政法大学学报 . -2016 年 06 期

二年律令·具律》所见"皆如耐罪然"试解/支强//简帛研究二○一六（春夏卷）. -2016 年

汉代"持质"法的演变/林永强//哈尔滨工业大学学报 . -2017 年 06 期

秦"失期，法皆斩"新证/朱锦程等//简帛研究二○一七（秋冬卷）. -2017 年

试论秦汉刑罚中的司寇刑/张新超//西南大学学报 . -2018 年 01 期

秦对"徒隶"的管理——以里耶秦简等简牍为中心/李亚光等//渤海大学学报 . -2018 年 01 期

汉代"殊死"考/魏道明//青海民族大学学报 . -2018 年 01 期

战国秦及汉初的"徒隶"与农业/李亚光//中国农史 . -2018 年 03 期

秦汉律中的"收人"/舒哲岚//古代文明 . -2018 年 03 期

汉代丧服决狱对传统礼俗的破坏与"法律儒家化"之重估/李若晖//北京师范大学学报 . -2018 年 03 期

秦汉刑役减免探析/孙志敏//古代文明 . -2018 年 04 期

由"绾等畏耎还走案"探析秦汉畏愞逗留罪/张寒//西南科技大学学报.-2018 年 04 期

西汉末期法制新识——以张勋主守盗案牍为对象/徐世虹//历史研究.-2018 年 05 期

睡虎地秦简《田律》"雨为澍"条律文新探/李纪言//汉字文化.-2018 年 08 期

再论秦汉"弃市"的行刑方式/何有祖//社会科学.-2018 年 11 期

谈张家山汉简《秩律》简 452 之"襄城"及相关问题/蒋文等//中国历史地理论丛.-2019 年 01 期

论秦及汉初简牍中有关逃亡的法律/邹水杰//湖南师范大学社会科学学报.-2019 年 01 期

从《云梦秦简》看秦法律帝国的建立/晁芸芸//武汉冶金管理干部学院学报.-2019 年 01 期

战国、秦及汉初"徒隶"群体的形成/李亚光//渤海大学学报.-2019 年 01 期

汉初官吏职务犯罪法律规定简述——张家山汉简《二年律令》研读札记/赵青娟//攀登.-2019 年 01 期

试说秦简牍中的遝与遝书/孟峰//宁夏大学学报.-2019 年 C1 期

秦汉简日书"盗者"补说/刘信芳//文博.-2019 年 02 期

秦汉法律中的罪数形态及处罚原则/李婧嵘//古代文明.-2019 年 03 期

女性连坐的社会性别分析：从长沙尚德街东汉简牍的一条律文说起/夏增民//中华女子学院学报.-2019 年 03 期

汉简所见河西边塞戍卒死亡原因考/贾强//青海师范大学学报.-2019 年 03 期

论秦汉律中不孝罪的认定/陈玉婷//山西警察学院学报.-2019 年 03 期

由"笞"至"笞刑"——东周秦汉时期"笞刑"的产生与流变/黄海//社会科学.-2019 年 04 期

汉简"亡人越塞"与西汉河西地区边塞防御/裴永亮//敦煌研究.-2019 年 04 期

由"迁"至"迁刑"——秦"迁"入刑考/黄海//交大法学.-2019 年 04 期

长沙五一广场东汉简牍所见职务犯罪探究/李均明//郑州大学学报 . -2019 年 05 期

古代法律术语"坐"词义演变疏证/吴柱//中国语文 . -2019 年 06 期

岳麓书院藏秦简"得之强与弃妻奸案"的社会性别考察/夏增民等//南都学坛 . -2019 年 06 期

长沙五一广场东汉简牍所见职务犯罪探究/李均明//郑州大学学报 . -2019 年 05 期

儒学视界与法制叙事的局限：《汉书·刑法志》再研究/邓建鹏等//法治现代化研究 . -2019 年 06 期

岳麓秦简《暨过误失坐官案》的议罪与量刑/苏俊林//史学月刊 . -2019 年 08 期

秦汉时期罚金刑和赎刑的演变及性质/林炳德//简牍学研究 . 第 8 辑 . -2019 年

岳麓书院所藏《亡律》题解/宫宅洁//中国古代法律文献研究 . -第 13 辑，2019 年

也论秦及汉初简牍所载的"隶"/孙玉荣//简帛研究二〇一九（春夏卷）. -2019 年

秦律"家罪"考/薛洪波//中国史研究 . -2020 年 01 期

秦汉简牍法律文献所见死刑与《唐律疏议》死刑之比较/赵久湘//渤海大学学报 . -2020 年 01 期

张家山汉简《二年律令》新编（二则）/何有祖等//江汉考古 . -2020 年 03 期

汉代迁徙刑形态之变——从"迁者所包"出发/管笑雪//海南广播电视大学学报 . -2020 年 01 期

简牍所见秦律"家罪"考论/薛洪波//安徽史学 . -2020 年 02 期

秦及西汉初期的奸罪与腐刑——以出土简牍资料为主要依据/霍存福等//社会科学辑刊 . -2020 年 02 期

罪与罚：解读西汉毋忧案/乔苏婷//美成在久 . -2020 年 02 期

秦及汉初逃亡犯罪的刑罚适用和处理程序/张传玺//法学研究 . -2020 年 03 期

秦代刑事责任能力标准辨析/吴海航等//西北师大学报 . -2020 年 03 期

秦简日书所见占盗、占亡之异同/石洋//文史.-2020年03期

秦汉律令中的"不会"现象及刑徒管理/刘玉堂等//湖北社会科学.-2020年04期

"君教"文书与东汉县廷治狱制度考论——从长沙五一广场东汉简牍说起/汪蓉蓉//古代文明.-2020年04期

秦"输作"相关问题研究——以岳麓书院藏秦简为中心/董飞//西北大学学报.-2020年05期

张家山汉简《二年律令·赐律》简序新探——以胡家草场汉简为线索/何有祖等//文物.-2020年08期

出土秦律中的俗禁问题/吕亚虎//江汉论坛.-2020年09期

（五）司法制度

云梦秦墓出土《封诊式》简册研究/陈公柔//燕京学报.-1977年03期

略释汉代狱辞文例——一份治狱材料初探/俞伟超//文物.-1978年01期

甘肃新出土的甘露二年"诏所逐验"简考释/徐元邦等//考古与文物.-1980年03期

略谈秦的法官法吏制/黄留珠//西北大学学报.-1981年01期

《秦律》所反映的诉讼、审讯和量刑制度/高敏//郑州大学学报.-1981年03期

对云梦秦简中诉讼制度的探索/黄贤俊//法学研究.-1981年05期

我国刑事检验制度历史悠久——从出土秦简《贼死》篇谈起/陆伦章//法学.-1982年10期

居延汉简中所见汉代《囚律》佚文考——《居延新简"责冠恩事"的几个问题》的订补/初师宾等//考古与文物.-1984年02期

浅析秦代的刑事检验制度/郭廷威//西北政法学院学报.-1985年04期

试论秦朝法官责任制/张中秋//法学杂志.-1985年04期

秦的诉讼制度/刘海年//中国法学.-1987年01期

释"爰书"——读秦、汉简札记/高敏/湖南城市学院学报.-1987年02期

《奏谳书》解说上/李学勤//文物.-1993年08期

谈《奏谳书》中的西汉案例/彭浩//文物.-1993年08期

谈《奏谳书》中秦代和东周时期的案例/彭浩//文物.-1995年03期

《奏谳书》解说下/李学勤//文物．-1995 年 03 期

从《睡虎地秦墓竹简》看秦国控告文书/孙瑞//吉林大学社会科学学报．-1998 年 02 期

居延汉简中的"毋状"与"状辞"/徐世虹//出土文献研究．-第 4 辑，1998 年

简牍所反映的汉代诉讼关系/李均明//文史．-2002 年 03 期

秦汉时期的诉讼审判制度/闫晓君//秦文化论丛．第 10 辑．-2003 年

秦汉时期的法医检验/闫晓君//国学研究．第 11 卷．-2003 年

张家山汉简《奏谳书》研究/张建国//《中国法制史考证》甲编第 3 卷，中国社会科学出版社．-2003 年

秦汉时期的审判制度——张家山汉简《奏谳书》所见/（日）宫宅洁//《中国法制史考证》丙编第 1 卷，中国社会科学出版社．-2003 年

《奏谳书》所反映的汉初政区地理与司法管辖——张家山汉简研究之三/闫晓君//烟台师范学院学报．-2004 年 03 期

张家山汉简《囚律》考论/闫晓君//中国古代法律文献研究．第 4 辑．-2004 年

《奏谳书》与汉代奏谳制度/蔡万进//出土文献研究．第 6 辑．-2004 年

汉代谳疑狱制度试探/邵正坤等//晋阳学刊．-2005 年 04 期

张家山汉简《奏谳书》中的司法程序词语研究/湛玉书//河南社会科学．-2005 年 06 期

《奏谳书》与秦汉法律实际应用/蔡万进//南都学坛．-2006 年 02 期

再论竹简秦汉律中的"三环"——简牍中所反映的秦汉司法程序研究之一/朱红林//当代法学．-2007 年 01 期

张家山汉简《奏谳书》法律地位探析/蔡万进//南都学坛．-2007 年 02 期

张家山汉墓竹简反映的乞鞫制度/程政举//中原文物．-2007 年 03 期

《二年律令》所反映的汉代告诉制度/程政举//华东政法大学学报．-2007 年 03 期

再论秦汉律中的"三环"问题/刘洋//社会科学．-2007 年 05 期

《奏谳书》所反映的先秦及秦汉时期的循实情断案原则/程政举//法学评论．-2007 年 06 期

简牍反映的秦汉告诉限制/明慧//秦汉研究．第 1 辑．-2007 年

从出土文献看秦汉时期刑事司法协助的请求/宋国华//河南公安高等专科学校学报.-2008年02期

张家山汉简《二年律令》所见公法与陋俗之争/方原//南都学坛.-2008年03期

张家山汉简所见汉律中的"告"制论析/胡仁智//西南民族大学学报.-2008年12期

秦汉时期的捕律/闫晓君//华东政法大学学报.-2009年02期

简牍资料所见秦汉奴婢的诉讼权/文霞//中国史研究.-2009年03期

新资料和先秦及秦汉判例制度考论/程政举//华东政法大学学报.-2009年06期

秦汉罪犯的押解制度/宋杰//南都学坛.-2009年06期

"狱市"试释/程念祺//浙江社会科学.-2009年10期

秦司法文书"当腾腾"用语释义/戴世君//浙江社会科学.-2010年02期

简牍所见秦汉法律诉讼中的乡/孙闻博//中华文化论坛.-2011年01期

汉代的槛车押解制度/宋杰//首都师范大学学报.-2012年02期

简牍所见秦汉民事诉讼原则/蒋波//黄河科技大学学报.-2012年02期

张家山汉简《奏谳书》与岳麓书院秦简《为狱等状四种》的初步比较/劳武利等//湖南大学学报.-2013年03期

秦代刑事证据在诉讼程序中的运用/张琮军//证据科学.-2013年01期

论汉代产生的"内省式民事纠纷解决机制"/张朝阳//华中科技大学学报.-2013年01期

汉代监狱制度的历史特点/宋杰//史学集刊.-2013年02期

岳麓秦简所见秦刑事诉讼程序的历史价值/肖洪泳//湖南大学学报.-2013年03期

汉代民事诉讼新论/张朝阳//华东师范大学学报.-2013年04期

从出土简牍看秦汉时期的法医学检验制度/王瑞蕾//长江论坛.-2013年05期

现代简牍文献刑事证据材料考析/张琮军//现代法学.-2013年06期

秦汉简牍"自告"、"自出"再辨析——兼论"自诣"、"自首"/万荣//江汉论坛.-2013年08期

先秦秦汉司法术语中的"辟"/吴雪飞//南都学坛.-2014年01期

岳麓秦简《为狱等状四种》新见的一枚漏简与案例六的编联/史达//湖南大学学报.-2014 年 04 期

里耶秦简"敢告某主"文书格式再考/邹水杰//鲁东大学学报.-2014 年 05 期

秦汉告、劾制度辨析/刘庆//中国史研究.-2016 年 04 期

读鞫与乞鞫新探/欧扬//湖南大学学报.-2016 年 04 期

长沙五一广场出土东汉司法简牍语词汇释五则/庄小霞//简牍学研究.第 6 辑.-2016 年

汉简所见时限与延期/李均明//中国古代法律文献研究.第 10 辑.-2016 年

秦简赀罚再探/李均明//出土文献研究.第 15 辑.-2016 年

秦汉的乞鞫与覆狱/南玉泉//上海师范大学学报.-2017 年 01 期

史与秦汉时期的决狱制度/朱红林//社会科学辑刊.-2017 年 01 期

"覆狱故失"新考/陈迪//社会科学.-2017 年 03 期

秦"谳狱"补疑——以"岳麓书院藏秦简"为视角/温俊萍//上海师范大学学报.-2017 年 06 期

秦汉时代司法文书的虚与实/张忠炜//中国史研究.-2018 年 02 期

汉代司法程序之顺位辨正——以汉代劾制为中心的再考察/侯欣一等//南开学报.-2018 年 01 期

秦汉时代司法文书的虚与实/张忠炜//中国史研究.-2018 年 02 期

秦汉亭的司法功能对现代社会治理创新的启示/李维睿//河北法学.-2018 年 04 期

圣贤司法的隐喻——《奏谳书》几则案例研究/吕利等//枣庄学院学报.-2018 年 06 期

五一广场东汉简所见"逐捕有书"——以东汉基层司法为中心/乔志鑫//安阳师范学院学报.-2018 年 06 期

秦汉法律简牍中的"鞫"研究——兼论秦汉刑事诉讼中的相关问题/于洪涛//简帛研究二〇一八（春夏卷）.-2018 年

秦汉时期的异地诉讼/王安宇//中国史研究.-2019 年 03 期

秦封泥与封检制度/李超//考古与文物.-2019 年 04 期

新见秦地名封泥考释（十则）/王伟等//江汉考古.-2019 年 04 期

秦汉简所见司寇/贾丽英//简帛研究二〇一九（春夏卷）.-2019年

秦汉简牍所见诉讼期限研究/李婧嵘//简帛研究二〇一九（春夏卷）.-2019年

二、相关硕博学位论文目录

（一）相关博士学位论文

金文简帛中的刑法思想研究/崔永东//北京大学，博士.-1997年

出土简帛与古代法医学史/闫晓君//西北大学，博士.-2000年

秦律考辨/曹旅宁//中山大学，博士.-2001年

略论西汉对犯罪的预防与惩治/姜晓敏//中国政法大学，博士.-2001年

汉代赦免制度研究/邬文玲//中国社会科学院研究生院，博士.-2003年

户籍、身份与社会变迁——中国户籍法律史研究/姚秀兰//华东政法学院，博士.-2004年

传统中国的契约：法律与社会——以土地买卖、典当契约为对象的考察/罗海山//吉林大学，博士.-2005年

屯田与两汉对西北边疆的经略——以出土简牍资料为主/李炳泉//中山大学，博士.-2002年

张家山汉简法律思想研究/曾加//西北大学，博士.-2005年

秦汉逃亡犯罪研究/张功//首都师范大学，博士.-2005年

出土简牍与秦汉社会/杨振红//中国社会科学院，博士.-2005年

隶臣妾身份再研究/李力//中国政法大学，博士.-2006年

《汉书》司法语义场研究/李娟//四川大学，博士.-2006年

汉代律章句学考论/龙大轩//西南政法大学，博士.-2006年

汉代诉讼制度研究/程政举//郑州大学，博士.-2006年

汉代债法研究——以简牍文书为中心的考察/谢全发//西南政法大学，博士.-2007年

西汉前期黄老学说下的法律思想与法治实践研究/杨颉慧//郑州大学，博士.-2007年

秦汉律令法系研究——从新出简牍看律、令、科及其关系/张忠炜//中国人民大学，博士.-2007年

汉唐时期的损害赔偿制度/田振洪//中国政法大学，博士.-2008 年

经学刑德观与汉代法律研究/汪荣//西南政法大学，博士.-2008 年

秦汉京师治安制度研究/谢彦明//首都师范大学，博士.-2008 年

张家山汉简《二年律令》释文补遗与相关问题研究/鲁家亮//武汉大学，博士.-2008 年

秦汉律令学/于凌//东北师范大学，博士.-2008 年

古代刑名诠考/彭文芳//浙江大学，博士.-2009 年

秦汉家庭法研究——以出土简牍为中心/贾丽英//中国社会科学院历史研究所，博士后.-2009 年

秦汉豪强地主犯罪问题研究/刘洋//首都师范大学，博士.-2009 年

西北出土汉简中汉代津令佚文分类整理研究/王旺祥//西北师范大学，博士.-2009 年

中国古代证据制度及其理据研究/祖伟//吉林大学，博士.-2009 年

汉代家庭法研究/王辉//中国政法大学，博士.-2009 年

律简身份法考论——秦汉初期国家秩序中的身份/吕利//华东政法大学，博士.-2010 年

中国土地制度史研究一百年——以战国秦汉为中心/徐歆毅//中国社会科学院，博士.-2010 年

秦汉简牍法律用语研究/赵久湘//西南大学，博士.-2011 年

两汉官吏"臧罪"研究/高宏达//中国人民大学，博士.-2011 年

汉代与孙吴国家基层管理手段比较研究——以出土简牍为中心/张燕蕊//中国人民大学，博士.-2011 年

汉代情论研究——兼论汉代情与礼、法的关系/马婷婷//华中师范大学，博士.-2011 年

汉代宗室王侯犯罪研究/彭海涛//首都师范大学，博士.-2012 年

秦及汉初刑罚体系研究——以出土资料为主要依据/丁义娟//吉林大学，博士.-2012 年

汉唐刑罚比较研究/连宏//东北师范大学，博士.-2012 年

秦汉家族法研究/薛洪波//东北师范大学，博士.-2012 年

秦汉民法研究——以简牍为中心/蒋波//华南师范大学，博士.-2012 年

秦汉简牍所见刑罚研究/王伟//中国人民大学，博士.-2013 年

汉代服制论罪考议/陈鹏飞//西南政法大学，博士.-2013年

西汉法制问题研究/宋洁//湖南大学，博士.-2014年

秦汉迁徙刑与迁徙地/刘淑颖//武汉大学，博士.-2014年

秦汉家庭继承研究/曹骥//河南大学，博士.-2014年

汉代宗藩问题研究/高晓荣//南开大学，博士.-2014年

秦汉"田律"研究/魏永康//东北师范大学，博士.-2014年

秦地方司法诸问题研究——以新出土文献为中心/邬勖//华东政法大学，博士.-2014年

律令时代的"议事以制"：汉代集议制研究/秦涛//西南政法大学，博士.-2014年

西汉法制与社会阶层变迁/陈坤//西南政法大学，博士.-2015年

秦汉农官研究/吴昭贤//南京师范大学，博士.-2016年

秦汉法制因革探微——以出土法律文献为中心/张娜//华东政法大学，博士.-2016年

汉代储君制度研究/苏鑫//吉林大学，博士.-2016年

先秦时期"议事以制不为刑辟"问题研究/魏晓立//陕西师范大学，博士.-2016年

秦至汉初县行政运作诸问题研究——以简牍资料为中心/李勉//南京师范大学，博士.-2016年

秦汉简牍所见吏治问题研究/靳腾飞//武汉大学，博士.-2016年

秦汉特殊社会福利研究/冯闻文//武汉大学，博士.-2016年

秦律令研究——以《岳麓书院藏秦简》（肆）为重点/周海锋//湖南大学，博士.-2016年

秦制新探/朱锦程//湖南大学，博士.-2017年

秦汉刑役研究/孙志敏//东北师范大学，博士.-2017年

纬书中的法律世界——东汉纬书法文化研究/曹勤//西南政法大学，博士.-2018年

秦刑制溯源例证/黄海//华东政法大学，博士.-2019年

岳麓秦简与秦代社会控制研究/温俊萍//湖南大学，博士.-2019年

秦汉赋役制度丛考/齐继伟//湖南大学，博士.-2019年

西北出土契约文书所见习惯法比较研究/韩树伟//兰州大学，博士.-2020年

秦及汉初刑罚制度研究——以出土简牍资料为主要依据/程令政//吉林大学，博士 . -2020 年

（二）相关硕士学位论文

简牍所见--汉代考绩制度探讨/于振波//北京大学，硕士 . -1993 年

西汉刘氏梁国考/张可//郑州大学，硕士 . -2000 年

秦汉乡亭制度初探/苏卫国//北京大学，硕士-2000 年

汉代对秦律的因革研究/孟志成//西北师范大学，硕士 . -2002 年

《睡虎地秦墓竹简》法律用语研究/李明晓//西南师范大学，硕士 . -2003 年

汉代简牍中的私文书研究/陈兰兰//吉林大学，硕士 . -2004 年

汉代老龄权益保障初探/魏燕利//西北师范大学，硕士 . -2004 年

汉代"诏狱"考论/张忠炜//中国人民大学，硕士 . -2004 年

《张家山汉墓竹简·二年律令》法律思想研究/杨颉慧//郑州大学，硕士 . -2004 年

从竹简秦汉刑法的比较看"汉承秦制"/杨玛丽//西北大学，硕士 . -2004 年

张家山汉简《具律》研究/谭卫元//武汉大学，硕士 . -2004 年

《二年律令》钱、田、□市、赐、金布、秩律诸篇集释/周波//武汉大学，硕士 . -2005 年

张家山汉简《二年律令》之《置吏律》、《户律》、《效律》、《傅律》、《置后律》、《爵律》校释/黄锦前//武汉大学，硕士 . -2005 年

从汉承秦制看吏治对秦亡的影响/白艳利//内蒙古大学，硕士 . -2005 年

秦汉里制研究/王爱清//苏州大学，硕士 . -2005 年

西汉官吏法研究——以《张家山汉简》为补充/吴智远//华东师范大学，硕士 . -2005 年

秦汉简牍所见财产法研究/李冬梅//东北师范大学，硕士 . -2005 年

秦汉货币制度新论——以简牍资料为中心/李翠丽//苏州大学，硕士 . -2005 年

从秦汉简牍看秦汉时期的刑事侦查制度/陈如娟//厦门大学，硕士 . -2006 年

试论孙吴的徭役制度/赵小明//南京师范大学，硕士.-2006年

秦汉连坐制度初探/杨利锋//西北大学，硕士.-2006年

《二年律令》与汉初官吏控制法/蒋云飞//华东政法大学，硕士.-2007年

简牍所见秦汉诉讼制度/明慧//苏州大学，硕士.-2007年

简牍中所见秦汉损害赔偿法律研究/彭超//吉林大学，硕士.-2007年

汉代债法研究——以简牍文书为中心的考察/谢全发//西南政法大学，硕士，-2007年

秦汉律购赏制度研究/宋国华//西北政法大学刑事法学院，硕士.-2007年

秦汉时代的赎刑与赎罪/孙剑伟//北京大学，硕士.-2007年

秦律赀刑考辨/陈晶//吉林大学，硕士.-2008年

论汉初官吏经济犯罪/李清华//河北师范大学，硕士.-2008年

战国简牍所见秦国农官制度初探/李权//吉林大学，硕士.-2008年

秦简中所载刑徒问题初探/宋作军//吉林大学，硕士.-2008年

长沙东牌楼东汉简牍新论/刘涛//郑州大学，硕士.-2009年

秦汉简牍所见社会保障相关问题研究/张东//西北大学，硕士.-2009年

汉代赦免制度探析/陈松梅//西北师范大学，硕士.-2009年

秦汉"盗"罪考论/罗丽//西南政法大学，硕士.-2009年

秦汉地方官吏管理制度论述/裴永亮//西北师范大学，硕士.-2009年

两汉太常制度研究/孙凯//武汉大学，硕士.-2009年

汉代买卖之债研究/杨光育//郑州大学，硕士.-2009年

秦简律目衔微/王惠//华东政法大学，硕士.-2009年

秦汉医事法律制度述论/蒋蓓妮//华东政法大学，硕士.-2009年

包山、睡虎地、张家山简牍所见诉讼问题研究/范陈玲//武汉大学，硕士.-2010年

汉代雇佣劳动研究/孙刚华//上海师范大学，硕士.-2010年

汉代借贷关系研究/李一鸣//山东大学，硕士.-2010年

秦汉女性犯罪研究/王金丰//东北师范大学，硕士.-2010年

试论秦汉"群盗"/宋微//东北师范大学，硕士.-2010年

西汉列侯的性质与法律地位/冯和林//中国政法大学，硕士.-2010年

别籍异财罪研究/徐爽//中国政法大学，硕士.-2010年

西汉初期出入境管理立法研究 ——以《津关令》为分析对象/朱恩荣//西南政法大学，硕士.-2010 年

论汉朝的赦免制度/刘璐//西南政法大学，硕士.-2010 年

汉代女子继承制度研究——以《二年律令》为中心/李春玲//西南政法大学，硕士.-2010 年

从简牍材料看秦汉婚姻家庭问题/董宏义//郑州大学，硕士.-2010 年

秦及汉初的农田管理制度——以简牍材料为中心的研究/魏永康//东北师范大学，硕士.-2010 年

论"约法三章"/齐润运//西北大学，硕士.-2010 年

张家山汉简《二年律令·贼律》研究/李婧嵘//湖南大学，硕士.-2010 年

秦汉律令体系中的"与盗同法"/陈光//东北师范大学，硕士.-2010 年

秦汉亭制研究/柯秋白//武汉大学，硕士.-2010 年

从出土材料看汉唐间户籍档案的变迁/李晨//山东大学，硕士.-2011 年

战国时期秦国刑罚研究/徐勤涛//苏州大学，硕士.-2011 年

秦汉刑讯制度/郭蒙政//西南政法大学，硕士.-2011 年

秦汉徒刑考析/王涵//天津师范大学，硕士.-2011 年

汉代契约研究/周鹤//西北政法大学刑事法学院，硕士.-2011 年

政治控制视角下的秦汉身份继承制度/曹骥//河南大学，硕士.-2011 年

论亲隐制度在我国刑法体系中的重构/张淑君//中国政法大学，硕士.-2011 年

先秦秦汉族刑考论/焦艳辉//西南政法大学，硕士.-2011 年

汉代土地制度与农业经济组织研究/刘志//郑州大学，硕士.-2011 年

三国时期孙吴法律体系研究/郑磊//西南政法大学，硕士.-2011 年

汉代婚姻礼法与婚姻实态研究/韩丽红//南京师范大学，硕士.-2011 年

秦汉逮捕制度论考/马晓克//东北师范大学，硕士.-2011 年

中国古代档案立法演进状况及特点研究/李晓明//黑龙江大学，硕士.-2011 年

论汉代监狱制度/崔晨//广西师范大学，硕士.-2012 年

秦简所见国家对罪人的劳役处罚/杨广成//吉林大学，硕士.-2012 年

秦、汉初徭役对象及相关问题/王可斌//鲁东大学，硕士.-2012 年

秦代告奸制度研究/黄奕玮//西南政法大学，硕士．-2012年

汉代诉讼证据制度研究/姜洋//鲁东大学，硕士．-2012年

从《奏谳书》看汉初司法状况/黄山杉//云南大学，硕士．-2012年

两汉社会保障制度及实践研究/杨会军//山西大学，硕士．-2012年

出土文献所见汉初傅籍制度研究/姚宝国//华东政法大学，硕士．-2012年

秦汉养老制度研究/高宁//西北大学，硕士．-2012年

流刑创制考论/喻成//西南政法大学，硕士．-2012年

汉唐数罪俱发原则的历史考察/张莹//西南政法大学，硕士．-2012年

论汉初儒法并举的法律原则——以《二年律令·贼律》及《睡虎地秦墓竹简》为研究中心/李颖杰//华东政法大学，硕士．-2012年

汉代妇女地位研究/卢晓帆//河北师范大学，硕士．-2012年

我国古代监察制度的现代启示/李文悦//南京航空航天大学，硕士．-2012年

秦汉简牍中所见的刑罚研究/许丽//西北师范大学，硕士．-2012年

汉代月令制度考论——以出土简牍为中心/焦天然//北京师范大学，硕士．-2012年

简牍中所见的汉代遗嘱继承制度研究/蒋海丰//西北师范大学，硕士．-2012年

秦年龄标准研究/樊雨霏//西北大学，硕士．-2012年

秦汉反坐制度考释/周静怡//西北政法大学，硕士．-2012年

汉代家庭继承制度研究/刘东山//河北师范大学，硕士．-2012年

汉代考课制度研究/郭恪谨//渤海大学，硕士．-2012年

西汉地方官吏任职籍贯回避制度探讨——以尹湾汉简《名籍》为中心/相高听//南京师范大学，硕士．-2012年

西汉社会保障制度研究/郑必兴//南昌大学，硕士．-2012年

秦汉比考论/陈鸣//西南政法大学，硕士．-2012年

汉代刑徒的若干问题研究/苑芳芳//南京师范大学，硕士．-2013年

汉代乡里制度的几个问题研究/宋聪聪//南京师范大学，硕士．-2013年

论汉代大赦制度/唐伟城//西南政法大学，硕士．-2013年

论汉代养老制度/张书海//西北师范大学，硕士．-2013年

汉代家庭不稳定问题研究/李丹//广西师范大学，硕士.-2013 年

战国、秦代出土简帛法律文献研究/汪叶林//安徽大学，硕士.-2013 年

秦简《法律答问》研究——兼论秦法律体系/张丽华//浙江大学，硕士.-2013 年

睡虎地秦简《秦律十八种》研究/刘婵//湖南大学，硕士.-2013 年

睡虎地秦简《封诊式》研究/张孝蕾//湖南大学，硕士.-2013 年

秦汉迁刑考论/杨越//东北师范大学，硕士.-2014 年

秦汉逃亡问题研究/任赟//东北师范大学，硕士.-2014 年

汉代证据制度/王平顺//南昌大学，硕士.-2014 年

汉代奏谳制度研究/宋虎//苏州大学，硕士.-2014 年

东汉刑徒砖相关问题研究/李永增//华东政法大学，硕士.-2014 年

秦汉商人经济犯罪研究/张楠//郑州大学，硕士.-2014 年

秦汉律学研究/詹朝阳//河南大学，硕士.-2014 年

中国封建社会不孝罪研究/徐敏//黑龙江大学，硕士.-2014 年

西汉土地买卖法律制度研究/何勤//西南政法大学，硕士.-2014 年

秦及汉初赋税制度探究/杨明//渤海大学，硕士.-2014 年

睡虎地秦简法律思想研究/曹勤//西南大学，硕士.-2014 年

简牍中所见战国至汉初的官文书研究/胡娟//渤海大学，硕士.-2014 年

基于里耶秦简的秦代公文档案制度研究/谢明园//山东大学，硕士.-2014 年

战国至西汉借贷活动试探/胡磊//南京师范大学，硕士.-2014 年

秦汉《金布律》研究/贺旭英//湖南大学，硕士.-2015 年

秦汉《田律》考论/吴美娇//湖南大学，硕士.-2015 年

从居延借贷简看汉代河西移民社会经济状况/田芸//西北师范大学，硕士.-2015 年

秦赦免制度研究/杨琳//湖南大学，硕士.-2015 年

秦汉耐刑研究/刘晓//东北师范大学，硕士.-2015 年

秦汉律所见都官考辨/李松//浙江大学，硕士.-2015 年

秦汉中国的死刑/张佑诚//成功大学，硕士.-2015 年

略论秦及汉初刑罚体系/陈丽霞//兰州大学，硕士.-2015 年

中国古代简牍中的借贷记录研究/曾玉婷//湖南大学，硕士.-2015 年

从简牍看秦的官营经济/张佳南//郑州大学，硕士. -2015 年

论汉代养老制度/李韶珂//郑州大学，硕士. -2015 年

秦汉 "盗" 现象研究/刘思亮//云南师范大学，硕士. -2015 年

秦汉髡刑及其相关刑若干问题研究/单若昱//华东政法大学，硕士. -2015 年

西汉诏令所见振贷政策研究/王佳宜//哈尔滨师范大学，硕士. -2015 年

汉代屯田研究/张建文//河南大学，硕士. -2015 年

汉代恤刑制度研究/洪倩倩//河南大学，硕士. -2015 年

秦汉时期少数民族赋税问题研究/李文文//广西师范大学，硕士. -2015 年

《二年律令》经济立法思想研究/刘威威//哈尔滨商业大学，硕士. -2015 年

论 "令行禁止"/纪松声//西南政法大学，硕士. -2015 年

汉初军功贵族集团的法律地位/郭峥//西南政法大学，硕士. -2015 年

秦简所见徒隶问题研究/张佼//吉林大学，硕士. -2016 年

秦简所载家庭及相关问题研究/杨鑫//吉林大学，硕士. -2016 年

西汉儒家法律思想与法律实践研究/李宁//南京大学，硕士. -2016 年

汉代妇女民事法律地位研究/关杰//曲阜师范大学，硕士. -2016 年

汉代夫妻相犯研究/张东泽//曲阜师范大学，硕士. -2016 年

儒学与汉代赦免制度研究/孙雪//曲阜师范大学，硕士. -2016 年

秦汉通行凭证研究/李晓伟//河南大学，硕士. -2016 年

居延汉简所见戍、田卒服役制度研究/王耀辉//西北师范大学，硕士. -2016 年

汉晋劳役刑考论/张武//华东政法大学，硕士. -2016 年

简牍所见秦汉时期女子的法律地位/王佳玥//东北师范大学，硕士. -2016 年

秦及汉初法律文献中的故意与过失考察——以秦汉简牍为中心/李博伦//湖南大学，硕士. -2016 年

简牍所见秦汉时期女子的法律地位/王佳玥//东北师范大学，硕士. -2016 年

秦汉律令中的城旦刑/姜龙//西北政法大学，硕士. -2016 年

秦汉审讯制度研究/唐欢欢//东北师范大学，硕士. -2016 年

战国西汉"户赋"考论/曹庆姣//河北师范大学，硕士.-2016 年

官法权衡：秦汉惩治官吏犯罪异同的研究/叶露//浙江大学，硕士.-2016 年

秦汉女奴问题研究/阴康林//东北师范大学，硕士.-2016 年

秦汉《徭律》研究/王笑//湖南大学，硕士.-2016 年

汉代行政保密制度研究/田甜//吉林大学，硕士.-2016 年

时令与汉代司法——以行刑、赦宥时间为中心/孙思贤//中国人民大学，硕士.-2016 年

秦汉祠祀律令研究/范云飞//武汉大学，硕士.-2017 年

秦汉劳役刑的发展演变研究/吕帅//河北师范大学，硕士.-2017 年

秦汉简牍所见"私属"问题探讨/户汝雪//东北师范大学，硕士.-2017 年

秦县廷中的狱史研究——以出土简牍为中心/舒哲岚//中国人民大学，硕士.-2017 年

秦汉《亡律》分类集释/刘欣欣//湖南大学，硕士.-2017 年

秦汉《置吏律》集释/魏明//湖南大学，硕士.-2017 年

中国古代"契族"法律文书名词研究/霍云乔//辽宁大学，硕士.-2017 年

秦汉"孝入律"问题研究/弯丽//东北师范大学，硕士.-2017 年

秦汉"普施明法"探析/叶凡//东北师范大学，硕士.-2017 年

秦授田制研究/王奥//渤海大学，硕士.-2017 年

汉代女性财产权研究/高美美//曲阜师范大学，硕士.-2017 年

"汉承秦律"对中国当代司法改革的启示/周荣伟//黑龙江大学，硕士.-2017 年

汉代法律生活中的儒家教化精神研究 ——以家庭伦理方面为例/祝玉//华东师范大学，硕士.-2017 年

中国古代教令权制度研究/高睍//新疆大学，硕士.-2017 年

中国刑罚史研究三十五年/宋伟哲//华东政法大学，硕士.-2017 年

秦汉的罪数问题研究 ——以两则奏谳案例为中心/乔志鑫//华东政法大学，硕士.-2018 年

秦简《仓律》集释及相关问题研究/王园红//湖南大学，硕士.-2018 年

秦汉债务担保现象探析/穆芳芳//东北师范大学，硕士.-2018 年

秦简逃亡问题研究/张小倩//郑州大学，硕士．-2018 年

西汉时期刑罚轻缓化研究/吕国中//山东师范大学，硕士．-2018 年

东汉初年赏罚措施研究/杨志昆//华中师范大学，硕士．-2018 年

《奏谳书》与汉初诉讼制度研究/白羽//延安大学，硕士．-2018 年

秦与西汉的"舍匿罪人"研究/黄新//湖南师范大学，硕士．-2018 年

汉代原配妻子研究/孟戌坤//曲阜师范大学，硕士．-2018 年

中国古代连带责任法律制度研究/柳程远//烟台大学，硕士．-2018 年

我国老年人监护制度的法律研究/李淑梦//暨南大学，硕士．-2018 年

赎刑制度替代刑属性及其成因 ——以汉、明两代为例/周文威//南京大学，硕士．-2018 年

秦汉文法吏研究/姚旭//山东大学，硕士．-2018 年

论法家与秦帝国法制的关系/欧阳健//西南政法大学，硕士．-2018 年

汉代夫妻关系研究/刘晓燕//曲阜师范大学，硕士．-2018 年

战国秦汉雇佣关系研究/刘淑琳//南京师范大学，硕士．-2018 年

秦"亡人"刍议 ——以秦简为中心/曹洋//南京师范大学，硕士．-2018 年

汉代西北边塞简牍中的刑徒卒研究/李梅竹//河北师范大学，硕士．-2018 年

简牍所见早期中国长江中游地区的逃亡现象与地域社会/章潇逸//厦门大学，硕士．-2018 年

论中国古代证不言情罪的流变/牛鹏//武汉大学，硕士．-2018 年

秦代"隶臣妾"社会地位/任燕飞//河南大学，硕士．-2018 年

秦简中的"盗罪"问题/张兰兰//南京师范大学，硕士．-2019 年

秦汉《亡律》中的逃亡犯罪研究/陆威//上海师范大学，硕士．-2019 年

秦及汉初家庭内部人身犯罪研究——以出土文献为中心/陈婉琴//华东政法大学，硕士．-2019 年

秦汉军赏制度研究/张丹丹//河南大学，硕士．-2019 年

秦汉时期刑罚的羞辱功能问题研究/杨安森//云南大学，硕士．-2019 年

对秦汉帝国构建过程中地方与中央关系的考察 ——以社会运行中的若干事例为切入点/蔡润砚//广西师范大学，硕士．-2019 年

西北汉简中的弛刑徒研究/陈冰倩//西北师范大学，硕士．-2019 年

简牍所见汉代居延县研究/徐孟珠//河南师范大学，硕士.-2019年

从《二年律令》看汉初女性继承制度/秦云卿//上海社会科学院，硕士.-2019年

秦简"卒"相关律令研究/赵斌//湖南师范大学，硕士.-2019年

秦汉禁苑研究/雷铭//东北师范大学，博士.-2019年

中国古代刑法与行政法的分野——以两汉到唐的律令关系为研究中心/周羊海//苏州大学，硕士.-2019年

中国古代伪造官文书罪研究/刘璐//西南政法大学，硕士.-2019年

东汉后期礼法问题探析/李宗俞//南京师范大学，硕士.-2019年

亲亲相隐原则及其现代法律重构研究/崔子琦//山东大学，硕士.-2020年

秦及汉初御史研究/罗昭善//湖南师范大学，硕士.-2020年

岳麓秦简《戍律》研究/黄鑫鑫//湖南师范大学，硕士.-2020年

秦汉商业契约文书研究/林青//辽宁大学，硕士.-2020年

秦汉户赋研究/徐丹//湖北省社会科学院，硕士.-2020年

出土法律文献所见秦朝家庭伦理观念研究/赵心怡//山东大学，硕士.-2020年

秦汉"刍稿"税研究/赵玉龙//山东大学，硕士.-2020年

出土简牍所见秦代国家秩序初探——以地域和身份为中心/李威霖//山东大学，硕士.-2020年

秦汉与古罗马财产继承制度比较研究/王砚文//上海师范大学，硕士.-2020年

简牍所见秦新地统治政策研究/李隽莹//吉林大学，硕士.-2020年

秦简所见女性婚姻、家庭若干问题研究/于歌//湖北省社会科学院，硕士.-2020年

秦代《厩苑律》探赜/常少华//兰州大学，硕士.-2020年

里耶秦简牍所见"徒簿"类文书研究/赵瑜//河北师范大学，硕士.-2020年

秦汉战俘处置方式问题研究/豆慧勤//江西师范大学，硕士.-2020年

论儒家思想与两汉法制的结合及其影响/韦懿航//渤海大学，硕士.-2020年

三、相关图书目录

(一) 通论

《流沙坠简考释补正》/王国维//仓圣明智大学 . –1912—1921 年

《流沙坠简补遗》/罗振玉等//罗振玉 . –1914 年

《居延汉简考释释文之部》/劳干//商务印书馆 . –1949 年 11 月

《武威汉简》/甘肃省博物馆等//文物出版社 . –1964 年 09 月

《睡虎地秦墓竹简》/睡虎地秦墓竹简整理小组//. 文物出版社 . –1978 年 11 月

《云梦秦简初探》/高敏//河南人民出版社 . –1979 年 01 月

《汉简缀述》/陈梦家//中华书局 . –1980 年 12 月

《居延汉简甲乙编》/中国社会科学院考古研究所//中华书局 . –1980 年 07 月

《云梦秦简初探》/高敏//河南人民出版社 . –1981 年 03 月

《云梦秦简研究》/中华书局编辑部//中华书局 . —1981 年 07 月

《云梦睡虎地秦墓》/《云梦睡虎地秦墓》编写组//文物出版社 . –1981 年 09 月

《秦汉史论集》/高敏//中州书画社 . –1982 年 08 月

《简牍研究译丛》/中国社会科学院历史研究所战国秦汉研究室//中国社会科学出版社 . –1983 年 04 月

《莱芜集》/王毓铨//中华书局 . –1983 年 10 月

《疏勒河流域出土汉简》/林梅村等//文物出版社 . –1984 年 03 月

《汉简研究文集》/甘肃省文物工作队等//甘肃人民出版社 . –1984 年 09 月

《楼兰尼雅出土文书》/林梅村 //文物出版社 . –1985 年 02 月

《居延汉简释文合校》/谢桂华等//文物出版社 . –1987 年 01 月

《简牍研究译丛 第 2 辑》/中国社会科学院历史研究所战国秦汉史研究室//中国社会科学出版社 . –1987 年 05 月

《居延新简释粹》/甘肃省文物考古研究所//兰州大学出版社 . –1988 年 01 月

《秦汉文献研究》/吴树平//齐鲁书社 . –1988 年 10 月

《秦汉魏晋出土文献散见简牍合辑》/李均明等//文物出版社 . –1990 年

7 月

《居延新简 甲渠候官与第四燧》/甘肃省文物考古研究所等//文物出版社．-1990 年 07 月

《睡虎地秦墓竹简》/睡虎地秦墓竹简整理小组编//文物出版社．-1990 年 09 月

《中国法律史国际学术讨论会论文集》/《法律史研究》编委会编//陕西人民出版社．-1990 年 09 月

《秦汉法制史研究》/（日）大庭脩//上海人民出版社．-1991 年 03 月

《居延汉简通论》/薛英群//甘肃教育出版社．-1991 年 05 月

《敦煌汉简》/甘肃省文物考古研究所编//中华书局．-1991 年 06 月

《秦汉法律史》/孔庆明//陕西人民出版社．-1992 年 03 月

《日本学者研究中国史论著选译》第八卷/刘俊文//中华书局．-1992 年 07 月

《敦煌汉简释文》/甘肃省文物考古研究所//甘肃人民出版社．-1991 年 01 月

《睡虎地秦简研究》/徐富昌//文史哲出版社．-1993 年 04 月

《流沙坠简》/罗振玉等//中华书局．-1993 年 09 月

《秦汉法制论考》/高恒//厦门大学出版社．-1994 年 08 月

《居延新简 甲渠候官》/甘肃省文物考古研究所等//中华书局．-1994 年 12 月

《日本中青年学者论中国史 上古秦汉卷》/刘俊文//上海古籍出版社．-1995 年 12 月

《简帛研究译丛》（第 1 辑）/中国社会科学院简帛研究中心//湖南出版社．-1996 年 06 月

《汉晋六朝文化·社会·制度——中华中右前期史研究》/陈启云//新文丰出版公司．-1997 年 06 月

《云梦龙岗秦简》/刘信芳等//科学出版社．-1997 年 07 月

《尹湾汉墓简牍》/连云港市博物馆等//中华书局 1997 年 12 月

《秦汉史探讨》/高敏//中州古籍出版社．-1998 年 09 月

《简帛研究译丛》（第 2 辑）/中国社会科学院简帛研究中心编//湖南出版社．-1998 年 08 月

《尹湾汉墓简牍综论》/连云港市博物馆等//科学出版社.-1999 年 02 月

《帝制时代的中国法》/张建国//法律出版社.-1999 年 08 月

《敦煌悬泉汉简释粹》/胡平生等//上海古籍出版社.-2001 年 08 月

《龙岗秦简》/中国文物研究所等//中华书局.-2001 年 08 月

《简帛佚籍与学术史》/李学勤//江西教育出版社.-2001 年 09 月

《继承与创新 中国法律史学的世纪回顾与展望》/汪汉卿等//法律出版社.-2001 年 12 月

《中国简牍集成（标注本）》/中国简牍集成编委会//敦煌文艺出版社.2001 年 12 月

《张家山汉墓竹简》/彭浩//湖北美术出版社.-2002 年 07 月

《秦汉历史文化论稿》/黄留珠//三秦出版社.-2002 年 08 月

《楚地出土简帛文献思想研究 1》/丁四新//湖北教育出版社.-2002 年 12 月

《简帛 发现与研究》/马今洪//上海书店出版社.-2002 年 12 月

《简帛文献与古代法文化》/崔永东//湖北教育出版社.-2003 年 01 月

《中国法制史考证》第 1 卷丙编/杨一凡//中国社会科学出版社.-2003 年 09 月

《〈睡虎地秦墓竹简〉词汇研究》/魏德胜//华夏出版社.-2003 年 01 月

《睡虎地秦简〈日书〉甲种疏证》/王子今//湖北教育出版社.-2003 年 02 月

《古代简牍》/李均明//文物出版社.-2003 年 03 月

《额济纳汉简》/魏坚//广西师范大学出版社.-2005 年 03 月

《中国简牍集成：标注本（2 编）》/中国简牍集成编辑委员会等//敦煌文艺出版社.-2005 年 03 月

《简牍与制度》/廖伯源//广西师范大学出版社.-2005 年 06 月

《秦汉史与岭南文化论稿》/张荣芳//中华书局.-2005 年 06 月

《出土法律文献研究》/张伯元//商务印书馆.-2005 年 06 月

《鸣沙山石室秘录 流沙坠简考释》/罗振玉等//西泠印社出版社.-2005 年 12 月

《二十世纪出土简帛综述》/骈宇骞等//文物出版社.-2006 年 03 月

《甘肃省博物馆研究论文集》/俄军//三秦出版社.-2006 年 05 月

《张家山汉墓竹简（二四七号墓）》/张家山二四七号汉墓竹简整理小组//文物出版社.2006年05月

《居延汉简研究》/（日）永田英正//广西师范大学出版社.-2007年7月

《额济纳汉简释文校本》/孙家洲//文物出版社.-2007年10月

《秦汉法律文化研究》/孙家洲//中国人民大学出版社.-2007年10月

《张家山汉简法律思想研究》/曾加//商务印书馆.-2008年02月

《秦汉简牍中法制文书辑考》/高恒//社会科学文献出版社.-2008年09月

《理性与智慧：中国法律传统再探讨：中国法律史学会2007年国际学术研讨会文集》/张中秋//中国政法大学出版社.-2008年10月

《甘肃简牍百年论著目录》/甘肃省文物考古研究所等//甘肃文化出版社.-2008年12月

《秦汉简牍文书分类辑解》/李均明//文物出版社.-2009年01月

《居延汉简研究》/陈直//中华书局.-2009年06月

《悬泉汉简研究》/郝树声等//甘肃文化出版社.-2009年08月

《里耶古城秦简与秦文化研究》/中国社会科学院考古研究所等//科学出版社.-2009年10月

《金文简牍帛书中文书研究》/孙瑞//吉林文史出版社.-2009年11月

《出土简牍与秦汉社会》/杨振红//广西师范大学出版社.-2009年12月

《秦汉简牍探研》/汪桂海//文津出版社.-2009年12月

《里耶秦简》（壹）/湖南省文物考古研究所//文物出版社.-2010年01月

《甘肃敦煌汉简》/胡之//文物出版社.-2010年08月

《张家山汉简〈二年律令〉与汉代社会研究》/王彦辉//中华书局.-2010年08月

《岳麓书院藏秦简1/2/3》/朱汉民等//上海辞书出版社.-2010年12月/2011年12月/2013年06月

《地不爱宝 汉代的简牍》/邢义田//中华书局.-2011年01月

《天下一家 皇帝、官僚与社会》/邢义田//中华书局.-2011年01月

《尹湾汉墓简牍校理》/张显成等//天津古籍出版社.-2011年03月

《简牍法制论稿》/李均明//广西师范大学出版社．－2011 年 04 月

《汉魏法律与社会 以简牍、文书为中心的考察》/韩树峰//社会科学文献出版社．－2011 年 05 月

《中国简帛书籍史》/耿相新//生活、读书、新知三联书店．－2011 年 06 月

《简牍学教程》/李宝通//甘肃人民出版社．－2011 年 07 月

《看得见的古人生活》/朱启新//中华书局．－2011 年 07 月

《台湾简牍六十年》/郑有国//福建人民出版社．－2011 年 10 月

《珞珈史学文库——燕说集》/陈伟//商务印书馆．－2011 年 11 月

《肩水金关汉简》（壹/贰/叁/肆/伍）/甘肃简牍保护研究中心//中西书局．－2011 年 8 月/2013 年 3 月/2013 年 12 月/2015 年 11 月/2016 年 8 月

《散见战国秦汉简帛法律文献整理与研究》/李明晓等//西南师范大学出版社．－2011 年 10 月

《里耶秦简牍校释》（第一卷）/陈伟//武汉大学出版社．－2012 年 01 月

《法鉴》/俞荣根//法律出版社．－2012 年 01 月

《简牍与秦汉社会》/于振波//湖南大学出版社．－2012 年 03 月

《秦汉律令法系研究初编》/张忠炜//社会科学文献出版社．－2012 年 05 月

《秦汉法律研究》/闫晓君//法律出版社．－2012 年 10 月

《胡平生简牍文物论稿》/胡平生//中西书局．－2012 年 12 月

《简牍与古代史研究》/吴荣曾等//北京大学出版社．－2012 年 12 月

《甘肃省第二届简牍学国际学术研讨会论文集》/张德芳//上海古籍出版社．－2012 年 12 月

《秦简词汇初探》/朱湘蓉//中国社会科学出版社．－2012 年 12 月

《居延敦煌汉简出土遗址实地考察论文集》/张德芳等//上海古籍出版社．－2012 年 12 月

《秦汉律令学研究》/于凌//吉林大学出版社．－2013 年 01 月

《天水放马滩秦简集释》/孙占宇//甘肃文化出版社．－2013 年 03 月

《秦汉简牍研究存稿》/杨剑虹//厦门大学出版社．－2013 年 04 月

《秦汉魏晋法制探微》/曹旅宁//人民出版社．－2013 年 04 月

《浙江文丛 流沙坠简》/王国维等//浙江古籍出版社．－2013 年 07 月

《中国社会科学院学部委员专题文集：中国古代法制论考》/高恒//中国社会科学出版社．-2013 年 08 月

《湖南出土简牍选编》/宋少华等//岳麓书社．-2013 年 08 月

《出土法律文献丛考》/张伯元//上海人民出版社．-2013 年 11 月

《居延新简释校》/马怡等//天津古籍出版社．-2013 年 12 月

《敦煌马圈湾汉简集释》/张德芳//甘肃文化出版社．-2013 年 12 月

《国家形态·思想·制度：先秦秦汉法律史的若干问题研究》/朱腾等//厦门大学出版社．-2014 年 01 月

《长沙马王堆汉墓简帛集成》/裘锡圭//中华书局．-2014 年 06 月

《简帛研究文库——汉晋简牍论丛》/谢桂华//广西师范大学出版社．-2014 年 10 月

《岳麓书院藏秦简的整理与研究》/陈松长等//中西书局．-2014 年 11 月

《秦简牍合集》（1-4）/武汉大学简帛研究中心等//武汉大学出版社．-2015 年 05 月

《张家山汉简法律文献与汉初社会控制》/谢瑞东//社会科学文献出版社．-2015 年 05 月

《出土简牍与秦汉社会 续编》/杨振红//广西师范大学出版社．-2015 年 12 月

《于豪亮学术论集》/于豪亮//上海古籍出版社．-2015 年 12 月

《河西简牍综论》/孙占鳌等/甘肃人民出版社．-2016 年 02 月

《秦简牍合集：释文注释修订本》（1-4 辑）/陈伟/武汉大学出版社．-2016 年 03 月

《居延新简集释》/孙占宇//甘肃文化出版社．-2016 年 06 月

《长沙尚德街东汉简牍》/长沙市文物考古研究所//岳麓书社．-2016 年 12 月

《岳麓秦简复原研究》/陶安//上海古籍出版社．-2016 年 01 月

《里耶秦简博物馆藏秦简》/里耶秦简博物馆//中西书局．-2016 年 06 月

《居延新简集释（一）》/孙占宇//甘肃文化出版社．-2016 年 06 月

《龙岗秦简》/中国文物研究所等//中华书局．-2001 年 08 月

《汉简河西社会史料研究》/王子今//商务印书馆．-2017 年 02 月

《秦简牍整理与研究》/陈伟//经济科学出版社．-2017 年 07 月

《秦汉简牍法律用语辞典》/赵久湘//四川辞书出版社.-2017年08月

《秦汉简牍法律用语研究》/赵久湘//人民出版社.-2017年08月

《出土文献与法律史研究现状学术研讨会论文集》/马聪等//暨南大学出版社.-2017年09月

《秦汉法制史研究》/（日）大庭脩著，徐世虹译//中西书局.-2017年09月

《秦简牍校读及所见制度考察 秦简牍研究》/陈伟//武汉大学出版社.-2017年12月

《〈流沙坠简〉考论》/蔡渊迪//中西书局.-2017年12月

《早期中国的月令与"政治时间"》/薛梦潇//上海古籍出版社.-2018年11月

《岳麓书院藏秦简1-3释文修订本》/陈松长//上海辞书出版社.-2018年05月

《法制史论集》/曹旅宁//法律出版社.-2018年05月

《学行堂语言文字论丛 》（第6辑）/邓章应//科学出版社.-2018年06月

《里耶秦简》（2）/湖南省文物考古研究所//文物出版社.-2018年07月

《睡虎地秦简所见秦代国家与社会》/（日）工藤元男//上海古籍出版社.-2018年09月

《新路集》/陈煜//中国政法大学出版社.-2018年10月

《睡虎地秦简文字集释》/夏利亚//上海交通大学出版社.-2019年05月

《岳麓秦简与秦代法律制度研究》/陈松长等//经济科学出版社.-2019年05月

《简帛研究论集》/（日）广濑薰雄//上海古籍出版社.-2019年09月

（二）行政法制

《秦汉仕进制度研究》/黄留珠//西北大学出版社.-1985年07月

《秦汉赋役制度研究》/黄今言//江西教育出版社.-1988年04月

《西汉财政官制史稿》/罗庆康//河南大学出版社.-1989年04月

《秦汉赋役资料辑录》/马诒等//山西经济出版社.-1990年04月

《二十等爵制》/（日）西嶋定生著，武尚清译//国际文化出版公司.-

1992 年 08 月

《秦汉军制史论》/黄今言//江西人民出版社.－1993 年 07 月

《秦汉礼制研究》/陈戍国//湖南教育出版社.－1993 年 12 月

《中国珍稀法律典籍集成·汉代屯戍遗简法律志》/李均明等//科学出版社.－1994 年 08 月

《汉代官文书制度》/汪桂海//广西教育出版社.－1999 年 09 月

《长沙走马楼吴简：嘉禾吏民田家莂》/长沙市文物考古研究所等//文物出版社.－1999 年 09 月

《汉代考选制度》/陈蔚松//湖北辞书出版社.－2002 年 04 月

《秦汉制度史论》/李玉福//山东大学出版社.－2002 年 09 月

《秦汉官僚制度》/卜宪群//社会科学文献出版社.－2002 年 12 月

《居延汉简簿籍分类研究》/李天虹//科学出版社.－2003 年 09 月

《秦制研究》/张金光//上海古籍出版社.－2004 年 12 月

《中国古代帝国的形成与结构 二十等爵制研究》/（日）西嶋定生著，武尚清译//中华书局.－2004 年 10 月

《神灵世界：秩序的构建与仪式的象征：两汉国家祭祀制度研究》/王柏中//民族出版社.－2005 年 11 月

《汉代行政记录》/（英）迈克尔·鲁惟一//广西师范大学出版社.－2005 年 12 月

《汉简与财政管理新证》/朱德贵//中国财政经济出版社.－2006 年 04 月

《出土秦律、汉律所见封君食邑制度研究》/董平均//黑龙江人民出版社.－2007 年 04 月

《武威汉简〈仪礼〉整理与研究》/张焕君等//武汉大学出版社.－2009 年 08 月

《禳灾与减灾：秦汉社会自然灾害应对制度的形成》/段伟/复旦大学出版社.－2008 年 06 月

《从人伦秩序到法律秩序：孝道与汉代法制研究》/吴凡明//吉林人民出版社.－2008 年 09 月

《西汉初期津关制度研究》/杨健//上海古籍出版社.－2010 年 03 月

《秦汉乡亭制度研究 以乡亭格局的重释为中心》/苏卫国//黑龙江人民出版社.－2010 年 08 月

《敦煌悬泉置〈四时月令诏条〉整理与研究》/黄仁//武汉大学出版社 . -
2010 年 08 月

《治国安邦：法制、行政与军事》/邢义田//中华书局 . -2011 年 01 月

《秦汉监察制度史研究》/熊伟//天津人民出版社 . -2011 年 03 月

《秦汉西晋中央与巴蜀地方关系研究》/杨民//巴蜀书社 . -2011 年 06 月

《汉代地方财政研究》/郭浩//山东大学出版社 . -2011 年 11 月

《秦汉赋役与社会控制》/臧知非//三秦出版社 . -2012 年 01 月

《汉代地方社会治安研究》/林永强//社会科学文献出版社 . -2012 年
08 月

《汉代治安研究》/张云霞等//哈尔滨地图出版社 . -2013 年 03 月

《秦汉编户民问题研究 以与吏民爵制皇权关系为重点》/刘敏//中华书局 . -
2014 年 05 月

《天子文书·政令·信息沟通：以两汉魏晋南北朝为中心》/李浩//复旦
大学出版社 . -2014 年 11 月

《秦玺印封泥职官地理研究》/王伟//中国社会科学出版社 . -2014 年
12 月

《汉代河西屯戍吏卒衣食住行研究》/赵兰香等//中国社会科学出版社 . -
2015 年 05 月

《汉代少吏与社会研究》/惠翔宇等//四川大学出版社 . -2015 年 10 月

《秦汉交通考古》/王子今//中国社会科学出版社 . -2015 年 12 月

《秦汉家、户法律制度研究——以家户法律构造为视角》/张文江//人民
日报出版社 . -2016 年 04 月

《秦汉军制演变史稿》/孙闻博//中国社会科学出版社 . -2016 年 04 月

《秦律的"夏"与"臣邦"》/（日）渡边英幸//中华书局 . -2016 年 04 月

《秦汉简牍具名与书手研究》/王晓光//荣宝斋出版社 . -2016 年 04 月

《汉代郡县制的展开》/（日）纸屋正和//复旦大学出版社 . -2016 年
04 月

《秦汉户籍管理与赋役制度研究》/王彦辉//中华书局 . -2016 年 03 月

《中国赋税文物图记》/傅兴亚//中国税务出版社 . -2016 年 06 月

《里耶秦简〈迁陵吏志〉初探——通过与尹湾汉简〈东海郡吏员簿〉的
比较》/水间大辅//简帛 . 第 12 辑 . -2016 年 01 期

《秦汉奴婢的法律地位》/文霞//社会科学文献出版社．-2016 年 07 月

《秦汉土地赋役制度研究》/臧知非//中央编译出版社．-2017 年 03 月

《皇权下县：秦汉以来基层管理制度研究》/张德美//清华大学出版社．-2017 年 05 月

《秦汉行政体制研究》/张锐//社会科学文献出版社．-2017 年 06 月

《唐代户籍编造史稿》/孙宁//中国社会科学出版社．-2017 年 06 月

《战国秦汉行政、兵制与边防》/臧知非//苏州大学出版．-2017 年 09 月

《秦汉简牍户籍资料研究》/袁延胜//人民出版社．-2018 年 07 月

《秦代官制考论》/陈松长等//中西书局．-2018 年 11 月

《汉代官僚制度研究 以出土资料为中心》/郭俊然//郑州大学出版社．-2018 年 11 月

《东汉简牍所见亭长及基层社会治安》/戴卫东//中国社会科学报．-2019 年 03 月

《秦汉魏晋丁中制衍生史论》/凌文超//河南人民出版社．-2019 年 12 月

《秦汉社会观念与政治秩序论稿》/崔建华//社会科学文献出版社．-2019 年 12 月

《汉代西域行政制度与屯戍体制研究》/李楠//中国社会科学出版社．-2020 年 09 月

《从封建到帝国的礼法嬗变》/南玉泉//中国政法大学出版社．-2020 年 10 月

（三）民事法制

《秦国粮食经济研究》/蔡万进//内蒙古人民出版社．-1996 年 12 月

《秦汉经济史论考》/黄今言//中国社会科学出版社．-2000 年 01 月

《盛与衰：汉唐经济法制与经济社会调控研究》/张中秋等//中国政法大学出版社．-2007 年 03 月

《契约史买地券研究》/张传玺//中华书局．-2008 年 08 月

《汉代物价新探》/丁邦友//中国社会科学出版社．-2009 年 06 月

《中国古代契约思想史》/刘云生//法律出版社．-2012 年 03 月

《基于简牍的经济、管理史料比较研究》/李孝林等//社会科学文献出版社．-2012 年 03 月

《汉代民事经济法律制度研究》/冯卓慧//商务印书馆.-2014年05月

《秦汉家庭法研究：以出土简牍为中心》/贾丽英//中国社会科学出版社.-2015年05月

《简牍与秦汉民法研究》/蒋波//中国社会科学出版社.-2015年11月

《西北汉简所见经济类文书辑解》/武航宇//知识产权出版社.-2018年11月

（四）刑事法制

《秦律通论》/栗劲//山东人民出版社.-1985年05月

《金文简帛中的刑法思想》/崔永东//清华大学出版社.-2000年03月

《秦律新探》/曹旅宁//中国社会科出版社.-2002年12月

《张家山汉律研究》/曹旅宁//中华书局.-2005年08月

《张家山汉简〈二年律令〉集释》/朱红林//社会科学文献出版社.-2005年10月

《张家山汉简〈奏谳书〉研究》/蔡万进//广西师范大学出版社.-2006年05月

《秦汉逃亡犯罪研究》/张功//湖北人民出版社.-2006年09月

《张家山汉简〈二年律令〉研究文集》/中国社会科学院简帛研究中心//广西师范大学出版社.-2007年06月

《秦汉犯罪控制研究》/张功//湖北人民出版社.-2007年09月

《张家山汉简〈二年律令〉研究》/朱红林//黑龙江人民出版社.-2008年06月

《张家山汉简〈二年律令〉与汉代社会研究》/王彦辉//中华书局.-2010年08月

《秦汉家族犯罪研究》/贾丽英//人民出版社.-2010年12月

《秦汉时期士人犯罪研究》/吕红梅//人民出版社.-2012年06月

《简牍秦律分类辑析》/孙铭//西北大学出版社.-2014年10月

《汉代死刑制度研究》/宋杰//人民出版社.-2015年10月

《西汉对犯罪的预防与惩治》/姜晓敏//北京师范大学出版社.-2016年01月

《中国古代刑制史研究》/（日）宫宅洁//广西师范大学出版社.-2016

年04月

《简牍秦律分类辑析》/孙铭//西北大学出版社.-2017年08月

《秦律研究》/陈伟等//武汉大学出版社.-2017年12月

（五）司法制度

《出土文献与古代司法检验史研究》/闫晓君//文物出版社.-2005年12月

《二年律令与奏谳书：张家山二四七号汉墓出土法律文献释读》/彭浩等//上海古籍出版社.-2007年08月

《两汉郡县官吏司法权研究》/胡仁智//法律出版社.-2008年09月

《汉代诉讼制度研究》/程政举//法律出版社.-2010年09月

《汉代监狱制度研究》/宋杰//中华书局.-2013年03月

《秦汉刑事证据制度研究》/张琮军//中国政法大学出版社.-2013年04月

《岳麓书院藏秦简〈为狱等状四种〉与秦代法制研究》/朱潇//中国政法大学出版社.-2016年10月

《中国古代诉讼制度研究》/（日）籾山明//上海古籍出版社.-2018年11月

中国与中亚法律文化比较专题

传统与新生：中吉婚姻效力制度比较研究

张晋伟*

内容摘要：法藉由民族精神产生，亦随着民族共同体的变迁而赓续演进。中吉两国与生俱来之民族法文化在持续而猛烈的社会变迁中逐步向现代法治转型。但是，正如萨维尼所说，法的维持通过传统而实现，而传统的条件与根据则在于代际之间并非突如其来的，而是完全渐进之更迭，遑论梅因、涂尔干与昂格尔，家庭关系均为初民社会法制之根基，是传统法文化最根本、最直观之体现，而婚姻作为家庭成立的重要前提，亦是民族精神在法文化中的重要表达。本文立足于对中吉婚姻效力之比较研究，通过对两国法律制度与法律文化的分析解读，一方面解现实之需，为"中吉跨国婚姻"提供法律上的帮助；另一方面，则力求探赜双方法律差异背后的法文化因子，共襄"一带一路"建设。

关键词：历史变迁　婚姻效力　规范研究

一、"传统"视阈——历史变迁中的中吉婚姻法制

比较法学的发展得益于不同法文化之间的差异性，中吉婚姻法制均有其深远的历史文化背景，亦曾于近代经历"法"的急遽演进，因此，藉由两国之历史文化传统，探赜其婚姻法制背后的文化思想渊源，必将对研究两国当代婚姻法制有所嘉惠。

（一）吉尔吉斯斯坦的婚姻法制传统

秦汉时期，坚昆[1]因地居北野，赖以游牧为生，风俗礼仪较显粗疏，史称其"杂居多淫佚"，对于婚姻的形式与性质，并无较深之认识，"群婚观念"一度较为流行。隋唐以降，随着黠戛斯汗国的日益壮大，其规范视阈下的婚姻观念开始有所强化，传统性与仪式性也愈发明显，甚至出现了"昏嫁

---

* 张晋伟，西北师范大学法学院硕士研究生。
〔1〕 吉尔吉斯民族在秦汉时期被称作坚昆，唐宋时期为黠戛斯，元代始称"吉利吉思"。

纳羊马以聘，富者或百千计"〔1〕的现象。明清时期，吉尔吉斯斯坦进一步受中亚文化之影响，其婚俗习惯亦有所变化，如"一夫多妻"与"异族不婚"的出现、"尼卡仪式"成为婚姻成立的形式要件等。此外，发轫于本民族传统的一些民间习惯也在此时得以延续，如在结婚的范围上，禁止直系七代与旁系五代之间的通婚；在结婚的形式上，抢婚制还有部分形态的残留，对卡冷马勒（牲畜彩礼）和赛普（嫁妆）的要求也日趋规范。同时，自乾隆击败准噶尔后，清廷对于部分归顺的布鲁特人，在允许其保留部落习惯法的同时，亦参照"缠回"，部分适用《大清律例》与《回疆则例》，其中包括部分涉及婚姻效力的法令。〔2〕如清廷为了加强对西域汉回的管理，特颁法令，宣布回汉通婚为无效婚姻：内地汉回前赴回疆贸易佣工者，令在原籍请票出关，注明年貌、执业，行抵各城缴票，回日请票进关，如查有擅娶回妇为妻者，即照新例治罪。〔3〕

近代以降，在社会主义法律思想的影响下，吉尔吉斯斯坦的婚姻法律逐步走向文明化与规范化，但是大量的传统法文化亦逐渐丢失。随着沙俄势力在中亚地区的不断渗透，吉尔吉斯斯坦境内各部婚姻法制亦曾短暂受到西方思想的影响。而十月革命之后，随着各苏维埃共和国的相继成立，吉尔吉斯斯坦的婚姻制度再次受到马克思主义法学之影响，根据苏联的法理通说，婚姻法侧重于调整平等主体间的人身关系，因此其当独立于以财产法律关系为主体之民法。在苏联婚姻法的影响下，吉尔吉斯斯坦苏维埃社会主义共和国婚姻法在一定程度上摈弃了诸多封建落后习俗，确立了"一夫一妻""夫妻平等""自由结合"等诸多原则，婚姻法制逐步走向现代化。但从另一个层面上说，由于苏联"集权模式和宣传模式"的眼高手低，增大了其立法与法律适用之间的裂缝，婚姻立法之目的程序难以向司法的条件程序转化，从而导致具体婚姻法律在地方适用上的失效。

（二）中华法系的婚姻法制传统

中华法系之婚姻制度，在西周时期已初步成型，随着礼乐文化逐步走向昌盛，西周婚姻制度的一些习惯性原则亦逐步得到社会认同，就婚姻的成立

---

〔1〕（宋）宋祁等撰：《新唐书》，卷第二百一十七，列传第一百四十二，回鹘下。
〔2〕（清）托津等：《回疆则例》，第八卷。
〔3〕（清）托津等：《回疆则例》，第八卷。

上，"父母之命，媒妁之言"成为婚姻有效的必要条件；而姓氏文化的源远流长，亦导致了"同姓不婚"原则的诞生；在婚姻缔结的程序上，"六礼"的观念逐步成型并且走向规范化，法的"仪式性"要素彰显无余；在婚姻关系的解除上，基于父系社会基础的"七出"与"三不去"也渐入人心。秦法以严苛稠密著称，其以法家为基础，强调以皇权为基础的国家机器对黎民黔首之控制，故秦律一度将"婚姻登记"作为婚姻有效的必要条件。汉承秦制，汉武帝在"罢黜百家、独尊儒术"后，实现了儒与法的合流，"内儒外法"的法制格局基本形成。因此，汉代通过立法，将经过新儒家改造后的固有婚姻理论予以成文化，并且在此基础上有所发展，如汉惠帝针对人丁稀少的问题，对15岁至30岁未婚之女性盘以五倍重税，以鼓励婚育，这一制度亦被历朝效法。唐代是我国封建法制之高峰，其婚姻制度亦较前朝有所完善。如古代施行一夫一妻多妾制，故"重婚"属于无效之婚姻，唐律规定：诸有妻更娶妻者，徒一年；女家，减一等。若欺妄而娶者，徒一年半；女家不坐，各离之。又如古代妻妾之间名分已定，故"妻妾互置"亦属无效婚姻，唐律规定：诸以妻为妾，以婢为妻者，徒二年。以妾及客女为妻，以婢为妾者，徒一年半。各还正之。唐律是古代"礼法合一"之典范，故违反礼法之举，均属无效。如故唐律规定：诸居父母及夫丧而嫁娶者，徒三年；妾减三等，各离之；诸同姓为婚者，各徒二年，缌麻以上，以奸论。唐代还适当保护当事人的婚姻自主权，诸夫丧服除而欲守志，非女之祖父母、父母而强嫁之者，徒一年；期亲嫁者，减二等，各离之。[1]在特定时期，未经官方批准的跨国婚姻亦归于无效，如唐律规定：诸越度缘边关塞者，徒两年，共为婚姻者，流二千里。[2]辽宋夏金元时期，中华法系之婚姻法制进一步出现了变化：一方面，辽金元作为北方游牧民族所建之政权，其对于儒家传统制度并非一味遵从，婚姻法律亦在某些方面出现松动，如在金元时期，"同姓不婚"彻底转化为事实意义的"同族不婚"；[3]另一方面，在积贫积弱的两宋社会背景下，理学兴起，传统文化对妇女的压迫加深，家族对于民事纠纷的作用增强，表现在婚姻法制方面，即妇女的婚姻自主权进一步丧失，对于违反封建礼教的无效婚姻惩罚愈重，及至明清，这一现象已然愈演愈烈。

---

〔1〕（唐）长孙无忌等撰：《唐律疏议》，第十二卷，"户婚"。
〔2〕（唐）长孙无忌等撰：《唐律疏议》，第八卷，"卫禁"。
〔3〕〔日〕滋贺秀三：《中国家族法原理》，商务印书馆2013年版，第52页。

近代以降，随着国家危机与民族危机的日益加深，清廷内部爆发了激烈的"礼法之争"，儒家思想主导下的传统法文化逐渐没落，而西方法制之精致曼妙已然渐入人心，清末乃至民国时期，当局者效法西洋诸国，先后制定了《大清民律草案》等多部民事法律，尽管很多未曾正式颁行，但透过其条文，亦可粗见彼时法律制度与法律思想之变迁。在婚姻法制方面，《大清民律草案》吸收了部分西方法律之思想，亦保留了部分"传统元素"，如其重申了"父母之命、媒妁之言"作为婚姻之有效要件、强调了婚姻内部男女双方的不平等地位等。[1]民国时期的几次婚姻立法，充分汲取了西方的先进思想与经验，其法制之文明程度总体较高，但不可否认的是：由于民国中央当局的孱弱以及封建保守势力的强大，其婚姻法制原则在地方并未能够得到贯彻执行，对于广大农村而言，传统习惯依然是婚姻秩序的主要维系者。新中国成立以来，人民政权废除了"阶级压迫"的法律制度，社会主义法制体系得以建构，就在新中国成立后的第二年，我国即颁行了新的婚姻法，废除了包办强迫、男尊女卑、漠视子女利益的封建婚姻制度，实行"婚姻自由、一夫一妻、保护妇女"的新民主主义婚姻制度，并且在全国范围内予以贯彻普及。新婚姻法的出台，标志着社会主义法制体系在华生根。

(三) 中吉婚姻法制传统的异同分析

透过中吉婚姻法制之变迁，吾侪可初窥到：其一，遑论中外，婚姻法制均来源于本民族的社会经验与风俗习惯，婚姻法制的演进亦均经历了由"灋"—"蠹"—"律"的历史转型。脱胎于农耕文明、发轫于礼乐文化的中华婚姻习惯，在历经秦汉之变后，逐渐被国家化、成文化，最终成为封建法律不可缺失的组成部分；而游牧所成之吉尔吉斯斯坦婚姻法制，亦经历由坚昆部落习惯向黠戛斯成熟法令的转变。其二，双方婚姻制度下的传统法文化均一度昌盛，且影响深远。中华传统的婚姻法制文化源远流长，迄商周起，即在社会控制中发挥着重要作用，及至今日，"六礼""同姓不婚"等观念依旧在民间有着较深的影响；而吉尔吉斯斯坦自唐宋延续至今的"卡冷马勒、血亲不婚"等观念也以习惯的形式影响着其民间的婚丧嫁娶。

但若细究其机理，中吉婚姻法制的差异亦较为悬殊。其一，双方法制形

---

〔1〕 张晋藩主编：《中国法制史》，高等教育出版社 2003 年版，第 289 页。

成的文化背景不同，其表现形式也相去甚远。中华婚姻法制脱胎于自夏商以降之农耕文明，其法律秩序的背后，是先民对和谐稳定的追求，故根据古代律法之规定，凡违背家庭伦理、破坏尊卑秩序之行为均属无效。而吉尔吉斯斯坦的传统"婚法"文化则脱胎于率性粗犷之游牧文化，婚姻法制更赖于对靠天吃饭模式下"生存权"的争取，无论是卡冷马勒或是收嫂、抢婚，皆有所表现。其二，相较于吉尔吉斯先民，中华传统婚姻法制文化的连续性与传承性更强。从西周至晚清，源远流长之婚姻法制传统，先后历经"灋"—"蕭"—"律"的范式叠加，虽然其曾受北方游牧文化影响，部分传统存在丢失，但就整体而言，其"婚法"文化的完整性并未遭致破坏，且在封建社会中持续不变。而吉尔吉斯先民在维持自身婚姻习惯之同时，先后被匈奴、突厥、蒙古等部族所统治，亦曾与汉文明、蒙古文明、中亚文明进行过大规模的融合，其婚姻法制的背后，是各种文化的交融碰撞，近四百年来，西亚法文化更是对吉尔吉斯民族的婚姻法制产生了不可估量的影响。其三，虽然中吉先民在婚姻法制发展的大致脉络上趋于一致，但就文明渊源来看，中华婚姻文化早在夏商已现雏形，在西周礼乐文化的影响下初步成型，在汉唐正式成为国家成文规范的组成部分，并且传承至明清。而吉尔吉斯先民在两汉尚属蒙昧，直到唐朝，其婚姻之习惯规范方才初步形成，黠戛斯汗国灭亡后，其法制文明再次没落，直至明清时期，其婚姻法制文化才在中亚文化等多种因素的综合作用下初具规范的强制效力，抑或言，吉尔吉斯斯坦婚姻法律之演进相较中华法文化大为滞后，其演进之历程，亦较中华文化更为曲折。

二、"当代"视阈——中吉婚姻效力的规范研究

自改革开放以来，中国在坚持"马克思主义法学"基本路线不动摇的前提下，积极汲取国外先进法制经验，结合本土优秀法文化资源，不断提升依法治国的能力和质量，并成功实现由"法制"向"法治"的现代化转型，其婚姻法律制度亦在近几十年来得到进一步的发展与完善。而自苏联解体后，新兴的吉尔吉斯斯坦亦开始了新的法制进程，其在积极吸收西方法文化的同时，亦对自身法文化进行了挖掘、保护与传承，其婚姻法律概莫能外。下面，本文就当代中吉婚姻法律之效力予以对比研究。

（一）吉尔吉斯斯坦法律关于婚姻效力之规定

吉尔吉斯斯坦关于婚姻效力之法律规定，主要集中在其 2003 年颁行之

《吉尔吉斯斯坦家庭法》之中，另外，其 1997 年颁行之《吉尔吉斯斯坦民法典》亦有部分涉及。《吉尔吉斯斯坦家庭法》围绕家庭关系的成立与运行，囊括了婚姻的缔结与终止、夫妻权利与义务、父母子女的权利与义务、家庭成员间的义务、子女的教育义务等诸多方面，笔者就其"婚姻的缔结与终止"一章略作说明。另外，根据《吉尔吉斯斯坦家庭法》第 1 节第 6 条，如家庭法与民法无相关规定的，在与这些关系实质不冲突的情况下，适用家庭法和民法调节类似关系的法规；如果没有这些法规，家庭成员的权利和义务应根据家庭法或民法（类似法种）的基本原理和原则，以及人道、理智和正义的原则予以确定；《吉尔吉斯斯坦家庭法》第 1 节第 7 条：如果吉尔吉斯斯坦是根据法律规定的程序发生效力的国际公约缔约国，若该公约规定了与家庭法不同的条款，则适用该国际公约的条款。[1]抑或言，在吉尔吉斯斯坦，国际条约、原理、人道、理智和正义，亦构成其认定婚姻效力的法律渊源。

1. 婚姻成立的形式要件

在婚姻成立的形式要件上，吉尔吉斯斯坦主要采取"登记主义"，但其婚姻登记制度颇为特殊：其一，其婚姻登记并非当日办理、当日生效，因此，其婚姻正式成立之日，并非婚姻申请登记之日；其二，其婚姻登记与婚姻缔结并非"一体实现"，其在婚姻申请登记生效后，方才允许缔结婚姻。针对婚姻的登记，《吉尔吉斯斯坦家庭法》总则部分第 1 条规定：在具有国家授权进行公民状态证书登记的国家机构和地方自治机构登记的婚姻，是被承认有效的婚姻；涉及婚姻和家庭的宗教仪式，不具有法律意义。[2]在其第 2 章第 3 节第 11 条、第 12 条中，更是对此予以细化：其一，婚姻需经国家婚姻登记部门登记，结婚的人要亲自参加婚姻登记，民事登记部门自他们提出申请之日起满 1 个月内办理，但若遇到怀孕、分娩等特殊情况时，婚姻也可以在申请提出当天缔结；其二，婚姻登记须按照国家婚姻登记部门规定的方式进行；其三，希望缔结婚姻的双方或一方对婚姻登记机关拒绝登记结婚的，可以根据行政活动立法规定的程序向法院提出申诉；其四，在申请登记婚姻 1 个月后，双方始被允许缔结婚姻，但如果遇有特殊情况（如怀孕、孩子出生、一

---

〔1〕 西北师范大学中亚研究院编译：《吉尔吉斯斯坦常用法律》，中国政法大学出版社 2019 年版，第 5 页。

〔2〕 西北师范大学中亚研究院编译：《吉尔吉斯斯坦常用法律》，中国政法大学出版社 2019 年版，第 3 页。

方的生命受到威胁等），可以在提交申请当日缔结。[1]

2. 婚姻成立的实质要件

吉尔吉斯斯坦支持婚姻自由，其在《吉尔吉斯斯坦家庭法》总则第 1 条第 4 款中规定：在结婚和组建家庭关系时，严禁以社会属性、种族、民族、语言、宗教属性、健康等任何形式对公民权利进行限制。[2]其在本法第 3 节第 13 条第 1 款亦强调：婚姻的缔结必须是达到结婚年龄的男女双方的自愿结合。

就结婚年龄而言，吉尔吉斯斯坦公民的法定适婚年龄为 18 周岁，但也存在变通规定，《吉尔吉斯斯坦家庭法》第 14 条第 2 款规定：如果存在正当理由，根据未成年人保护国家授权部门的地方分支机构的委员会作出的结论，婚姻申请人居住所在地的地方自治执行机构有权根据上述人士的申请而降低结婚年龄，但男女降幅各不超过 1 周岁，[3]另外根据《吉尔吉斯斯坦民法典》的规定，如果法律允许在 18 周岁之前结婚，则 18 周岁以下的公民在获得婚姻地位时具有完全的能力，由于婚姻而获得的全部能力，在婚姻事件中仍然完好无损。就结婚的限制性规定而言，吉尔吉斯斯坦禁止一定范围内的近亲属通婚，对某些疾病患者，亦不支持其结婚。关于禁止结婚的近亲属范畴，大致可分为三类：（1）直系亲属（父母和子女、祖父母和孙辈）、（2）同胞和非同胞（拥有共同的父亲或母亲的兄弟和姐妹）；（3）收养者和被收养者。对于禁止结婚的疾病，主要分为两类：对于精神病人，《吉尔吉斯斯坦家庭法》对其实行绝对禁止；而对于性病、艾滋病等恶性传染病则采取相对禁止，吉尔吉斯斯坦法律规定，隐瞒性病或艾滋病感染的事实的一方，其配偶有权向法院提出要求，宣布婚姻无效。[4]此外，对于双方或其中的一方，已经在另一个已登记的婚姻中有婚约的，吉尔吉斯斯坦亦不允许其再次结婚，即重婚的禁止。

---

〔1〕 西北师范大学中亚研究院编译：《吉尔吉斯斯坦常用法律》，中国政法大学出版社 2019 年版，第 6 页。

〔2〕 西北师范大学中亚研究院编译：《吉尔吉斯斯坦常用法律》，中国政法大学出版社 2019 年版，第 3 页。

〔3〕 西北师范大学中亚研究院编译：《吉尔吉斯斯坦常用法律》，中国政法大学出版社 2019 年版，第 6 页。

〔4〕 西北师范大学中亚研究院编译：《吉尔吉斯斯坦常用法律》，中国政法大学出版社 2019 年版，第 7 页。

3. 婚姻无效之相关规定

除违反婚姻成立之实质要件外（包括近亲属结婚、重婚、恶疾结婚），对于缔结虚假婚姻（夫妻一方或双方在婚姻登记时并未打算建立家庭）和非自愿结婚（包括强迫、欺骗、迷惑，或者在婚姻登记时处于不能理解自己行为的意义并不能支配自己的行为的状态），亦属婚姻无效之事由。而对于可以提起无效之诉的主体，除当事人之外，未成年一方的父母、检察官也可根据相应的情况，对无效婚姻提起确认申请。若涉及未成年人，未成年人保护国家授权部门的地区分支机构可以参与审理。另外，根据《吉尔吉斯斯坦民法典》第 56 条规定，在婚姻无效的情况下，法院可以根据法院确定的时间作出关于公民完全丧失能力的决定。《吉尔吉斯斯坦家庭法》规定，婚姻无效须由法院裁定，判决婚姻无效的法院，在判决生效之日起三日内，应将该判决的摘录发送给婚姻登记所在地的公民状态登记部门，自法院之判决生效后，其上溯至登记之日自始无效。[1] 在吉尔吉斯斯坦，无效之婚姻并不具备当然性和绝对性：其一，阻碍婚姻缔结之违法因素消失；其二，如客观条件对未成年一方有利，则未成年一方可抗辩"未达婚龄"之诉；其三，虚假婚姻的双方已组建实质家庭；其四，虚假登记双方在法院审理之前已生育子女。

（二）中华人民共和国关于婚姻效力之规定

改革开放以后，我国婚姻法共经历过三次较大的变动。为适应社会经济发展的客观需要，1980 年全国人大第五届第三次会议宣布通过新的《婚姻法》，该法在 1950 年《婚姻法》的基础上，增加了计划生育、结婚法定年龄等诸多内容，较 1950 年《婚姻法》有明显进步，但受时代局限，其在亲属关系、禁婚疾病等方面的规定并不完备。2001 年，《婚姻法》修正案出台，其针对婚姻家庭方面出现的新问题、新情况予以了全新的规定，并且就 1980 年《婚姻法》立法之瑕疵予以补足，它是法律走向本土化、时代化的重要标志。我国《婚姻法》的最新变动发生于近日，在以习近平总书记为代表的党中央的正确领导下、在民法学者们坚持不懈的努力下，《民法典》于 2020 年 5 月 28 日宣布通过，并于 2021 年 1 月 1 日起正式施行，与此相对应，《婚姻法》亦于 2021 年 1 月 1 日废止。民法典颁行生效后，涉及婚姻家庭之规范多分布

---

〔1〕 西北师范大学中亚研究院编译：《吉尔吉斯斯坦常用法律》，中国政法大学出版社 2019 年版，第 10 页。

于《民法典》第五编之中，关于婚姻效力之规则，则主要集中在第五编的前三章中。另外，民族区域自治是中国的基本国策，在《民族区域自治法》中，亦涉及不少有关婚姻效力之规定，笔者将于下文略作阐释。

1. 婚姻成立的形式要件

我国实行婚姻登记制度。《民法典》第 1049 条规定，要求结婚的男女双方应当亲自到婚姻登记机关申请结婚登记。符合本法规定的，予以登记，发给结婚证。完成结婚登记，即确立婚姻关系。未办理结婚登记的，应当补办登记。即在民法领域，我国不承认事实婚姻，亦不承认宗教信仰、风俗习惯等对于婚姻法律关系成立之影响，换言之，"登记"是婚姻关系成立的唯一形式要件。此外，《民法典》第 1050 条还规定，登记结婚后，按照男女双方约定，女方可以成为男方家庭的成员，男方可以成为女方家庭的成员。这一规定顺应了现代法制之走向，旨在维护和保障夫妻双方在家庭关系中的平等地位，亦是对传统文化中"父系家族权威"的有力挑战。

2. 婚姻成立的实质要件

婚姻的自愿、自由、自主，是现代婚姻法律关系成立的必要条件。我国《宪法》第 49 条明确规定，禁止破坏婚姻自由。在《民法典》中，亦有大量关于"婚姻自由"之规定，如其第 1041 条规定，婚姻家庭受国家保护，实行婚姻自由、一夫一妻、男女平等的婚姻制度；第 1042 条规定，禁止包办、买卖婚姻和其他干涉婚姻自由的行为，禁止借婚姻索取财物；第 1046 条规定，结婚应当男女双方完全自愿，禁止任何一方对另一方加以强迫，禁止任何组织或者个人加以干涉等。《民法典》的这些条款均是对婚姻自由的肯定和保障。

关于公民的结婚年龄，《民法典》第 1047 条明确规定，结婚年龄，男不得早于 22 周岁，女不得早于 20 周岁。相较于《婚姻法》，《民法典》删去了"民族自治地方的人民代表大会有权结合当地民族婚姻家庭的具体情况，制定变通规定"的条款，但《民法典》总则第 11 条又规定，其他法律对民事关系有特别规定的，依照其规定。《民族区域自治法》第 4 条规定，民族自治地方的自治机关有权根据本地方的实际情况贯彻执行国家的法律、政策；其第 20 条亦有规定：上级国家机关的决议、决定、命令和指示，如有不适合民族自治地方实际情况的，自治机关可以报经该上级国家机关批准，变通执行或者停止执行。综上所述，在新旧法律交替之际，《民法典》未对民族自治地区的结婚年龄作出特别说明，而《民族区域自治法》对"结婚年龄的变通"亦无具体规定，但若对《民法典》第11条和《民族区域自治法》第4条、第20条进行法律解释的话，民族地区仍可对结婚年龄作出变通规定。在《民法典》正式施行后，民族自治地方立法关于"结婚年龄"的条款仍然有效，且《民族区域自治法》具有更高的法律位阶。至于《民法典》正式施行后，民族自治地方是否有权变通"结婚年龄"的规定，目前尚不得知，但就现今而言，民族自治地方立法对结婚年龄予以变通的并不在少数，如宁夏回族自治区规定：回族男女的结婚年龄，男不得早于20周岁，女不得早于18周岁；临夏回族自治州自治条例规定：东乡族和其他少数民族，男20周岁、女18周岁始可结婚。

就结婚的限制性规定而言，《民法典》第五编第一章第1042条规定，禁止包办、买卖婚姻和其他干涉婚姻自由的行为，禁止借婚姻索取财物，禁止重婚，禁止有配偶者与他人同居。第五编第二章第1048条规定，直系血亲或者三代以内的旁系血亲禁止结婚。总之，《民法典》对于婚姻的限制性规定主要有两大方面，分别是禁止重婚和禁止近亲结婚。

3. 无效的婚姻与可撤销的婚姻

对于不满足"婚姻法律关系成立"之情形，我国主要将其分为"无效"与"可撤销"两大类。对于无效的婚姻，《民法典》在其第五编第1051条作出列举式规定，（1）重婚；（2）有禁止结婚的亲属关系；（3）未到法定婚龄。即不满足婚姻成立的一般性实质要件。对于可撤销的婚姻，则主要分为"胁迫"和"疾病"两大类，二者之权利救济期间，亦被限定为一年。《民法典》第1052条规定：因胁迫结婚的，受胁迫的一方可以向人民法院请求撤销婚姻；请求撤销婚姻的，应当自胁迫行为终止之日起一年内提出；被非法限制人身自由的当事人请求撤销婚姻的，应当自恢复人身自由之日起一年内提出。《民法典》第1053条规定，一方患有重大疾病的，应当在结婚登记前如实告知另一方；不如实告知的，另一方可以向人民法院请求撤销婚姻。请求撤销婚姻的，应当自知道或者应当知道撤销事由之日起一年内提出。在我国，无效之婚姻，其效力可概括为"自始无效、绝对无效、当然无效"，无须诉讼，即具有绝对无效性。对于可撤销的婚姻，如公民在法定期间内请求人民法院撤销婚姻的，其效力亦归于消灭。《民法典》第1054条对此予以详细规定，无效的或者被撤销的婚姻自始没有法律约束力，当事人不具有夫妻的权利和义务。同居期间所得的财产，由当事人协议处理；协议不成的，由人民法院根据照顾无过错方的原则判决。对重婚导致的无效婚姻的财产处理，不得侵害合法婚姻当事人的财产权益。当事人所生的子女，适用本法关于父母子女的规定。婚姻无效或者被撤销的，无过错方有权请求损害赔偿。

（三）当代中吉婚姻的法律效力比较研究

在婚姻成立的形式要件上，中国与吉尔吉斯斯坦均采用婚姻的"登记主义"原则，且均不承认宗教信仰、风俗习惯等具有婚姻的法律效力。但细究之下，二者差异较大。其一，吉尔吉斯斯坦将婚姻的生效分为"登记与缔结"两大环节，一般情形下，经由登记一个月后，方得缔结婚姻，婚姻只有经过"登记与缔结"之双重程序，其婚姻法律效力方无瑕疵，如吉尔吉斯斯坦将"虚假登记"作为无效婚姻的事由之一，正是考虑到其只是完成婚姻的登记，而欠缺婚姻之缔结。而我国实行单一的婚姻登记主义，只要双方当事人履行登记手续，即构成完整意义上的婚姻法律关系。其二，吉尔吉斯斯坦对于婚姻登记的"时间流程"作出了详细规定，换言之，在一般情形下，吉尔吉斯斯坦的婚姻登记并非"当日申请，当日办理"，而需要经历近一个月的审查期限；反观我国的婚姻登记，则较为快捷方便，我国对于婚姻登记仅作形式审查，通常情况便可实现"当日申请，当日办理"，办理登记的时间周期较短。

在婚姻成立的实质要件上，中吉两国亦有诸多相仿之处。如双方均支持婚姻自由，反对非法力量对婚姻的干预；均禁止一定范围内的近亲属结婚；均存在结婚年龄的变通规定，均禁止重婚等。但二者之差异亦悬殊。其一，在近亲属结婚的认定上，关于近亲属的范围，中吉两国差异较大，吉尔吉斯斯坦对"近亲属"之认定范围较我国更窄，吉尔吉斯斯坦仅不允许"直系亲属、同胞和非同胞、收养者和被收养者之间"的通婚。简单概括，仅"三代以内的直系亲属与一代以内的旁系亲属"之间不被允许通婚。而我国对此则相较严苛，《民法典》第 1048 条规定，直系血亲或者三代以内的旁系血亲禁止结婚（对于养子女的问题，目前法律并无明确规定，学界通说为"拟制的血亲"，同样适用于本条款）。其二，关于结婚的年龄，吉尔吉斯斯坦规定，在通常情况下，男女双方均为 18 周岁；而我国则规定，男不得早于 22 周岁，女不得早于 20 周岁，吉尔吉斯斯坦的法定婚龄相较我国更低。其三,吉尔吉斯斯坦将某些疾病作为婚姻无效的事由之一,其中精神病为绝对无效事由,而艾滋病等其他恶性疾病则为相对无效事由;我国新颁布之《民法典》,则未将恶性疾病列为法定的婚姻无效事由,仅作为婚姻可撤销之事由之一。

在关于婚姻效力的确认机制上,中吉两国的差异尤为明显。吉尔吉斯斯坦法律仅规定有"婚姻无效"的条款,且其无效事由并不具有绝对性,如在虚假婚姻的双方已组建实质家庭的情况下,原先无效的婚姻或可具备法律效力;又如未达结婚年龄之无效婚姻,若客观条件对未成年一方有利,则未成年一方拥有对无效事由之抗辩权,对于无效之婚姻,必须向司法机关提起诉讼,由法院裁定为无效。我国《民法典》对于"效力欠缺"之婚姻,主要分为"无效婚姻"与"可撤销婚姻"两大类:对于前者,无需司法救济,即为"自始无效、绝对无效、当然无效",对于后者,当事人需在相应的时限之内,向法院提起诉讼,方得宣布婚姻关系撤销,其法律效力自婚姻关系成立起即归于湮灭。通常来说,其差异性的主要表现是:吉尔吉斯斯坦之"无效婚姻",须请求司法机关确认,其"无效婚姻"不具有绝对性;而我国则存在"无效婚姻"与"可撤销婚姻",前者属于"绝对无效",后者需要司法机关确认。此外,对于无效婚姻的司法认定,吉尔吉斯斯坦还有一项独创,即检察官在特殊情况下,有权代替当事人参与诉讼。

三、"古与今的衔接"——中吉婚姻法文化的继承与摒弃

近代以降,中吉之"传统法"均在西方文明的冲击下走向瓦解。自19世纪至今,大陆法系、社会主义法系与英美法系,均在一定程度上影响着各自的法律演进,亦在一定程度上改造着各自的"法意识"。尽管现代婚姻法中已少有传统法文化的影子,但细究之下,吾侪仍可略窥一二。

现代吉尔吉斯斯坦之婚姻法制,与其传统文化已然相去甚远,但仍有"蛛丝马迹"可寻。其一,吉尔吉斯斯坦婚姻"登记与缔结"的双重形式要件,即出自本民族习俗文化之考量,据史料记载:布鲁特人贫而悍,轻生重利,喜虏掠,[1]基于其豪迈粗犷之游牧文化,吉尔吉斯人对婚嫁之事较显洒脱,对婚姻的持重亦较不足,因此,适当延迟登记时间、增加婚姻成立的形

---

〔1〕 赵尔巽等撰:《清史稿》,卷五百二十九,列传三百一十六,"属国四"。

式要件，对于当事人婚姻之稳定性有助无害。其二，吉尔吉斯斯坦的法定结婚年龄较早（特殊情况下甚至允许未成年人结婚），且男女均限定为 18 周岁，一是基于游牧文化"竞争生存"的早婚观念，二是基于游牧文化中男女地位的相对平等，三是基于中亚文化之影响。其三，吉尔吉斯斯坦关于近亲属结婚的禁止性条款，亦在一定程度上受其传统文化影响，吉尔吉斯斯坦之民族习惯中，即有"禁止直系七代与旁系五代通婚"之传统。

在中国特色社会主义法治体系下，我国婚姻法在坚持马克思主义法学理论不动摇的基础上，积极吸收与借鉴本土优秀法律传统，具有高度的特色性与实践性。在我国《民法典》中，婚姻法的"现代性"与"传统性"彰显无遗。如《民法典》总则编第 10 条规定，处理民事纠纷，应当依照法律；法律没有规定的，可以适用习惯，但是不得违背公序良俗，这就给予了"传统婚姻文化"与"现代法治"兼容之可能性。再如《民法典》第 1042 条与第 1043 条相继规定，禁止有配偶者与他人同居；夫妻应当互相忠实、互相尊重、互相关爱。此类条款即是对中华文化传统公序良俗的坚定维护。具体到婚姻的效力问题上：其一，我国禁止直系血亲或者三代以内的旁系血亲结婚，与古代"五服不婚"有异曲同工之妙，而"直系血亲或者三代以内的旁系血亲"，即为缩小版的"五服"。其二，中国古代即对男女之适婚年龄差别对待，如春秋时代，越国规定"女子十七岁不嫁，其父母有罪；丈夫二十不娶，其父母有罪"；唐太宗在贞观元年下诏"男二十岁，女十五岁以上无夫家者，州县以礼聘娶"等。其三，我国区别对待"无效婚姻"与"可撤销婚姻"，亦是基于传统文化中和谐安定之考量。"无效婚姻"已触及社会底线，故绝对无效；而"可撤销婚姻"则赋予当事人一定的自主权，给予了当事人"道德伦理"的回旋余地。

针对各自传统婚姻文化中的落后因素，中吉双方亦在不同程度地予以改造剔除。如吉尔吉斯斯坦法律规定：在结婚和组建家庭关系时，严禁以社会属性、种族、民族、语言、宗教属性、健康等任何形式对公民权利进行限制。其目的旨在消除吉尔吉斯斯坦诸部落之间的矛盾、削弱中东文化对现代法制的干预，逐步走向国家法制的现代化。我国《民法典》规定，禁止包办、买卖婚姻和其他干涉婚姻自由的行为，禁止借婚姻索取财物等，旨在消弭传统文化中"长幼的人格不平等"，破除婚姻彩礼等陋习。

著名法学家祁尔克曾指出：法律是民族集体共同生活之产物。一方面其构成了集体外在的行为规范；另一方面亦奠定了集体内部之生活形态，以《婚姻法》为代表的传统法制，更是民族生活最直观、最形象之体现。本文通过对中吉婚姻效力进行"沿革"与"规范"层面的比较研究，可初步得出结论：法治建设既应当立足现代实践，顺应时代发展之趋势；亦当尊重与理解传统，取其精华，去其糟粕。在当代法治背景下，"传统"与"现代"并不矛盾，只有二者的相辅相成、相得益彰，中国特色社会主义法治方得繁荣昌盛。

婚姻自由与社会稳定之抉择

——中国与吉尔吉斯斯坦婚姻终止、无效制度的比较研究

陈　淼*

内容摘要： 家庭是社会构成的最小单元，稳定的家庭关系是有序的社会生活所必须具备的条件之一。婚姻的终止与无效制度对家庭关系的影响最深，也最受本国文化习俗与政策导向的影响，这也导致各国的规定都有差异，而婚姻终止与无效制度的差异也反映了各国对于婚姻自由与社会稳定这两者的倾向。本文从中国与吉尔吉斯斯坦的婚姻终止、无效制度比较入手，分析两国在婚姻终止、无效制度规定上的异同，进而分析出现明显差异的原因，并为我国与吉尔吉斯斯坦的后续交流提供建议。

关键词： 吉尔吉斯斯坦　婚姻终止制度　婚姻无效制度　比较研究

家庭是社会构成的最小单元，稳定的家庭关系是有序的社会生活所必须具备的条件之一，更是国家治理的出发点与落脚点。而对于"家庭"而言，婚姻与血缘则是其核心所在，特别是作为联系家庭与家庭、个人与个人之间的纽带——婚姻。即便是在现代社会，缔结婚姻也不仅仅是与当事人双方有关，而是联系两个家庭的重大事件。缔结婚姻的双方当事人将共同生活、共享财产，关联对方的社会关系，同时双方的家庭也开始建立联系，并以姻亲身份相处。

这一切联系的起点是婚姻的缔结，终点则是婚姻的"终止"。此处的"终止"包括一方或双方的死亡、法律意义上的婚姻终止以及婚姻无效。一方或双方的死亡并不一定意味着双方家庭联系的断裂，还可能因为尚有子女在世而保持联系，后两者则更具有"决裂"的意味，也更容易导致家庭关系的不稳定，进而影响社会生活的秩序，因此各国法律都对此进行了明确规定。由于各国的历史文化、经济状况、社会习俗等方面的差异，各国对婚姻终止与无效方面的制度规定也会有差异。

---

* 陈淼，西北师范大学法学院 2018 级硕士研究生。

一、个人意愿与社会需求的取舍

我国在《民法典》"婚姻家庭编"中以单章形式在第四章离婚中规定了婚姻终止制度，包括婚姻终止的实质要件、程序要件以及效力范围。吉尔吉斯斯坦则在《吉尔吉斯斯坦家庭法》第二章第四节婚姻的终止部分作出统一规定。各国立法者对于婚姻终止制度的规定，都必须考虑本国国情、公众的认知与稳定社会秩序的现实需要。究竟是更倾向于尊重个人意愿，还是选择以稳定社会秩序为重，立法者必须作出抉择。

（一）"感情破裂"与"无法维系家庭"

《民法典》第1079条规定"如果感情确已破裂，调解无效的，应当准予离婚"，并在下文中就感情确已破裂的情形作出列举，包括：（1）重婚或者与他人同居；（2）实施家庭暴力或者虐待、遗弃家庭成员；（3）有赌博、吸毒等恶习屡教不改；（4）因感情不和分居满二年；（5）其他导致夫妻感情破裂的情形。除此之外，还规定了"一方被宣告失踪，另一方提起离婚诉讼"的情形，明确此种情形下应当准予离婚。第1076条关于自愿离婚的规定中，对于自愿离婚的实质要求也是"自愿"。由此可以看出，我国法律中规定婚姻终止的实质要件是"感情破裂"。但"感情破裂"是一个需要主观判断的标准，这也是法律需要对可能造成夫妻感情破裂的情形进行明确规定的原因。

吉尔吉斯斯坦以"家庭法"的总称来规定婚姻家庭方面的制度，单从这一点便可看出吉尔吉斯斯坦整个社会对于婚姻家庭的观点——"家庭"才是核心，准确来说组建家庭是婚姻的实质所在。《吉尔吉斯斯坦家庭法》第2条更是明确了婚姻的定义，"婚姻，是指男女之间为了建立家庭，按法律规定的方式，在自由和双方完全同意的情况下达成的平等权利的结合，并由此产生夫妻双方间的财产和个人非财产的关系"。"组建家庭"是婚姻的实质与目的，《吉尔吉斯斯坦家庭法》也都是建立在此基础之上，婚姻终止的实质要件也是建立在"无法维系家庭"基础之上。

《吉尔吉斯斯坦家庭法》第17条第1款规定，死亡是终止婚姻的依据，[1]第20条第1款规定登记解除婚姻必须要无共同的未成年子女，第20条第2款

---

〔1〕 西北师范大学中亚研究院编译：《吉尔吉斯斯坦常用法律》，中国政法大学出版社2019年版，第7页。

规定在被法院宣布已失踪、被法院裁定为无行为能力、因犯罪被判处剥夺自由 3 年以上等情形下，可根据夫妻一方请求提出，在公民状态登记部门办理，无论双方是否拥有共同的未成年子女。[1]死亡、失踪、无行为能力以及 3 年以上自由刑都将导致家庭处于不完整状态，直接影响家庭的稳定性，因此法律明文规定这些情形下可以终止婚姻。无共同未成年子女是适用登记解除婚姻这一婚姻终止方式的前提条件，若是满足了第 20 条第 2 款的特殊规定，则只要由一方提出申请即可终止婚姻。由此更可以看出吉尔吉斯斯坦法律对家庭的定位，完整与稳定的家庭才是法律所保护的，法律无须维护不稳定的家庭。《吉尔吉斯斯坦家庭法》存在的意义就是保护并维持家庭的完整与稳定，对于无法维系稳定关系的家庭，法律没有必要强求其维系下去，结束不稳定的状态才是法律所引导的。

（二）婚姻自由与稳定社会结构

婚姻自由是公民权利的一部分，但自由是有限的，权利的行使也是有限制的。婚姻自由不能是任性而随意的，婚姻关系着"家庭"这一社会结构。稳定的社会必将维系社会结构的稳定，特别是社会最基础的组成——家庭。尊重婚姻自由也必将建立在保持社会结构稳定的基础之上，更侧重于自由还是秩序，立法者的价值取舍体现在各国对于婚姻终止的具体规定中，例如减少冲动离婚、设置离婚冷静期。

1. 避免冲动离婚

我国《民法典》第 1076 条规定"夫妻双方自愿离婚的，应当签订书面离婚协议，并亲自到婚姻登记机关申请离婚登记"，由此可知"自愿""书面协议""亲自申请"这三项是登记离婚的实质要件以及程序要件。设置订立书面协议与本人亲自前往登记机关申请这两项程序要件的目的都是证明离婚的意思表示真实，即离婚确系夫妻双方共同、真实的意思表示。同时也明确规定离婚协议应当载明双方自愿离婚的意思表示和对子女抚养、财产以及债务处理等事项协商一致的意见，这也是为了减少"冲动离婚"的情况。一份需要详细梳理抚养、财产等事项的离婚协议较之于口头申请或仅约定离婚而无其他事项安排的书面申请更能让人冷静思考。

---

〔1〕 西北师范大学中亚研究院编译：《吉尔吉斯斯坦常用法律》，中国政法大学出版社 2019 年版，第 7 页。

依据我国《民法典》第 1079 条规定，调解是诉讼离婚的必经程序，即便是在直接向法院起诉的情况下，法院也"应当"进行调解，调解无效是判决离婚的必要前提。在保障婚姻自由特别是离婚自由的前提下，尽可能地降低离婚率，尽可能地避免冲动离婚情况的出现。

吉尔吉斯斯坦的登记离婚被称为"在公民状态登记部门解除婚姻"，《吉尔吉斯斯坦家庭法》第 20 条第 1 款规定的程序要件是"双方申请""一个月期限"，前提条件是"无共同的未成年子女"，第 2 款则规定了"被法院宣布已失踪；被法院裁定为无行为能力；因犯罪被判处剥夺自由 3 年以上"三种特殊情况，无须满足"无共同的未成年子女"的前提条件，且仅需一方提出申请即可。单论程序要件而言比我国简单，但实质上门槛却并不低，限定无争议且无共同的未成年子女，这同时也是吉尔吉斯斯坦社会认为无子女的家庭不够稳定这一观念的反映。

《吉尔吉斯斯坦家庭法》第 22 条、第 23 条和第 24 条[1]规定了三种司法解除婚姻的情形，包括应当由司法程序解除婚姻的情形、一方不同意解除婚姻的情形、双方均同意解除婚姻的情形。除了"被法院宣布已失踪；被法院裁定为无行为能力；因犯罪被判处剥夺自由 3 年以上"三种特殊情形之外，只要有未成年子女、一方不同意解除婚姻（包括回避解除登记的情形）或财产分割有争议等情况，就必须通过司法程序解除婚姻。吉尔吉斯斯坦在立法中表现出了较之于登记离婚更倾向于用司法程序处理离婚案件的倾向。这在实质上也是利用抬高解除婚姻的标准而降低离婚率，特别是有未成年子女的婚姻，法律通过归入司法解除的受案范围，以及法官的自由裁量权的行使，尽可能地降低这类婚姻的离婚率，这也体现了立法的价值选择，社会、家庭的稳定较之于个人的婚姻自由更为重要。

2. 离婚冷静期

我国《民法典》正式确立了离婚冷静期制度。依据《民法典》第 1077 条规定，登记离婚的离婚冷静期为 30 天，30 天内随时可以向登记机关申请撤回申请。诉讼离婚虽未明确规定可撤回的期限，但第 1079 条同样也规定了判决不准离婚后，双方又分居满一年，一方再次提起离婚诉讼的，应当准予离婚。

---

〔1〕 西北师范大学中亚研究院编译：《吉尔吉斯斯坦常用法律》，中国政法大学出版社 2019 年版，第 8 页。

相较于 2001 年修正版的《婚姻法》而言,《民法典》实际上也是变相增加了诉讼离婚的冷静期,即从 6 个月增加到了 1 年,且增加了"分居"这一要求。但我国同时也在《民法典》第 1079 条中规定了可以直接判决离婚的情形,这些情形出现就可认为属于感情确已破裂。在登记解除婚姻的规定中,"双方自愿、合意"为内在标准,离婚冷静期仅为 30 天,如果双方确实经过冷静思考,并双方都持同意离婚的态度,多等待 30 天并不会对其决定产生影响,反之本就不是真心想要离婚的、无法达成合意的、在财产分配和子女抚养权分配等问题上有争议的,即使不设置离婚冷静期,也依旧可能在后续就离婚问题而发生纠纷。"一别两宽"不过是理想化的情况,事实上还可能引发相关诉讼,导致司法资源的浪费。设置离婚冷静期意在减少"冲动离婚"的情形,也让双方当事人再次冷静思考,并采取措施维护自己的合法利益。在无法协商达成一致的情况下直接进入司法解除程序,由法院对争议进行裁判,节省行政资源的同时也尽可能地维护社会秩序的稳定。

《吉尔吉斯斯坦家庭法》同样也规定了类似于离婚冷静期的条款,第 20 条规定了登记解除婚姻方式,申请满 1 个月后才可以解除婚姻;第 23 条规定了司法程序解除婚姻方式,赋予法官可以规定 3 个月以内的和解期限;第 24 条更是明确规定司法程序解除婚姻应在提交申请满 1 个月后,且和解未果,才应该解除。

在离婚冷静期制度的设置上,两国都在登记解除以及司法解除这两种方式中设置了离婚冷静期或是变相的离婚冷静期,目的都在于降低离婚率,维护社会秩序的稳定,只是对哪种类型的婚姻保护程度更高、更倾向于用哪种方式等有不同。

二、社会稳定与公序良俗

相较于婚姻终止而言,宣告婚姻无效或是撤销婚姻对当事人双方及其家庭、社会关系等影响更大,因此需要更为慎重。婚姻终止制度需要尊重个人意愿,而婚姻无效制度是对社会公众利益的保护。婚姻终止制度是自由与秩序价值的抉择,婚姻无效制度则是公序良俗与社会稳定的共同要求。

(一)公序良俗的选择

我国的婚姻无效制度包含了自始无效与撤销后无效两种情况,《民法典》

第 1051 条规定了三种无效的情形，包括重婚、有禁止结婚的亲属关系以及未到法定婚龄。第 1052 条和第 1053 条分别规定了因胁迫结婚、未如实告知患有重大疾病这两种情形属于可撤销的事由。第 1054 条又明确规定无效的或者被撤销的婚姻自始没有法律约束力，并且无过错方有权请求损害赔偿。2001 年《婚姻法》中规定了四项致使婚姻无效的事由，而《民法典》对此作出了修改，将重大疾病这一项改为可撤销情形。重婚、有禁止结婚的亲属关系以及未到法定婚龄这三种情形损害的不只是双方当事人的个人私益，更是损害了社会公益，对公序良俗造成了冲击，属于社会公众绝对无法容忍的情形，因此法律明文规定婚姻自始无效。

对于属于可撤销情形的婚姻是否要使其被撤销，法律将选择权交给被胁迫以及被隐瞒的一方，并设置了时间限制。可撤销情形中，拥有撤销权的一方因为对方的过错而权利受损，法律赋予其撤销权也是为了救济受损害方的权利。且可撤销的情形损害的主要是一方的权利，而非公共利益，因此出于维护社会稳定的考量，没有将之直接规定为无效。权利的行使是有界限的，不能使婚姻一直处于不确定状态，因此以 1 年为限，且在恢复自由或知晓后才开始计算时限。此做法兼顾了维系婚姻关系的稳定以及受损害方权利的救济。

《吉尔吉斯斯坦家庭法》第 13 条至第 16 条，以及第 28 条规定了非自愿、未达法定婚龄、已有婚约、近亲结婚、收养者与被收养者、无行为能力人、隐瞒患病情况以及虚假婚姻等情形都将导致婚姻无效。同时也在第 30 条规定了如果阻碍婚姻缔结的违法因素失效，婚姻无效性也将被消除。其中第 3 款、第 4 款规定，将"组建家庭"视为判断婚姻是否有效的重要评判标准。这一系列对于婚姻无效的实质要件的规定，也更能说明维系家庭的稳定是家庭法的核心所在。吉尔吉斯斯坦在重婚、未达到法定婚龄以及近亲通婚这三点上与我国相同，只是在法定婚龄上还有例外情形，对于隐瞒疾病的种类上也采取的是封闭式列举，并规定在无效情形中而非可撤销情形。

关于虚假婚姻，我国确认婚姻关系成立的依据是婚姻登记机关的登记，《民法典》第 1049 条规定"完成结婚登记，即确立婚姻关系"，在法律意义上不存在虚假婚姻，即便是"虚假婚姻"，只要完成了结婚登记就产生了受法律保护的真实存在的婚姻关系。我国法律虽将"感情破裂"作为判断婚姻终止的标准，但也并未要求缔结婚姻一定要有感情基础。吉尔吉斯斯坦则不然，整部家庭法是为维系婚姻组建的家庭而设立的，不以组建家庭为目的而缔结的婚姻是不被法律保护的，虚假婚姻属于可宣告无效的情形，至此也再一次表现出"组建家庭"是家庭法的核心。

（二）社会稳定的需要

出于社会稳定的需要，变更婚姻状态要由法律确认并保护。由于宣告婚姻无效较之于婚姻终止的影响范围广且对社会的影响程度更深，因此对其实质要件的要求更高。出于对此问题的谨慎考虑，各国法律也对宣告无效的主体资格进行了严格限定，一般只能由法院宣告婚姻无效，且需要经过法院作出正式判决才能生效。

中吉两国在宣告婚姻无效的程序要件上有许多规定都是相同或者相似的。例如，宣告婚姻无效需要法院作出判决、向法院申请宣告无效的申请人并不仅仅只有当事人、判决作出后效力溯及至登记时等规定。法律规定具有相同点的原因也有很多，最重要的原因在于无效婚姻损害了社会公共利益，因此各国法律都尽可能地降低法院宣告婚姻无效的申请门槛。为了保证婚姻效力的稳定，也为了维系社会秩序的稳定，慎重并公开是婚姻无效规定的核心所在。

三、制度差异的成因

（一）国内环境的影响

制度的差异也代表着各国法律的价值取向不同，吉尔吉斯斯坦近些年来处于改革时期，政局存在不稳定且内部权力斗争激烈，由此衍生出来的人事任免频繁、贪腐问题严重、政府掌控力下降等问题也进一步导致法律的权威性下降，因此法律更倡导维护家庭的稳定，维持社会秩序。我国则不同，我国政府拥有足够的公信力，随着法治化的推进，特别是《民法典》的出台，进一步强化了法律的权威性。因此，我国的法律更侧重于保障公民的自由，特别是婚姻自由，允许公民自由选择的同时兼顾社会秩序的稳定。"自愿"原则贯穿整个婚姻制度，从婚姻的缔结到婚姻的终止与宣告无效，"感情"程度是衡量婚姻是否应该结束的最重要标准。即便是规定了离婚冷静期制度，但对公民婚姻自由的限制也是有限的。

吉尔吉斯斯坦的经济基础薄弱，对外依赖度高，且贫富差距、城乡差距都较大。法律要依据各国的国情而制定，依吉尔吉斯斯坦目前的状况，法律要起到指引作用，但也必须考虑现实情况与可行性。例如《吉尔吉斯斯坦家庭法》中未达法定婚龄也不会全部宣告无效，而是以无效为一般原则，同时规定出于保护未成年人一方的利益，需经过未成年人一方的同意，法官可以终止婚姻无效的诉讼。但在我国，未达法定婚龄属于法定的无效事由，自始无效且无特殊规定，这也是基于我国国情而设立的规定。

（二）文化背景的差异

各国的文化环境、传统习俗等的差异也会导致法律制度的差异。吉尔吉斯斯坦国内宗教氛围浓厚，且存在民族主义思想，这也不可避免地会对社会民众关于婚姻家庭的认知产生影响，并进一步反映在相关立法中。且吉尔吉斯斯坦等中亚国家深受游牧文明的影响，与中国传统的农耕文明以及儒家思想所形成的社会习俗与文化传统自然是不一样的。

以"抢婚"这一习俗而言，其主要存在于游牧与部落文化中，在吉尔吉斯斯坦的传统习俗中也有一席之地。社会变革的滞后与传统习俗的惯性等多种原因导致在现今的吉尔吉斯斯坦仍时有发生，[1]甚至会进一步引发更恶劣的刑事案件。例如，2018年5月，吉尔吉斯斯坦19岁女孩布鲁莱·图尔达利克兹被抢婚，并在警局内被"未婚夫"杀害，此事件引起吉尔吉斯斯坦国内的震动。政府与社会各个层面都在努力地消除抢婚陋习，但想要变更根深蒂固的传统思想总是艰难的，"婚姻自由"的落实还需要长久的努力。

"家长制"观念在吉尔吉斯斯坦依旧占据重要地位，这也是婚姻自由难以实现的重要原因，特别是对于未成年人而言，阅历不足、无独立生存的能力等都是其不得不服从"家长"安排的原因，甚至还可能因为长期的思维影响而产生错误认知。以吉尔吉斯斯坦直系血亲结婚案为例，在此案中孙女被祖母嫁给了祖父，虽双方完全自愿结婚，但却严重违反了法律，也不能为社会伦理所接纳。在家长的权威之下，处于弱势一方的孙女很难抗衡家长的命令，且在长期的思维影响下很难不产生错误认知。其权益需要由法律来保护，其错误认知也需要由司法判决来纠正，因此最终法院判处了祖母3年有

---

〔1〕 吉尔吉斯斯坦卡巴尔国家通讯社："吉总理就绑架式婚姻问题召开会议指示坚决打击传统旧俗"，刘英编译，载吉尔吉斯斯坦卡巴尔国家通讯社官网，http://cn.kabar.kg/news/kabar-73/，最后访问时间：2020年6月24日。

期徒刑。[1]

(三) 国家政策的导向

一国的立法往往会体现国家的政策导向。吉尔吉斯斯坦的法律更倾向于维持社会稳定，特别是保障家庭的稳定，严格限制有未成年子女的婚姻解除，这也是其国内主流的立法观点。从只要有共同的未成年子女，除三种特殊情况外，都必须通过司法程序才能解除婚姻，且离婚冷静期更长这些方面也能体现吉尔吉斯斯坦推行的政策是尽可能地维持稳定而完整的家庭结构。只有以组建家庭为目的的婚姻才值得法律保护。自由价值与秩序价值相比，吉尔吉斯斯坦更加重视秩序价值。

结　语

"一带一路"倡议引导着中国与中亚地区的交流，经贸往来拓展的文化交流，必将导致跨国婚姻的出现。无论是我国还是吉尔吉斯斯坦，相较于缔结婚姻而言，解除婚姻的难度更高，且我国与吉尔吉斯斯坦在婚姻终止、无效制度上有较大差异，为防范风险需要在缔结婚姻之前仔细了解各国的不同制度，并尊重当地的风俗习惯，在文化交流中要树立求同存异的观念，同时也要培养法律风险意识。

---

〔1〕 叶莲娜·崔："吉国退休人员将孙女嫁给丈夫被判刑"，刘英志编译，载卡巴尔国家通讯社官网，http://cn.kabar.kg/news/cn1-73/，最后访问时间：2020 年 6 月 24 日。

吉尔吉斯斯坦童工问题的成因及治理

——与"中国童工保护相关法律"比较研究

赵桂琰*

内容摘要：吉尔吉斯斯坦自独立以来一直没有对童工问题给予充分关注，童工现象较为普遍。经济落后是导致吉尔吉斯斯坦童工问题的源头，经济利益的诱导助长了童工现象，童工立法体系的不健全及监管缺失加重了童工问题。近年来，吉尔吉斯斯坦开始重视童工问题，清理最恶劣的童工形式，实施预防童工问题的部门间协调工作计划，积极响应国际社会号召，签署国际公约。尽管如此，吉尔吉斯斯坦童工问题依然严峻，表现为最低工作年龄设置宽松、童工工作性质界定范围狭窄、法律责任不完全、执法监督缺失等。童工治理应从多角度界定童工、清理最恶劣形式的童工劳动、设置多重法律责任。由此可见，吉尔吉斯斯坦的童工治理工作任重而道远。

关键词：吉尔吉斯斯坦　童工问题　中国　治理

吉尔吉斯斯坦有数量庞大的童工。仅在 2017 年，吉尔吉斯斯坦就确定了 163 名童工。2018 年第一季度，吉尔吉斯斯坦确定了 37 名童工，其中 3 名参与重体力劳动。[1] 吉尔吉斯斯坦企业和个人非法雇用童工、粗暴践踏童工权益等现象屡禁不止，甚至多次发生童工安全事故。如 2014 年劳工和劳资关系部门曾通报过一起事故，一名 16 岁少年在吉尔吉斯斯坦首都的一个建筑工地上搬运砖块时，不慎从 12 楼跌落受伤，与此案相关的负责人都受到了法律制裁。虽然吉尔吉斯斯坦有良好的儿童权利保护法律框架，签署了一系列规定最低劳动年龄的国际公约，但由于该国近年才开始重视童工治理，研究童工现象时间短，至今童工问题仍是一个亟待解决的问题。近年来，吉国政府大力开展童工问题治理，2018 年召开"预防吉尔吉斯斯坦共和国童工问题的部

---

* 赵桂琰，西北师范大学法学院 2018 级硕士研究生。

〔1〕 刘英："14 岁就参加劳动，吉尔吉斯斯坦童工问题不容忽视"，载 http://www.silixgc.com/jejsst/kgNews/20180614/14258.html，最后访问时间：2020 年 6 月 14 日。

门间协调工作"圆桌会议，讨论童工现状，完善法律监督，加强童工问题治理。本文拟分析吉尔吉斯斯坦童工问题的现状和成因，并与中国童工治理相关法律进行比较研究，探究童工问题的治理途径。

一、吉尔吉斯斯坦童工问题的现状及成因

（一）吉尔吉斯斯坦童工问题的现状

国际劳工组织将童工定义为：从事损害其身心健康、剥夺其童年、潜能和尊严，干扰其义务教育权利的工作的儿童。更详细是指低于最低工作年龄的未成年工人，从事有害儿童身体、精神、心理健康发展，干扰儿童社交和道德发展、剥夺儿童受教育权利和机会，迫使儿童辍学，或强迫儿童在学业外进行长时间、恶劣的体力劳动。

关于童工的界定，吉尔吉斯斯坦加入了一系列规定最低工作年龄的国际公约，将以下三个公约作为治理童工问题的优先指导公约。首先，吉尔吉斯斯坦加入1973年《准予就业最低年龄公约》，然而该国的童工问题并没有因为加入该公约而得到缓解，最恶劣形式的童工劳动仍然存在，严重侵害儿童的基本权利和身心健康。其次，联合国大会1989年通过的《儿童权利公约》，确认儿童享有包括生存权、发展权、受保护权、参与权在内的广泛权利，保护儿童身体、心理、精神、道德和社交健康发展。最后，加入1999年国际劳工组织在一系列国际人权文件基础上通过的《禁止和立即行动消除最恶劣形式的童工劳动公约》，将禁止和消除最恶劣形式的童工劳动作为一项紧迫任务。[1]该公约第3条明确规定了"最恶劣形式的童工劳动"，包括：奴役儿童的各种形式，如销售和贩卖儿童、债务劳役和强制劳动；强迫或强制招募儿童用于武装冲突；使用、招收或提供儿童卖淫，制作儿童色情产品或表演；使用、招收或提供儿童从事非法活动；可能损害儿童健康、安全和道德的工作。[2]

吉尔吉斯斯坦童工现象存在已久，随着社会的进步和法律的发展，即使童工的使用规模在逐渐减少，但该国的童工问题仍然严峻。世界劳工组织每5—7年对吉尔吉斯斯坦童工现象进行调研。根据最新数据，相比2007年，

---

〔1〕 参见《禁止和立即行动消除最恶劣形式的童工劳动公约》第1条。
〔2〕 参见《禁止和立即行动消除最恶劣形式的童工劳动公约》第3条。

2014 年该国童工数量增加 1 万人。调研结果显示，这些童工大多数被迫从事危害健康的工作，并且其多数来自贫困的农村地区。中亚"儿童权利保护中心"社会联盟调查结果显示，吉尔吉斯斯坦五分之一的儿童每天在外劳作 8——12 小时。通过对儿童作息制度的分析可以看出，40.8% 的儿童从事着对身体发育有不利影响的高负荷劳动。[1]该国最常见的童工形式包括：重物搬运工（产品、货物、手推车）；生产车间（缝纫店）工人；贸易行业（包括香烟和烈酒）工人；农业（拾棉花和清洗大豆）工人。[2]该国环境和技术安全监察局代表指出，上述工作形式使用童工都是违法的。

（二）吉尔吉斯斯坦童工问题产生的原因

第一，家庭经济困难被认为是童工现象产生的主要原因。[3]根据国际劳工组织报告，吉尔吉斯斯坦大多数童工来自贫困的农村地区。农村地区经济落后，大多数家庭为生活所迫，而选择让孩子外出打工缓解家庭经济困难。单亲家庭也是导致童工问题的原因。吉尔吉斯斯坦童工大部分都是低收入和单亲家庭的子女，以及国内流动人口的子女或街头流浪儿童，这些童工被生活逼迫，不得不以儿童劳动力赚取收入。

第二，经济利益的诱惑是引发童工问题的直接原因。[4]据监察机构的数据统计，吉尔吉斯斯坦童工普遍存在于农业、服务业、贸易行业等行业，由于雇用童工的价格远低于成年人，所以受到很多雇主的"青睐"，使得很多唯利是图的雇主非法招收大量童工。另外，该国廉价童工贩卖的产业链逐渐发展，一批非法分子出于利益目的，利用诱骗、拐卖、转卖等恶劣手段吸纳童工。缺少收入来源、因病负债、残疾等因素造成的家庭贫困，社会保障的缺失，能够吃上饱饭的诱惑，使童工家庭或童工自身也反感保护其权益的法律，竭力逃避法律的保护，寻求打工机会。

---

〔1〕刘景信："吉尔吉斯斯坦两成童工超负荷劳作"，载 http://www.wlmqwb.com/2852/2856/200811/t20081127_306132.shtml，最后访问时间：2020 年 6 月 1 日。

〔2〕刘英："14 岁就参加劳动，吉尔吉斯斯坦童工问题不容忽视"，载 http://www.silixgc.com/jejsst/kgNews/20180614/14258.html，最后访问时间：2020 年 6 月 14 日。

〔3〕鲁运庚、张美："百年来国内关于解决童工劳动问题研究的学术史论"，载《中州学刊》2018 年第 5 期。

〔4〕窦博如："试论雇佣童工问题的现状、原因以及解决对策"，载《山东工会论坛》2015 年第 4 期。

第三，童工相关立法体系的不健全，监管缺失是重要原因。尽管有法律的禁止性规定，但长期以来童工现象仍然屡禁不止。究其原因，与政府和社会治理乏善可陈、监督处罚不力、法律责任不健全等原因相关。吉尔吉斯斯坦相关法律对童工最低工作年龄限制宽松、立法未明确最恶劣形式的童工劳动，加上企业违法雇用童工、政府的监管缺失、惩处力度不够等，给不法企业留下了违法的机会，在一定程度上加剧了童工问题的泛滥。

第四，基础教育资源匮乏、社会落后观念影响等也是童工现象屡禁不止的关键原因。贫困是导致童工现象的最主要因素。自宣布独立以来，吉尔吉斯斯坦在经济建设上成效显著，但贫富差距大，贫困家庭一直存在对外输出童工的现象。从根源上分析，童工问题出现的影响因素既有经济发展滞后造成的贫困因素，也有基础教育资源缺乏、读书无用思想观念的深远影响。

二、吉尔吉斯斯坦保护童工的立法内容

关于童工立法，不仅是在劳动领域中禁止雇用，也涉及儿童受保护的基本权利。吉尔吉斯斯坦目前签署了一系列规定最低年龄的国际公约，如前文所述的《准予就业最低年龄公约》《儿童权利公约》及《禁止和立即行动消除最恶劣形式的童工劳动公约》，形成了保护儿童权利的法律框架。

吉尔吉斯斯坦现行立法中禁止童工的有关规定主要包括最低就业年龄、未成年工附加保障、法律责任等方面，主要包括：（1）关于最低就业年龄的规定。《吉尔吉斯斯坦共和国劳动法典》规定，允许的最低就业年龄为16周岁，与单位员工代表机构或国家劳动授权机构协商，可雇用年满15周岁的员工；或在其父母或监护人书面同意的情况下，可利用业余空闲时间完成简单的、不会损害身体健康和妨碍教学进程的劳动。[1]（2）关于未成年工的工作时间。《吉尔吉斯斯坦共和国劳动法典》规定，14—16周岁员工每周工作时间不超过24小时，16—18周岁员工每周工作时间不超过36小时；[2]14—16周岁员工每天工时不超过5小时，16—18周岁员工每天工时不超过7小时，正在上学的学生每天工时不超过2.5小时。[3]（3）未成年工（未满18周岁员工）的劳动协调特殊性保护。吉尔吉斯斯坦立法规定，禁止雇用未满18周岁

〔1〕 参见《吉尔吉斯斯坦共和国劳动法典》第18条。
〔2〕 参见《吉尔吉斯斯坦共和国劳动法典》第91条。
〔3〕 参见《吉尔吉斯斯坦共和国劳动法典》第95条。

员工劳动的工作种类、招收未满 18 周岁员工时的附加保障及医疗检查、禁止派遣未满 18 周岁的员工出差、加班，在夜间、公休日及节假日工作等。[1]
(4) 关于法律责任。对于未满 18 周岁员工造成损失的责任，该国立法规定未满 18 周岁的员工对故意造成的损失，以及在醉酒、麻醉和酒精中毒状态下，以及由于相应国家机构的命令规定的行政过失或者法院裁决判定的犯罪行为造成的损失承担完全责任。[2]

三、中国和吉尔吉斯斯坦保护童工立法的比较分析

(一) 关于童工的界定

不同的国家立法和研究关于童工的界定存在不同。综观相关立法规定和国际公约，年龄是划分童工的主要标准，工作性质、工作时间也是判断童工与否的决定性因素，并以此评估对儿童的智力、健康和心理的影响。国际劳工组织设定准予就业或工作的最低年龄应不低于完成义务教育的年龄，在任何情况下不得低于 15 周岁。但也有例外，比如，在经济和教育设施不够发达的成员方，允许在与雇主组织和工人组织协商后放宽到 14 周岁；对于可能损害童工健康、安全的工作，最低就业年龄不得低于 18 周岁等。

中国的最低就业年龄为 16 周岁（除例外情况外），比国际劳工组织规定的最低就业年龄高。国际劳工组织对于最低就业年龄的要求在于，批准国能在杜绝童工现象的同时逐步提高最低就业年龄。其目的是批准国在符合公约要求的基础上，能根据自身经济和教育设施的状况，保障未成年人受教育的权利，促进身心健康发展。中国《禁止使用童工规定》将禁止使用童工的主体仅限定为用人单位，招用的含义指的是用人单位与未成年人确立劳动关系的行为，排除了不满 16 周岁的未成年人从事家庭劳动、农业劳动等情况。此外，针对文艺、体育单位和特种工艺单位我国作了例外规定。各国普遍存在的童工问题，大多数是因为家庭贫困。一律禁止所有类型的工作，不仅无法保护儿童，甚至可能导致缺少经济来源的儿童陷入生存、健康、受教育等权利无法实现的地步。

---

〔1〕 西北师范大学中亚研究院编译：《吉尔吉斯斯坦常用法律》，中国政法大学 2019 年版，第 135-137 页。

〔2〕 参见《吉尔吉斯斯坦共和国劳动法典》第 302 条。

《吉尔吉斯斯坦共和国劳动法典》规定的最低就业年龄为 16 周岁。但在特殊情况下，根据与单位内的员工代表机构协商，或与国家劳动授权部门协商，可以雇用年满 15 周岁的员工。经未成年人父母（监护人）或监督部门书面同意，可利用业余空闲时间做兼职，从 14 周岁起就签订劳动合同，工作不得损害未成年人的身心健康。[1]吉尔吉斯斯坦规定的最低就业年龄虽然比国际劳工组织高，但仍然无法保障未成年人的权益和身心健康。每个国家的立法都有其特殊性，符合国际要求的同时，还要考虑自身经济和社会等基本情况。该国法律允许例外情形下 16 周岁以下未成年人从事工作，但并未规定工作种类、性质和工作时间。吉尔吉斯斯坦的这种立法虽然考虑了自身的经济水平、教育发展状况、国家贫困等因素，但无法达到保护未成年人权利的目的。

（二）关于最恶劣形式的童工工作种类

关于最恶劣形式的童工工作种类的规定，中国《禁止使用童工规定》主要集中于强迫劳动，以及从事较高危险性的工作，如高空、井下、放射性、高毒、易燃易爆、超过四级体力劳动强度等的工作。[2]而对于《禁止和立即行动消除最恶劣形式的童工劳动公约》规定的其他最恶劣形式的童工种类，如"使用、招收或提供儿童卖淫，生产色情制品""使用、招收或提供儿童从事非法活动"，以及"其性质或是工作环境可能损害儿童健康、安全或道德的工作"，[3]我国立法则没有明确规定。

《吉尔吉斯斯坦共和国劳动法典》第 10 条规定，禁止以最恶劣的形式使用童工劳动。[4]在未满 18 周岁员工的劳动协调特殊性一章规定，禁止在有害和危险劳动条件下的工作、地下工作，以及禁止在可能给身体和精神发展造成危害的工作中雇用未满 18 周岁的人劳动。例如，赌博、夜总会工作、酒类、烟草、麻醉和毒性药品的生产、运输和销售等。联合国大会通过儿童权利公约，规定年轻一代必须受到保护，免受经济剥削，不强迫未成年人从事任何可能对其健康构成威胁或干扰其教育的活动，未成年人身体健康、精神、

---

〔1〕 参见《吉尔吉斯斯坦共和国劳动法典》第 18 条。
〔2〕 参见《禁止使用童工规定》第 11 条。
〔3〕 参见《禁止和立即行动消除最恶劣形式的童工劳动公约》第 3 条。
〔4〕 西北师范大学中亚研究院编译：《吉尔吉斯斯坦常用法律》，中国政法大学 2019 年版，第 66 页。

道德和社会发展应受到保护。

关于最恶劣形式的童工工作种类，中国立法仅规定了强迫或强制劳动，并不全面。而吉尔吉斯斯坦立法几乎没有规定，仅是在谈及未满18周岁的员工特殊保护时有所涉及，没有明确的立法，该国立法应明确规定最恶劣形式的童工劳动，响应国际组织号召将最恶劣形式童工劳动予以禁止和消除。

(三) 关于未成年工的特殊保护

未成年工是指年满16周岁，未满18周岁的劳动者。针对未成年工的特殊保护主要是考虑到其处于生长发育期的特点，以及接受义务教育的需要而采取的特殊劳动保护措施。中国劳动部颁发了《未成年工特殊保护规定》的通知，对用人单位禁止安排未成年工从事的劳动范围、用人单位对患有疾病或身体有缺陷的未成年工不得安排的工作种类、患有疾病或生理缺陷的未成年工的类型、未成年工的特殊保护登记制度等作了详细规定。

吉尔吉斯斯坦对于未成年工没有特殊规定，对于未满18周岁的员工劳动的特殊协调性有所规定，立法没有区别童工和未成年工的界限。《吉尔吉斯斯坦共和国劳动法典》第二十三章规定了对未满18周岁的员工给予特殊保护。例如，禁止雇用未满18周岁员工劳动的工作种类、招收未满18周岁的人工作时的附加保障、对未满18周岁的人的医疗检查及工作定额等。[1]

童工和未成年工是两个不同的概念，立法应在年龄、工作性质、工作时间等方面严格区分。吉尔吉斯斯坦对于童工的特殊保护和未成年工混同，对于童工而言，该保护标准过低，不仅无法保障童工的健康、教育等权利，对其身体、心理健康亦有所损害。对于未成年工而言，该保护标准又过高，一方面造成了未成年工就业的困境，致使其陷于家庭经济困难、身体健康受损等困境；另一方面，未成年工和雇主共谋逃避法律，使其劳动环境、劳动状态更加艰难。

(四) 两国非法雇用童工的法律责任

我国《劳动法》规定，用人单位非法招用童工的，由劳动行政部门责令

---

〔1〕 西北师范大学中亚研究院编译：《吉尔吉斯斯坦常用法律》，中国政法大学2019年版，第135-137页。

改正，处以罚款；情节严重的，由市场监督管理部门吊销营业执照。[1]中国虽然已经批准两个与童工有关的核心国际劳工公约，但立法规定承担法律责任的主体主要是用人单位，对个人招用童工的法律责任规定得不全面。对于未成年人的父母或其他监护人，除了批评教育，并没有追究更多的责任，在责任形式上以行政责任尤其是罚款为主。而对于童工权益的损失，比如拖欠劳动报酬或过低的劳动报酬、加班加点工作、劳动条件恶劣的补偿或赔偿，都没有明确规定。在刑事责任方面，刑法中的相关定罪其实并不适用于童工现象中的所有情形，比如雇用童工从事危重劳动罪，拐骗但没有出卖或者涉及14—16周岁的未成年人的不能按拐卖儿童罪论处。

吉尔吉斯斯坦关于非法雇用童工的法律责任，立法没有专门规定。对于未满18周岁员工造成损失的责任规定，未满18周岁的员工对故意造成的损失，以及在醉酒、麻醉和酒精中毒状态下，以及由于相应国家机构的命令规定的行政过失或者法院裁决判定的犯罪行为造成的损失承担完全责任。[2]针对部分非法雇用童工的行为只对法人进行行政处罚，罚款金额为7000索姆，约合人民币700元；而对于孩子的家长，只对其进行预防谈话。吉尔吉斯斯坦对非法雇用童工的法律责任未专门立法，然而，未满18周岁员工造成的损失规定其承担完全责任。在劳动市场，未成年人本就处于弱势地位，应该得到法律的特殊保护。该国对于非法雇用童工所应承担的法律责任，不仅立法没有明确规定，司法实践中也仅是对法人进行行政处罚，且数额较低。2019年，该国工会联合会社会经济保护部门负责人表示，吉尔吉斯斯坦目前仍在使用童工，不幸的是，甚至还有一些年龄非常小的童工，最小的年仅6岁左右。[3]因此，未成年人父母（或监护人）不履行职责，怂恿、介绍、支持童工从事劳动的，应追究其法律责任并加重处罚。童工患病、受伤或死亡，其所获得的追偿待遇也低于成年劳动者。童工的用工成本低，违法责任主要是行政处罚，法律的威慑力明显不足，相关机构也存在执法不严的情形，这些都是造成童工现象严重的关键原因。

---

〔1〕 参见《劳动法》第94条。

〔2〕 参见《吉尔吉斯斯坦共和国劳动法典》第302条。

〔3〕 维卡："吉尔吉斯斯坦最小童工年仅6岁"，载卡巴尔国家通讯社官网，http://cn.kabar.kg/news/6-12/，最后访问时间：2020年6月15日。

（五）行政机关对非法雇用童工的执法监督

无论中国还是吉尔吉斯斯坦，童工问题中相关的法律责任都主要是行政责任，因此行政机关执法监督对于缓解童工现象至关重要。无论是国内研究，还是国际研究，大多研究认为，政府相关部门的执法力度是童工问题得不到解决的主要原因之一。不仅包括资源配置不足的问题，而且还有管理方式的原因，出现行政不作为甚至失职渎职现象。

中国立法虽然规定了各行政部门的监督检查职责，却没有规定不履行该职责的法律责任。吉尔吉斯斯坦法律对于行政机关的执法监督没有规定，对于行政机构相关部门不履行该职责的法律责任更无从谈起。

四、完善吉尔吉斯斯坦童工问题法律治理的路径选择

（一）多角度界定童工

吉尔吉斯斯坦对于童工的界定以年龄为划分标准，不考虑其他因素，关于年龄的界定与国际劳工组织的标准存在差异。可以根据工作性质、工作环境、工作时间等的不同，并从立法现有的劳动强度分级、作业分级出发，制定更切合吉尔吉斯斯坦现实的最低就业年龄标准。由于父母或监督部门无法审议用工单位是否达到保护儿童身心健康和安全的标准，因此父母或监督部门的书面同意不再是确定最低就业年龄的标准。同时，考虑家庭经济状况、个人特殊情况等例外情况，给予例外规定，将是否影响儿童安全和身心健康、是否妨碍其受教育的权利作为根本标准，对于例外的条件具体限定，如工作性质、环境、时间、强度、安全保障等方面。对于轻工作，可允许13周岁以上的未成年人从事，但应严格限定该类工作的范围；不妨碍教育、符合身心健康的工作，可规定允许完成基本教育的15周岁以上的未成年人从事；而对可能损害损害未成年人健康、安全、道德水平的任何工作或劳动，最低工作年龄都应限定18周岁。

（二）全面消除最恶劣形式的童工劳动

吉尔吉斯斯坦立法对于最恶劣形式的童工工作种类，只是作了原则性规定，禁止以最恶劣的形式使用童工。未成年人不可从事损害身心健康、影响道德发展的工作，而对于其他最恶劣形式的童工种类，立法没有明确规定。

吉尔吉斯斯坦童工问题严重，尤其是存在多种恶劣的童工种类。这些童工劳动严重妨碍该国的社会发展，影响国际形象。因此，考虑到吉尔吉斯斯坦现实的经济水平和教育发展状况，该国尤其要采取一切必要措施禁止和消除国际公约所禁止的最恶劣形式的童工劳动，并需要在相关立法中明确规定。

（三）设定多重法律责任

吉尔吉斯斯坦对于非法雇用童工的行为只规定了行政处罚，处罚金额较低，且只针对法人处罚；对于孩子的家长仅进行预防谈话。因此，该国关于非法雇用童工承担的法律责任较轻，无法震慑违法现象。为保护童工权益，促进社会发展，应针对相关违法人员设置多重法律责任，加重处罚力度，主要包括以下方面。（1）对于非法雇用童工各个环节（包括拐卖、介绍、诱骗、使用、转卖）的违法人员，吉尔吉斯斯坦立法应规定其承担相应的民事、行政和刑事等多重法律责任。（2）对于严重侵害未成年人权益的行为。加强刑事责任的追究，既要将各类实际使用童工的情形在立法中明确规定适用的罪名，如拐卖儿童罪适用何种情况；还要将侵害未成年人权益作为量刑加重情节。（3）对于介绍童工从事危重劳动、强迫劳动的，除了追究雇主法律责任，还应将介绍人作为从犯予以追究法律责任。（4）对于雇用童工从事最恶劣形式的工作，若相关单位或当事人拒不改正或存在情节严重的违法行为，在进行处罚时，应加重违法者的法律责任。（5）追究家庭或个人使用童工的法律责任。不管是单位雇用童工，还是个人使用童工的行为，都要追究法律责任；父母或监督部门未尽到相应责任，放任甚至怂恿、介绍、安排或自己使用孩子做童工的，作为"中介人"或"雇主"身份追究其法律责任。除了现有的和上述建议的行政、刑事责任，吉尔吉斯斯坦立法整体上还需要增加对童工赔偿的民事责任，使介绍、使用童工比成年劳动者支付更高的代价。

（四）多部门联合监督检查

受经济和教育发展水平的限制，吉尔吉斯斯坦监督执法方面存在很大的不足。2018年吉尔吉斯斯坦召开的"预防童工问题的部门间协调工作"会议，旨在加强各部门协调监督检查，保护儿童权益。该国环境和技术安全监察局代表强调，持续性突击检查对吉尔吉斯斯坦减少童工产生了积极影响。[1]对于未成年人的保护，是政府机构、未成年人保护组织、其他成年人共同的责任。为改善吉尔吉斯斯坦童工问题，国际劳工组织建议改进机构间的合作，加强监督检查等预防工作。该国行政部门的监督检查应做到以下几点：（1）通过立法形式规定相关行政部门的监督执法，从而提供法律保障；（2）加强机构设置、人员配备；（3）及时清理不适当履行监督检查职责的人员的职责，提高相关工作人员的职责意识，如对举报不予处理、不定期开展监督检查工作、审核文件疏忽大意等；（4）遵守该国签署的保护童工相关的国际公约，同时加强各部门间的配合。除此之外，还需加大社会监督的力度，尤其是通过设置一定的法律责任来督促工会、妇联等组织及其工作人员履行相应职责。

五、结语

如今童工问题已成为世界性难题，据联合国报告统计，2017 年全球童工约有 1.68 亿，发展中国家的童工问题尤为严重。尽管吉尔吉斯斯坦积极开展童工保护工作十多年，卓有成效，但问题仍然比较突出。应当努力消除贫困和社会制度的不公平，同时加强法律保护力度。吉尔吉斯斯坦童工治理的问题仍然任重而道远。

---

〔1〕 刘英："14 岁就参加劳动，吉尔吉斯斯坦童工问题不容忽视"，载 http://www.silixgc.com/jejsst/kgNews/20180614/14258.html，最后访问时间：2020 年 6 月 14 日。

我国赴中亚务工人员权利保护研究

——以赴吉尔吉斯斯坦务工人员权利法律保护为视角

李　银*

内容摘要： 中国同中亚国家山水相连，命运与共。随着经济全球化的不断深入，中亚在世界政治经济格局中的地位日益重要。中亚国家能源资源丰富，市场潜力巨大。伴随着我国大量资本"走出去"，中亚日益成为我国对外投资和境外务工人员的主要目的地。当下在中亚务工的中国人员数量众多，受中亚特殊的政治、经济、文化以及社会环境的影响，如何更好地保障他们的劳动权利，这个问题值得进一步研究。本文将以我国赴吉尔吉斯斯坦务工人员的权利保护为视角，结合他们在劳动过程中权利所受到的侵害的现状，有针对性地提出可行性建议，以期更好实现对我国赴吉尔吉斯斯坦务工人员的权利保护。

关键词： 吉尔吉斯斯坦　务工人员　权利保护

一、研究背景及意义

"一带一路"倡议已实施近七年，中亚诸国与中国在"一带一路"倡议框架下的合作日益密切，双边贸易得到了较为长足的发展。随着中国对中亚投资步伐的加快，中国赴中亚地区务工人员的数量迅速增加，相关的劳务纠纷也日益增多。目前，我国赴中亚务工人员的劳动、人身、财产以及生命健康权等方面的问题日渐突出，如何保护我国赴中亚地区务工人员的劳动权利和人身安全已成为实现中国与中亚地区双边贸易持久发展的新挑战。

吉尔吉斯斯坦（以下简称吉）是中亚地区一个重要的国家，发展较快，开放程度相对较高。中国自1992年与吉建交以来，双边经济贸易往来日益频繁。近年来，我国已成为吉第一大贸易伙伴国和直接外资来源国。由于吉并未对我国赴吉务工人员的数量进行专门的统计，所以我国在吉具体务工人员

---

* 李银，西北师范大学法学院2019级硕士研究生。

的数量并没有十分精确的数据，只能根据相关数据进行预测评估，2015 年我国大约两万人在吉工作，当前我国在吉务工人员应当依然保持在相当数量，且为我国在中亚五国中务工人员数量最多的国家。〔1〕与此同时，劳动权利保障方面的问题也逐渐显现出来。如 2009 年 5 月 13 日，我国 16 名工人前往吉从事建筑工作，因用人单位以建筑质量不合格为由与工人发生纠纷，16 人的护照、现金等被代理人非法扣留，失去人身自由。〔2〕2014 年吉一家炼油厂的中国劳工因厂方未能及时发放之前承诺的工资而进行示威，最终 39 名中国工人被当地警方拘留。〔3〕这是两起典型的在吉务工劳务纠纷，这些劳务纠纷事件发生的深层次原因，值得我们进一步研究。保护我国在外务工人员合法的权益，是一个主权国家不可推卸的责任，如何实现在吉务工人员权利保护已成为当前中吉劳务合作的一个新挑战。

当前我国在吉务工人员权益遭受侵害的事件时有发生，究其原因可能是多方面的，但现有法律制度无法有效保障赴吉务工人员的相关权利是其主要的原因。目前，我国还没有专门的涉外劳务法律，关于劳务输出也无有效的法规，部门规章以及各地相关规范性文件也都不够统一，操作性不强，这些原因导致赴吉务工人员权利无法得到有效保护。在这种情况下，完善我国赴吉务工人员权利保护的相关法律，不仅可以强化两国友好合作，更有利于促进我国在吉务工人员事业的持续发展。同时，也是维护我国赴中亚地区务工人员合法权益的重要一环。

二、我国赴吉务工人员权利保护法律现状

我国赴吉务工人员主要以我国大型国有企业和民营企业的员工为主，包括在中资合营和外资企业中从事技术性、生产性或服务性的人员。随着经济全球化以及中国与吉双边往来的不断深入，中国与吉之间的人员往来数量也在不断攀升。由于大部分人员对当地语言和相关风俗了解不够深入以及相关

---

〔1〕 中华人民共和国驻吉尔吉斯斯坦共和国大使馆经济商务处："目前约有 2 万中国人在吉尔吉斯斯坦"，载中华人民共和国商务部官网，http://kg. mofcom. gov. cn/article/zqzj/201506/20150601007386. shtml，最后访问时间：2020 年 12 月 13 日。

〔2〕 陈波编著：《中亚投资风险与典型案例》，中国法制出版社 2016 年版，第 68 页。

〔3〕 哈萨克国际通讯社："多名中国籍劳工因示威被吉尔吉斯斯坦警方拘留"，载哈萨克国际通讯社官网，https://www. inform. kz/cn/article_ a2674154，最后访问时间：2020 年 12 月 13 日。

权利保护制度不健全，我国在吉务工人员遭受权益侵害的现象也在逐年加剧。[1]虽然我国政府非常重视海外劳工的权利保护，但我国赴吉务工人员权利保护的现状依然不容乐观，在劳动权利、财产权利以及人身权利保护等方面都存在诸多问题亟待解决。

（一）双边劳务合作协议缺失

双边劳务合作协议与国际公约或者多边条约相比，其只涉及两个国际法主体，因此不仅针对性强，而且处理双边事务的效率也会更高。我国目前与吉国之间尚未签订专门针对务工人员权利保护的双边条约，关于务工人员权利保护的相关内容只在双边投资协议中占很小的比重，且大部分情况下不能满足当前劳务合作中的新情况。[2]在"一带一路"的大背景下，修订双边协议中的相关内容显得必要且迫切。随着我国与吉劳务合作的进一步深入，双边劳务合作协议的缺失，为两国间的劳务合作带来了极大不便，也增加了赴吉务工人员权利保护的困难。

（二）领事保护的法律规制缺乏

领事保护，是指一国的领事机构或领事官员，根据本国的国际利益和对外政策，于国际法许可的限度内，在接受国内保护派遣国及其国民的权利和利益的行为。目前，我国在海外务工人员的权利保护途径方面发挥重要作用的主要还是领事保护。21世纪以来，随着领事保护的快速发展，其在保护赴外务工权利方面的作用日渐突出。但是由于领事保护缺乏较为明确的法律依据，国际公约的相关规定也比较模糊，缺乏翔实的细则，使得通过该制度来保护在吉务工人员的相关权利愈发困难。尤其是随着经济的快速增长，涉外劳务纠纷数量不断上升，并且领事外交人员中关于务工人员权利保护的专业性人才较为紧缺，现有的领事保护的缺陷逐渐显露，这也就造成了很大一部分劳务纠纷不能够及时有效地解决。针对当前赴吉务工人员数量持续攀升，双边往来不断密切的现状，若要真正实现赴吉务工人员权利的有效保护，当务之急还是要加强外交与领事保护方面的专门立法，为赴吉务工人员构建起

---

〔1〕 伍策、擎宇："2017年我国较重大领事保护案件已达到3万余起"，载中国网，http://travel. china. com. cn/txt/2018-04/04/content_ 50813926. htm，最后访问时间：2020年12月13日。

〔2〕 伍俐斌："'一带一路'建设的国际法保障"，载《当代港澳研究》2015年第4期。

法律的堡垒。

（三）有关赴吉务工人员权利保护的专门立法亟待完善

一方面，赴吉务工人员在当地相对边缘化，他们在当地寻求权利救济时受到的限制相对较多；另一方面，我国现行的关于劳动者权利保护的法律，大部分只涉及国内劳动者的权利义务关系。在我国现行法律体系下，当我国劳动者的权利在吉遭受侵害时，没有一套完整明确的涉外劳动法律法规可供适用，仅有的《劳动法》《劳动合同法》《对外劳务合作管理条例》等都不能够实现对赴吉务工人员权利的有效保护。例如，《劳动合同法》中虽然有专章规定"劳务派遣"，但学界对其能否适用于"涉外劳务"、能否真正发挥作用依旧存在诸多争议。《对外劳务合作管理条例》作为一部专门监管和规范对外劳务合作的行政法规，其位阶较低，而且主要内容是强调政府的监管职能，规范对外劳务派遣中相关审批的程序性事项。总体上说，我国急需一部有效针对赴吉务工人员权利保护的法律。

（四）相关配套服务的制度建设不健全

目前赴外务工的相关配套服务还存在很多缺陷，例如，从事对外劳务输出的中介服务公司监督管理不规范，虚假宣传，非法劳务输出时有发生。再如，涉外劳务培训服务不能有效发挥作用，形同虚设，大部分赴吉务工人员并未因此发展自身的技能，提高自身防范风险和维权的能力。此外，赴吉务工人员对于赴外务工保险服务和法律援助服务的需求与现实供给之间也存在矛盾。与此同时，当权利受到侵害时，被侵权人能够寻求救济的渠道较为模糊，不同部门之间存在着互相推诿的现象，这种较为分散的监管和救济方式非常不利于赴吉务工人员相关权利的保护。因此当赴吉务工人员权利受损或发生劳动争议时，现有的维权和解决机制明显无法应对。

三、对完善我国赴吉务工人员权利保障制度的几点建议

随着中国和吉尔吉斯斯坦合作的不断加深，必将会有越来越多的我国劳动者赴吉工作。如何在"一带一路"的背景下妥善解决我国赴吉务工人员权利保护问题，是加强中吉互通互联，顺利推进"一带一路"倡议实施，实现民心相通的重要一步。故此，本文针对我国赴吉务工人员权利保护提出几点对策建议，以期能够更有效地实现其权利保障。

（一）强化中吉双边劳务协议的签订

当前我国与吉之间还未形成利用法律解决务工人员权利受损问题的合作模式，其主要问题在于双边缺乏法律框架和法律文件的指导，而且在劳务纠纷中没有形成立法与司法的合作共识。对于中吉两国之间劳务合作纠纷，促进双方协商签订关于劳务合作的双边条约是实现我国赴吉务工人员权利保护的一个重要举措。双边协议的签订，将有效解决两国之间由于相关法律规定不同而造成的诸多问题，要在协议中进一步明确双边的主体责任，明确吉雇主与我国务工人员之间的雇佣关系，有效解决双边法律差异带来的相关的法律适用问题。另外，可通过协议进一步明确双边的权利义务以及对务工人员劳动权益的保护，完善相关的劳动保障制度，与此同时确定各方的监督管理机构。我国政府应加强同吉政府之间就中吉之间劳务合作协议的协商完善，强化双边协议的约束性，保证双边劳务合作的良性发展。依托双边劳务合作协议，加强同吉政府执法、司法的合作，形成有效的法律服务平台，并有针对性地培养相关法律服务人才，建设配套维权机构，真正实现双边劳务协议在赴吉务工人员权利保护中的实际作用。

（二）规范外交和领事保护制度

外交保护是双边贸易保护赴吉务工人员权利的重要途径之一。随着我国在吉投资的不断增加，双边贸易不断扩展，并且受吉内部环境的影响，我国赴吉务工人员权利保护的难度也在不断增加。当下要加快构建规范的外交保护机制，明确外交保护的行使目的，使其为赴吉务工人员提供更加全面的保护。同时要继续完善领事保护制度，我国驻吉使领馆应当加强我国在吉务工人员的权利保护，明确使领馆在该领域的相关职责，并且针对不同情况的务工人员分别制定不同的问题解决方案。由于外交和领事保护制度往往是在相关权益受损后才发挥作用的事后救济，因此应更加重视构建领事保护制度的预防机制，努力提高赴吉务工人员的风险防范意识。比如利用官方微博等媒介，统筹建立赴吉务工人员数据库，加强相关信息共享与互动。也可由外交部门同吉相关部门进行协商，由吉相关部门出台针对我国赴吉务工人员的人身和财产安全协议，避免劳务纠纷中我方务工人员的人身和财产损失。另外要加强宣传，使赴吉务工人员充分了解我国使领馆的保障制度，在遇到困难时主动向使领馆寻求帮助，全面普及使领馆对劳动者权利保障的行使途径和行使方式。同时使领馆可以提供及时的律师援助，主动介入纠纷，真正实现外交和领事保护制度对我国赴吉务工人员权利的充分有效保护。

（三）加强赴外务工人员权利保护的专门立法

我国目前关于赴外务工人员劳动权利保障的法律法规数量少，层次相对较低，针对赴外务工人员权益保障的法律法规缺乏专门性，可操作性也不强。吉虽有针对务工人员权利保护的相关法律，但在具体问题应用上，又常以总统令、内阁规定等来解决相关问题，由于吉本身法律制度的多变与不完善，使得我国在吉务工人员权利的保护缺乏稳定性和有效性。我国应加快制定针对赴外务工人员权利保护的专门法律，结合现有的《劳动法》《劳动合同法》《对外劳务合作管理条例》等相关法律法规，进一步明确赴外务工人员管理服务机构的职责，细化针对赴吉务工人员劳动权利保护的具体规定，如劳动条件、福利待遇、许可手续、派遣主体责任等相关事项。当前还应主动参考国际劳工合作中的先进立法经验，积极调整现有立法中存在的与赴吉务工人员权利保护实际中不相符的地方。坚持保护赴外务工人员基本权利的原则，进一步完善法律适用、争议解决与权利救济等方面的相关内容，建立有效便捷的沟通与合作机制，努力达成双方国家劳务合作立法共识，加紧完善相关法律法规，规范赴吉劳工的派遣与管理制度，以弥补当下基本法律之不足。

（四）建立完善的权利保护配套制度

除上述的法律保护以及外交与领事保护之外，建立和完善权利保护的配套制度也是实现赴吉务工人员权利保护的重要举措，是有效实现赴吉务工人员权利保护不可或缺的环节。

首先，应当加强出境前的管理培训，促进赴吉务工人员综合素质提升。国家海外就业管理部门应针对赴吉务工人员的工作要求展开基础素质的培训，着力提升其就业能力和法律意识；同时也应为准备赴吉就业的公民梳理就业信息，并对相关风险作出预评，以帮助其正确择业。有关数据显示，在吉就业的我国公民权利遭受侵犯的几率与其文化水平以及法律素质有着密切关系，因此应加强该类人员培养规避海外风险和防范潜在危机的基本意识，及时熟悉吉风土人情、生活习惯、法律法规等。

其次，还应着力打击国内"黑中介"与国外雇主勾结，串通牟利。"黑中介"与国外非法雇主串通损害我国赴吉务工人员相关权利的现象时有发生，不容忽视，我国赴吉务工人员大多法律意识淡薄，文化水平低，大量非法中介的存在也给赴吉务工人员维权和政府管理带来了极大隐患。因此应制定严格的规章制度，严厉打击不法中介组织的违法活动。一方面，当赴吉务工人员与中介组织以及非法雇主发生纠纷时，政府部门应当主动介入，查明情况，严防"黑中介"和非法雇主串通损害我国赴吉务工人员的权益。另一方面，设立针对中介组织和吉雇主的信用监督体系，一经发现严重违法损害我国务工人员劳动权利的，应实行一票否决制，以严格规范管理；涉嫌犯罪的，依法从重追究刑事责任。建立与此配套的保险制度也能够在一定程度上规避和防范劳工权益受损的风险，通过配套制度的完善避免衔接不畅，实用性不强等问题。

最后，通过政府、社会组织多方联动，加强中吉两国之间的文化交流，促进两国人民之间的相互了解，减少彼此之间的隔阂与摩擦，加强双边友好往来，努力提高赴吉务工人员的维权意识，更好地为赴吉务工人员提供全方位的权利保护。

结　语

目前我国对于赴吉务工人员的权利保护任重而道远，还需要社会各方的不断努力。加强赴吉务工人员权利保护不仅关系到务工人员的个人利益，也关系到我国在吉整体利益。赴吉务工人员权利保护是中亚务工人员权利保护的重要组成部分，有针对性地加强我国赴吉务工人员的权利保护研究，提高对赴吉务工人员权利的重视和保护，不仅有利于强化我国同吉的民间交流，也能够夯实两国外交关系的群众基础。我们要紧紧抓住赴吉务工人员权利保护这个关键问题，为赴外务工人员权利保护建立一个完善的法律保障体系，实现真正的互利共赢。

法史镜鉴

"清水江文书"中借贷契约研究

——以借贷、典当、讨字文书为分析样本

徐 斌*

内容摘要：清至民国时期，贵州清水江流域保存较多的借贷契约和"讨字"文书，它们是旧时民间互相借贷银钱财物时均须书写的借契文书。具体言之，借契一般包括有立契人、借贷缘由，借贷数目、利还时间、抵押等项，有的还加有批注；与之相对的"讨字"文书，一般在形式上不用归还，但实际上往往得支付相应报酬。"讨字"文书至今还在当地农村多有出现，尤其是屋地基和坟地的买卖多以此形式出现。

关键词："清水江文书" 借贷契约 "讨字"文书

由古及今，民间借贷一直是人们日常生产、生活中重要的资金融通活动，其中所蕴含的民事习惯是构成中国传统法律文化的重要元素。民间借贷作为一种普遍社会经济现象，在我国至少有三千多年的历史，最早的文字记载可上溯至《周礼》："四曰：所称责以傅别。"[1]民间借贷习惯一直在社会生活中扮演着准法律的角色，在维系与调适既定金融秩序层面发挥着不可或缺的作用。[2]

以贵州清水江流域为例，随着该地区木材贸易的不断发展和兴盛，其乡村集市与区域社会经济也逐渐繁荣起来。道光年间，小江地区拥有大面积的山场，木材贸易兴盛，卖木头、放排等交易异常兴旺，经常是大片的木排停留在河边，整个河面几乎被木排所占据。人们依靠卖木材、放排等木材生意而发家致富，并积极修桥、修井、修路甚至是建造祠堂，促进了当地民众之

---

* 徐斌，贵州师范大学历史与政治学院博士研究生，贵州民族大学世居民族研究中心兼职研究员。

基金项目：2018年国家社科基金重点项目："黔桂界邻地区少数民族石体资料的搜集、整理与研究"（项目编号：18AMZ0011）；2020年贵州省教育厅人文社会科学青年项目："贵州民族地区乡村治理模式调查研究"（项目编号：2020484）。

[1] 《周礼·天官冢宰》小宰条。

[2] 李道永："民国时期民间借贷习惯研究"，郑州大学2012级博士学位论文。

间贸易的频繁往复。在当时的贸易往来过程中，借贷行为是十分普遍的，当没有银两偿还时，拥有股份的房屋、山林田土等"物"就会被转让用于抵押。可见在地方所遵循的规则之中，无论是借还是贷都保持着一种相对良性的秩序，即使是本房族或者其他关联者，人们仍然按照既定规矩办事，保证了民间借贷的公信力，从目前发现的借贷契约和"讨字"文书就可见一斑。通过对贵州清水江流域借贷契约及"讨字"文书的内容格式等进行分析，可为深入研究当地民间借贷习惯的内容构成、生成机理、运作机制及其当代指向等问题提供有益的镜鉴。

在我国明清时期，关于民间规范的资料留存很少，尤其是有关民事方面的契约佚失严重，留存较少，法律与契约的本来关系，难以清晰看到，但透过一些资料，仍可寻觅到某些线索和痕迹。而清水江文书中的民间借贷契约、"讨字"文书就是能寻觅相关线索和痕迹的珍贵资料之一。这些契约文书数量较多，涉及的标的物较为广泛，主要有谷、苞谷、禾、茶、林木、桐油、银两等；如以借贷契约涉及的标的物为标准，可将清水江文书中的民间借贷契约（以小江流域为中心）分为田土林木借贷契约（计10件）、房屋契约（计8件），贷银谷物契约（约102件）；如以"讨字"契约标的物为标准，可将之分为讨阴地约（计18件）、讨田约（计6件）、讨屋约（计9件）、讨路（计4件）、讨地基约（计3件）等六种。[1]从这些契约可知，清以后借贷契约已渗透于西南部边远的清水江流域民间日常生活中，成为规范民间借贷的主要形式之一，借贷契约涉及的标的物之所以以粮食及田土为主，一是因为这些物品与普通民众的生产生活密切相关；二是因为在该地区"实物本位制"，谷物粮食等在清水江流域兼有货币职能。这些均在清水江流域民间借贷契约中得到体现。本文拟从清水江流域民间借贷契约的主要内容、借贷类型和关系等方面对清水江流域借贷契约作初步研究。

一、借贷类契约

中国古代法律（如唐代律令）对契约的规制或指导，从总体上而言，部分民间事务靠习俗调整，部分则由法律调整。国家承认"私契"的地位，并

---

[1] 张应强、王宗勋主编：《清水江文书》（第1辑1），广西师范大学出版社2007年版，第2-3页。

承认它的规则。[1]在清水江流域，人们进行借贷活动通常采用订立"私契"的方式，当地市场的活动也影响了该社会内部的借贷关系。唐代《杂令》的"公私以财物出举"条，[2]比较全面地规定了有息借贷契约（出举）的订立、利息禁制、履行方式、司法救济、质押物处理、保证责任等，同时也兼及无息借贷契约（非出息之债）的司法救济问题。这一规定对当时清水江流域订立借贷契约影响很大，从下文所列举契约的内容就可见一斑。当地社会有借钱和借物两种，地主借给贫苦农民，一月息四至七分不等，有利倍于本，甚至数倍于本收取利息。按照是否约定借贷利息，清水江流域民间借贷契约可分为无息借贷契约与有息借贷契约。此外，还存在以借据为形式要件，出借标的物为非货币实物的契约。为了更直观地展现其主要内容，下面列举几例进行分析。

（一）有息借贷契约：朱老连借当契

立当字人朱老连，为因家下缺少银用，自己借到姜应魁名下借过文银陆钱正，其银言定照月加四行利，限至来年正月内相还。如有过限，自愿将山场坐落土名领老连名下一股作当。今欲有凭，立借存照。

代笔：姜绍魁

乾隆四十二年十二月廿二日　立[3]

从约定内容来看，由于立契约人朱老连家中缺少经费进行土地开垦就向姜应魁借了文银陆钱。双方当事人约定，"其银言定照月加四行利"，限期为来年正月，不得过限；自愿将其名下山场作一股转让给姜应魁。按照当时国家规定，国家对有息借贷的不干预、不参与的限定条之一为：最高利息率的限制，即"每月取利，不得过六分"，原文中双方所约定的"其银言定照月加

---

〔1〕霍存福："论中国古代契约与国家法的关系——以唐代法律与借贷契约的关系为中心"，载《当代法学》2005年第1期。

〔2〕"公私以财物出举"条全文如下："诸公私以财物出举者，任依私契，官不为理。每月取利，不得过六分。积日虽多，不得过一倍。若官物及公廨，本利停讫，每计过五十日不送尽者，余本生利如初，不得更过一倍。家资尽者，役身折酬。役通取户内男口。又不得回利为本（其放财物为粟麦者，亦不得回利为本及过一倍）。若违法积利、契外掣夺及非出息之债者，官为理。收质者，非对物主不得辄卖。若计利过本不赎，听告市司对卖，有剩还之。如负债者逃，保人代偿。

〔3〕锦屏县林业志编纂委员会：《锦屏县林业志》，贵州人民出版社2002年版，第23-24页。

四行利"就在这一范围内。而关于超期后的处罚方式则没有相应的规定，多半是由于所借数额较小，加上当地民风淳朴，社会秩序良好，民众之间信任度较高。对于有息借贷（出举），国家给予一定的空间，允许民间大量的营利行为在一定范围内存在，只要不违背国家的节制就可以。根据整理出的民间借贷契约显示，取利的借贷，所占的比例是很高的，远远超过非营利性借贷，恰反映了这一空间是实际存在的。

（二）无息借贷契约：分讨养耕牛契

　　立讨分养耕牛字人姜邦彦，今因讨到姜绍　二人名下母耕牛一只，日后发达，

　　　　　　　　　　　　齐

　　三股均分，他二人占二股，我占一股。日后母牛退还他原主。贰家不得异言，是实。

　　　　　　　　道光乙年十月二十二日　　　　亲笔　　　　立[1]

该契约中，立契约人姜邦彦，今因借到姜绍等二人名下母耕牛一只，双方当时人约定，"若日后发达，将获利按照三股平均分配，他二人占二股，我（姜邦彦）占一股。日后母牛退还原主。大家不得有异议"。按照《律令》规定，这种情形属牵掣条款中的无息形式。在纯粹的无息借贷契约中，牵掣的条件是违限不还。《吐蕃寅年（八三四年?）敦煌阴海清便麦粟契》云："如违限不还，即任掣夺家资杂物用充麦粟直。"[2]在上述契约中，当事人已经据实指出债务人家资的范围，并指出其抵当的方式，具体情况双方可自行约定。类似的情况在唐五代时期（包括吐蕃占领敦煌时期）的敦煌吐鲁番借贷契约中频繁可见。霍存福教授在考察敦煌文书牵掣条款时总结出以下情形："7个出现于无息借贷，牵掣意味着只涉及本金；11个出现于有息借贷，牵掣意味着包括了本和息；4个出现于附条件的有息借贷，即到期不还始生利，牵掣也意味着包括了本和息；2个出现于先有利息，到期不还又生利，牵掣也意味着

---

〔1〕　贵州省锦屏县志编纂委员会：《锦屏县志》，贵州人民出版社1995年版，第1002-1003页。

〔2〕　张传玺主编：《中国历代契约汇编考释》上册，北京大学出版社1995年版，第368页。

包括了本和息；17个出现于到期不还生利加倍，牵挈也意味着包括了本和息。"[1]而本处考察的民间借贷契约文书则与第一种情形类似。

（三）特殊形式的借贷契约：唐朝珍"借"路运木契

> 立借讨字人唐朝珍，今讨到文斗寨　相德、连合、相清、绍齐、绍熊等之山，地名翁扭之山借路经过，右山路相国、绍齐所共，左边连合、绍齐所共。其有木过路者，夫子、乙齐小心过路，架木不得坏其子木，如坏其者，取价自己培（赔）补。恐无凭，立此借字为据。
>
> 代笔　唐朝珍
> 凭中　姜绍周
> 道光十八年九月初四日　　立[2]

与前述二则契约中的标的不同，本则契约则是通过"借路"的方式来运输木材。实质上并非出让标的物，只是暂时将共有的"路"按一定的期限以"借"的方式进行使用。在本则契约中，唐朝珍向文斗寨相德、连合、相清、绍齐、绍熊等人借其路运输木材，在运输木材的过程中，须得小心谨慎，不得毁坏周围的树木和幼苗，双方约定："小心过路，架木不得坏其子木，如坏其者，取价自己培（赔）补。"但文中并未提及赔偿或利息等信息，估计是当时清水江流域木材贸易发达，商人与民众间相互信任，且此类情况经常出现，故为了方便立契，节约时间，简化了契约的内容和形式。

二、典当类契约

在清末民初的法律转型中，传统的"典制"转变为现代的"典权"。[3]梁治平在《清代习惯：社会与国家》一书中推断："典与卖有不同的渊源，活卖乃卖之变体，故仍用卖字，且在有些地方保留了'推收过户'这一基本特

---

〔1〕　详见霍存福："论中国古代契约与国家法的关系——以唐代法律与借贷契约的关系为中心"，载《当代法学》2005年第1期。

〔2〕　张应强、王宗勋主编：《清水江文书》（第1辑2），广西师范大学出版社2007年版，第430页。

〔3〕　吴秉坤："典制的借债担保渊源——以民国时期徽州借贷契约为案例"，载《合肥学院学报（社会科学版）》2012年第3期。

征；典原为借债担保之关系，而在特定社会需求下渐变而近于卖，与活卖几无区别。"〔1〕"典制"是一种特殊的传统民事制度，广泛应用于中国传统社会的田宅交易领域，其与"卖"最大的区别在于，虽然典价低于卖价，但是典出之田宅可以原价回赎。无论是作为"典制"还是"典权"，这种交易方式有利于双方当事人，受典者可以低成本置办田宅产业，立典者既解决了应急之需，又保留了将来回赎的权利。清水江流域旧时典当物多为水田，间有少数每年皆有收入的核桃山、油茶山，同时房屋、粮仓地基等不动产亦有典当发生，且立典者多为应急之需而订立契约，这与上文所述情况是相符的。清水江文书中的典当契约文书通常包括立典人、缘由、典物名及具体情况、典价、典期（亦即赎回时期限）双方权利和义务、中间人和书契人、立契时间以及外批十部分。为了能更直观地展示，现举以下几例进行比较分析，以供参考。

（一）文斗眼翁禾田典契

　　立典国约人姜文甫。为因家下缺少口粮，无出，自愿将到土名坐落眼翁禾田贰坵，凭中出典与名下承（典）为业。当日三面议定典（价）两陆钱整，亲手收（回应用）。其田恁凭银主耕种，不俱远近，价到续回。今恐无凭，立此典约存照。

　　　　　　　　　　　　　　　　　　　　凭中笔　曹辰周
　　　　　　　　　　　　　　　　嘉庆三年十二月初五日 立给〔2〕
　　外批：其田元（原）主耕种见十，大朝多收乙挈，二股均分。

（二）岩湾南湾田典契

　　立典田约人邓有训。为因先年得买岩湾范老目田乙坵，地名南湾，今凭中转典与文斗下寨姜映名下承典为业，当管典价银伍两整，亲手领回。其田自典之后，恁从姜姓招人耕种管业，邓姓不恐后无凭，立此典

---

　　〔1〕 梁治平：《清代习惯法：社会与国家》，中国政法大学出版社1996年版，第100页。
　　〔2〕 张应强、王宗勋主编：《清水江文书》（第1辑3），广西师范大学出版社2007年版，第246页。

字为据。

潘绍祥

凭中张正全

姜绍口

道光二年二月十九日　　　有训亲笔　　立给〔1〕

外批：日后赎取，向姜姓赎，不干邓姓之事。

（三）姜世法父子房屋地基典契

立典屋地基字人姜世法父子。为因缺少粮食，无处得出，自愿将到先年私德下得买姜老来三人屋地基三间，界趾：上凭寅卯、世官、永和弟兄之地基，下接典主阳沟，左凭典主之园，四抵分明，今凭中出典与龙赢高、盛、登等六人名下。当面凭中议定典价宝银十两零八钱整，亲手收顾淳熙来应用。自典之后，不可卖与别人，不惧远近，价到赎回。恐口无凭，立此典字是实为据。

凭中 堂兄姜世珍

光绪九年八月二十五日　　亲笔立〔2〕

（四）姜显智借谷字

立借谷字人姜显智。为烟（因）家下缺少粮食，自己借到与　姜绍齐兄谷九十斤，八九月秋收还乙，百八十斤，不得设少，立此借字是实。

亲笔

道光十九中三月十八日　　立〔3〕

---

〔1〕 张应强、王宗勋主编：《清水江文书》（第1辑3），广西师范大学出版社2007年版，第250页。

〔2〕 张应强、王宗勋主编：《清水江文书》（第1辑5），广西师范大学出版社2007年版，第351页。

〔3〕 张应强、王宗勋主编：《清水江文书》（第1辑8），广西师范大学出版社2007年版，第450页。

（五）借银办公契

　　立借当字人姜相荣、相弼、昌宗、使芳、世灵，焕彩、李正通，如葵等，因要银使用，无处得出，亲身借到姜绍吕三爷名下，实借纹银乙两正，亲手领回应用，各人自愿将抵头着抵。恐口无凭，立此借字为据。

　　外批：相荣、相弼共田土名皆休老福所种之田作抵，昌宗将常党伸之田作抵，锺芳、锺灵、世禄三人将绍种白堵恩绍种田作抵，焕彩将皆晚秧田乙坵作抵，李如葵将皆皮休乙节作抵。

凭中　天祥
本望笔
道光二十四年二月十七日　立〔1〕

　　三老家共银一两，绍吕放与众有名之人办公事亲笔批。

（六）立地基借契

　　立借屋地平（坪）字人姜老祖。今借到姜昌连叔侄名下地平（坪）一块，地名杨阜，从借之以后，勿乱行为。恐口无凭，立此借字子孙发达为据。

代笔　姜世扬
咸丰库年十乙月初八日　立给〔2〕

（七）云亮八岔路冲核桃山典契

　　立核桃山字约人堂弟景坤。为因家下缺少费用，无处出息，自愿将到父亲得买之业坐落地名八岔路太冲核桃山一块，上抵惶田脚，左抵地边，右抵小领，下抵沟，四抵分明，要行出典，亲身问到堂兄绍成名下

---

〔1〕　张应强、王宗勋主编：《清水江文书》（第1辑9），广西师范大学出版社2007年版，第255页。

〔2〕　张应强、王宗勋主编：《清水江文书》（第1辑7），广西师范大学出版社2007年版，第278页。

承佃为业。当日对面言定青油老称陆十斤。其油乙首交足，清手领回应用，其山任凭洋主进山修理管业，典主不得异言。如有出业不清，俱在卖主上千里落，不与典主相干。恐口无凭，立此典字为据。

民国三年七月初八日亲笔立〔1〕

从以上七份契约文书内容格式可以看出，契一是一份简单的田地典契，格式简明，约定了典价、抵押物、田地使用方式等信息，并通过外批的方式约定了收益分配的标准，为了进一步明晰权责，加了外批（相当于现在的补充条款），但未约定还款期限。

契二、契三是典型的房产田地典契，格式比较全面，虽未约定借贷利息、还款期限和抵押物，只依靠中人的信誉担保。一旦发生逾期欠款之情形，债权人的利益很难保障，这便促使"抵押转交业式"契约的产生，即借债人以房产田宅为抵押，一旦逾期不归本金，便将抵押房产田宅交业，由债权人管理使用，以弥补其损失，直至借债人归还本金。从上述契约内容分析契二、契三应属此类契约，这类契约虽然债权人要求以田宅作为抵押担保，一旦逾期，有权管理、使用抵押田宅，但是借债人仍然保有抵押田宅的所有权，一旦凑齐本金，借债人仍能赎回抵押田宅。故此种交易形式仍不失公平，兼顾了借贷双方的利益。

契四为普通赊借契约，赊借关系的成立，通常要有一定方式。福建福州——铺户代旅商盖印赊货习惯："行东与旅商交，如两不知，旅商须用现金交易，如无现金，即专藉别铺盖印，方得赊货，一经盖印后，印主对于行东即成立债务关系。贻履行期，如全负及蒂欠等情，行东应先向旅商索追，如旅商无力偿还，则盖印之店号应负赔偿责任。"〔2〕本文中的赊借契约，由于为当地人之间数额较小的普通赊借，相比福建例子中所提到的习惯来看，无论是交易金额内容和程序订立都显得相对简单。

契五、契六借债人以田宅地基为抵押，虽然没有归还本金的期限，但如果欠少每年或每月的利息，抵押田宅同样归债权人管业使用，以抵偿拖欠的利息，直至归还本金。纵观以上几种契约形式，可以发现，"不立还款期限"

---

〔1〕 张应强、王宗勋主编：《清水江文书》（第1辑7），广西师范大学出版社2007年版，第52页。

〔2〕 李道永："民国时期民间借贷习惯研究"，郑州大学2012级博士学位论文。

· 211 ·

（契一）类借贷和契二、契三是其中最为完善、公平、互利的形式，借债人获得急需的资金，却没有偿还利息、本金的压力，不用担心抵押田宅所有权的丧失；债权人获得抵押田宅的使用收益权，不用担心对方拖欠本息，双方各取所需，直至借债人甚至借债人的后代有能力取赎为止。而这种"抵押交业式"的借贷形式，与"典"的形式基本上完全一致，差别不大。

契七则与前述六种典契不同，属"抵押转卖式"契约。在"抵押转卖式"契约中，借贷条件变得极为苛刻，不利于借债人，借债人以田宅为抵押，一旦在期限内不能归还本金和利息，则押契作卖契使用，借债人将失去抵押田宅的所有权。在这类契约中，借债人既要支付利息，又要在期限内归还本金，否则将失去抵押田宅，这对借债人极为不利。这便衍生出一种折中方案，即借债人一开始就将抵押田宅交与债权人管业使用，以抵押田宅的使用收益抵消利息，借债人只需在规定的期限内归还本金即可赎回抵押田宅，还款压力相对减轻。当然，如果逾期仍然不能归还本金，则将失去抵押田宅的所有权，这种借贷契约可称之为"抵押交业转卖式"。

典制是中国传统社会田宅交易的一种特有方式，一般认为渊源于"卖"，被称为"典卖"。[1]然而，通过考察清至民国时期清水江流域民间借贷契约文书的内在联系和演进关系可以发现，"典契"在本质上应是一种抵押借贷契约，"典制"应是渊源于借债担保。"典契"其实就是"不立还款期限"类借贷契约中的"抵押交业式"，"典契"在本质上应是一种抵押借贷契约。所以，"典制"的借债担保渊源是非常明显的。

三、"讨字"文书

民间借贷习惯的生成标准，是指在借贷契约向习惯演化过程中，哪些能够成为将借贷契约与借贷习惯在日常生活中截然分开的诸多要件。习惯的生成标准，不仅是一个理论问题，更是一个实践问题。[2]诚如有学者所论，"社会生活本身对习惯的界定和把握是清晰的，社会生活实并不依赖于语言，不依赖于概念和标准而存在。树欲静而风不止，真正让我们感觉混乱不堪、难以理解的，并非社会生活本身，而往往是通过语言表达出来的生活，尤其通

---

〔1〕 吴秉坤："典制的借债担保渊源——以民国时期徽州借贷契约为案例"，载《合肥学院学报》2012年第3期。

〔2〕 李道永："民国时期民间借贷习惯研究"，郑州大学2012年博士学位论文。

过概念建构起来的生活"。[1]清水江流域自古就是产木之地，木材贸易发达，随之而来的借贷活动频繁发生。由于经济的发展，人口的增多，人地矛盾逐渐凸显出来。人地矛盾一直是社会难以解决的问题之一，土地是百姓生存的基本条件，在生存条件不能得到满足时，便出现了"讨"这一社会现象。"讨"的范围内容涉及广泛，但多为百姓生存之所需。实践中抵押借贷的质物，有动产的铁铛、铧、裙、车等，大多属于生活用品，只有车属于生产、运输工具，大抵相当于唐代《杂令》中所谓的"余财物"，未见奴婢、六畜用于质典的例证；不动产则主要是菜园、口分田、葡萄园等。[2]清水江流域的"讨字"文书，其出质物多以阴（土）地、菜园等不动产为主。现就清水江流域整理获得的部分"立讨字"契约文书进行简要分类探讨。

（一）讨阴地字

民间风水观念盛行，清水江流域亦是如此。清水江文书中出现大量的阴地纠纷。"阴地"即"坟地"。民间因受风水观念影响，使得阴地成为家族中最重视的产业之一，由此引发的纠纷也受到当地人的重视。由于当地民风淳朴，如果由阴地引发的纠纷存在特殊情况，这些纠纷多半可以调解的方式解决。由此反映出的是民间互助的思想道德观念。对于死者的身后事，富有者往往办得风光体面，无资产者如何获取资产呢？可通过"讨字"获得，现引一例如下。

立恳求阴地契杨昌国，为因生命不辰，居住启蒙地界，嫂弟相继亡故，无地安厝，因求到启蒙寨果共之地，安厝兄嫂与弟。今蒙启蒙五房众等让葬，果共四棺，地角钱叁千百文，祇准葬此四棺，日后不准再葬，以自取累。恐后无凭，立此恳求字为据。

中潘光礼
笔杨道渠
同治四年七月二四日立[3]

〔1〕 王新生：《习惯性规范研究》，中国政法大学出版社2010年版，第6页。
〔2〕 霍存福："论中国古代契约与国家法的关系——以唐代法律与借贷契约的关系为中心"，载《当代法学》2005年第1期。
〔3〕 张应强、王宗勋主编：《清水江文书》（第3辑1），广西师范大学出版社2007年版，第267页。

由上"讨阴地字"得知，杨昌国因亲人亡故，无处安葬，只得恳求到启蒙寨果共之地安葬亲人。用三千九百文钱抵押四棺。恳求到的阴地，亦需钱财抵押，可见阴地之缺乏，受风水观念的影响，外姓人讨阴地是非常不易的。但由于事出有因，启蒙民众还是鼎力相助，帮助杨昌国安排好其兄嫂后事。这是一则典型的无阴地资产者通过"讨"的方式获得阴地使用权的契约文书，具体说来也是需要以出资抵押的方式获得阴地的使用权，但受当地风俗的影响，阴地的使用权只有一次，以后不得在此地上再埋葬他人，具有较强的排他性。

(二) 讨园种菜约

> 立讨菜园姜邦正，今因讨到本房姜昌连、锺碧二人名下菜国一处，右凭粪朋 (棚)，左凭熙和，今□种菜，立此讨字为实。
>
> 代笔　邦彦
>
> 同治元年二月十九日　立给[1]

此份同治年间所立的讨园种菜契约文字简练，言简意赅地表明所讨的事由、原因、使用途径等。从契文内容可知这类契约的订立程序很简单，其使用范围多为本族成员之间；一般需说清菜园的四至，然后就可以获得该地的使用权。从该约内容大致可知该地的所有权并没有发生转移，因所约定的内容并没有明确的"以物换物"或"以出资转让"等字眼用以说明该菜园所有权的去向，因此大致可以断定该地所有权仍归原主所有。至于期限等事宜，大致与上文所分析的原因相似。

(三) 讨仓居住约

> 立讨抢 (仓) 住居字人姜坛保。为因无处住歇，自己登门讨到姜登二人之控 (空) 枪 (仓) 一间居住，各自打扫修整，不居 (拘) 远近行正坐稳. 如行野道，任凭枪 (仓) 主除 (逐) 出，不容再言，二比不得异言，口说无凭，立此讨字据存照。
>
> 凭中　姜登给[2]

---

〔1〕 张应强、王宗勋主编:《清水江文书》(第 1 辑 12)，广西师范大学出版社 2007 年版，第 301 页。

〔2〕 张应强、王宗勋主编:《清水江文书》(第 1 辑 11)，广西师范大学出版社 2007 年版，第 265 页。

此份讨仓居住约写明了所讨的事由、原因、所讨物使用途径等。从契文内容可知这类契约的订立，亦是一种权利义务关系的确立。立约人不仅仅通过"讨"获得仓库的居住权，随之附带的修整、打扫等事宜也得由立约人承担。综上三则"讨字"约可见，"讨字"是一种应急，甚至是救人于危难之际的方式，立约人可以通过这种方式解一时燃眉之急。这也是"讨字"能够在清水江流域广泛流传的最主要的原因之一。据统计，在2003年该地区还存在"讨字"约的情况。事实上，"讨字"间接地促进了当地经济的发展，因为立约人通过"讨字"承诺原主人一些物质或经济上的条件，为了兑现这些承诺，立约人得努力劳作，创造一定的经济价值去实现约定，虽然这些价值都是比较微小的，但在一定程度上促进了当地经济的发展。

四、清水江流域借贷契约价值分析

借贷（典当）、"讨字"等契约从法律意义上讲，是立约双方针对银钱、借物、租佃田地等行为所约定的、以双方的权利义务为主要内容并对双方具有约束效力的文书。清水江流域的借贷、"讨字"契约是围绕当地农业、林业生产经营等经济活动而进行借贷的早期法律文书。基于清水江流域农林贸易活动而产生发展的借贷、讨字契约，自清至现在十余年前，经过两百余年的反复运作，得到了充分的发展，契约类型也呈现出多样性，可以说基本属于成于民间、行于民间的习惯法载体。它们是在当时国家并无完整立法的时期，人们通过行业内部自治，达成共识，约定俗成，形成的对当事人具有很强约束力的规范。尽管这种习惯规范不可避免地带有粗疏性，但清水江流域的借贷（典当）、讨字契约作为一种具有民族地区特色的契约形式，无论是在基本内容还是在担保措施方面，都具有较为周全的考量，至今仍具有重要的借鉴意义。

借贷契约无疑属于契约法的范畴，早期契约法通常被看作是合同法的前身。[1]从目前收集整理出来的清水江流域契约文书可以发现，借贷和"讨字"类文书种类形式多样、涉及内容广泛、运用范围较大，还有待继续收集整理和研究。清水江流域从清朝中期已经形成了以契约为核心的经济文化圈，[2]

〔1〕 支果："关于自贡盐业借贷契约的法律思考"，载《盐业史研究》2006年第2期。
〔2〕 徐晓光：《款约法——黔东南侗族习惯法的历史人类学考察》，厦门大学出版社2012年版，第241页。

为借贷、"讨字"契约的繁荣和发展奠定了良好的前期基础。经过长期的经验总结和不断完善，这一地区已经形成了一系列订立契约的习惯规范，这些规范甚至在前十年前仍在行用。可见，这些规范已深深根植于当地人的生产生活观念之中，影响深远。

马克斯·韦伯认为，习惯的重要功能之一是为人们日常生活提供一种导向，从而使得人们的各类社会行动趋向于某种秩序的达成。显然，韦伯主要是把社会规范作为一种导向性的知识形态。[1]如韦伯所阐述，清水江流域的借贷、"讨字"契约正是这种观点的反映。学史可以明理，鉴往可以知来。史学研究，既要有学术意义，也要有现实意义。以清至民国时期清水江流域民间借贷习惯作为选题进行研究，既有助于深入认识中国传统社会经济、政治、思想文化之全貌，也有助于为当今社会完善金融立法尤其是民间借贷立法提供有效的立法资源。

---

〔1〕 郑戈：《法律与现代人的命运：马克斯·韦伯法律思想研究导论》，法律出版社 2006 年版，第 91 页。

现代法律文化

智能医疗机器人侵权救济规则之完善

鲁逸然*

内容摘要：在现行法律框架下，医疗损害责任、产品责任与高度危险责任均难以妥善地解决智能医疗机器人侵权的问题，导致受害患者的损失填补困难。在现阶段要明确智能医疗机器人为法律关系客体，在填补患者损害的同时不妨碍智能医疗机器人的推广使用，在鼓励技术创新的同时预防技术危害人类健康，通过修正侵权责任法和产品质量法的相关规定，设立专门的智能医疗机器人监管机构和登记簿，建立强制性保险和赔偿基金制度，以完善智能医疗机器人侵权之救济制度，构建和谐的医患关系，维护良好的市场秩序。

关键词：智能医疗机器人　侵权责任法　产品责任　救济规则

一、问题的提出

2016 年以来，在我国大力推动"互联网+医疗健康"的大背景下，人工智能已深入医疗领域的各个环节。[1]数据显示，截至 2019 年 10 月，全球已有 5000 多台达芬奇手术系统在临床使用，总手术量超 600 万例；在我国内地 84 家医院实现装机 102 台，我国香港地区装机 8 台，共完成手术量达 12 万例。[2]随着《新一代人工智能发展规划》《促进新一代人工智能产业发展三年行动计划（2018—2020 年）》《关于促进"互联网+医疗健康"发展的意见》《关于促进人工智能和实体经济深度融合的指导意见》以及《国家新一代人工智能创新发展试验区建设工作指引》的相继印发，人工智能技术已经上升至国家的发展战略层面。习近平总书记在主持中共中央政治局第

---

* 鲁逸然，西北师范大学法学院 2018 级硕士研究生。

〔1〕 刘伶俐、王端："人工智能在医疗领域的应用与存在的问题"，载《卫生软科学》2020 年第 10 期。

〔2〕 "达芬奇智能医疗机器人在中国已完成 12 万例手术"，载昆明广播电视台官网，http://web. kunmingbc. com/kmgbdst/lm/jk1/102154. shtml，最后访问时间：2020 年 4 月 20 日。

九次集体学习时强调："努力在人工智能发展方向和理论、方法、工具、系统等方面取得变革性、颠覆性突破，确保我国在人工智能这个重要领域的理论研究走在前面。"由于智能医疗机器人也有其局限性，可能会因自身缺陷或因人为操作不当而对患者造成损害。在其他国家及地区，智能医疗机器人侵权事件时有发生。2007 年，美国食品药品监督管理局收到 200 多份投诉，指控医疗外科手术机器人对病人造成烧伤、切割伤以及感染，其中包含 89 例导致病患死亡的投诉。[1]善治的国家体系依赖完善的制度体系，制度成熟和定型的标志是制度体系完备和健全。[2]然而，目前我国专门针对医疗领域内的人工智能侵权责任规定尚付阙如。由于"智能医疗机器人"并不等同于"人"，因而其与传统医疗侵权的类型有别，在何为侵权主体、承担何许责任等方面存在颇多争议。近年来，相比其他领域，学术界对智能医疗机器人引发的医疗损害责任问题的相关研究明显不足。[3]在讨论人工智能法律规制的时候，需要厘清的重点在于理解现有的法律概念、法律规则和法律体系的力量何在。[4]笔者从现有法律框架中厘清智能医疗机器人侵权的归责进路，归纳其中的不足并在现有的研究成果基础上，提出完善建议，以期为智能医疗机器人侵权责任纠纷的解决提供借鉴。鉴于我国当前处于人工智能发展的初步阶段，智能医疗机器人的运用大多是作为一种辅助工具用于诊断治疗，在侵权法律适用中也有相关条款进行救济。因此，将智能医疗机器人侵权问题置于侵权法律中加以讨论，有利于人工智能侵权法律的完善。

二、智能医疗机器人的法律定位

笔者在中国裁判文书网上检索到有关智能医疗机器人侵权纠纷的有效案

---

〔1〕 吴汉东："人工智能生成发明的专利法之问"，载《当代法学》2019 年第 4 期。

〔2〕 齐卫平："体系与效能：中国特色社会主义制度的国家治理优势"，载《行政论坛》2020 年第 1 期。

〔3〕 笔者以"人工智能""侵权"为主题，在中国知网进行检索（检索时间截至 2020 年 11 月 5 日），共计检索出相关核心期刊文章 56 篇。其中，明确与自动驾驶汽车相关的文章 17 篇，明确与著作权侵权相关的文章 20 篇，明确与智能机器人侵权相关的文章 5 篇，明确与智能医疗机器人相关的文章 4 篇。

〔4〕 汪庆华："人工智能的法律规制路径：一个框架性讨论"，载《现代法学》2019 年第 2 期。

例有七个（检索时间截至 2020 年 11 月 6 日）。[1]案由均为医疗过错责任纠纷。从有限的智能医疗机器人侵权案件中可知，医疗机构被认定为侵权主体。由此可见，智能医疗机器人作为特殊的人工智能医疗产品的定位并没有得到认同，由人工智能产品本身的问题而引起的医疗损害侵权问题不能完全纳入医疗过错责任。[2]关于人工智能的法律定位，学界有不同看法。早在 2017年，就有学者提出，人工智能具有独立自主的行为能力，有资格享有法律权利并承担法律责任，人工智能应当具有法律人格。但由于人工智能承担行为后果的能力有限，人工智能适用特殊的法律规范与侵权责任体系安排，其具有的法律人格是有限的法律人格。[3]它们还主要是单一功能的"弱人工智能"，而非"强人工智能"，更没有达到可以取人类而代之的"超人工智能"阶段。[4]此后，学界就人工智能的法律地位展开了激烈的探讨，大致存在以下几种观点：一是"法律关系主体说"，其中，典型观点有："在机器人社会化应用不可避免的情况下，我国（乃至世界各国）应当肯定机器人的法律主体地位"；[5]"在人工智能发展的成熟阶段，强人工智能法律人格化并无理论与事实上的阻滞"。[6]二是"法律关系客体说"，人工智能超强的智能蕴含巨大的风险，必须处于人类的支配和控制之下，只能是法律关系客体而非主体。[7]三是"拟制法律人格说"，为了适应人工智能技术的发展，解决涉及人工智能产物的权利归属纠纷和人工智能侵权纠纷，需要从人类权利优先的

---

〔1〕 七份裁判文书为：北京市西城区人民法院（2015）西民初字第 05701 号一审民事判决书；杭州市下城区人民法院（2015）杭下民初字第 02817 号一审民事判决书；安徽省滁州市中级人民法院（2016）皖 11 民终 2637 号民事判决书；吉林省长春市朝阳区人民法院（2016）吉 0104 民初 3481 号民事判决书；重庆市第一中级人民法院（2018）渝 01 民终 3540 号二审民事判决书；山东省青岛市中级人民法院（2019）鲁 02 民终 5081 号二审民事判决书；四川省成都市中级人民法院（2020）川 01 民终 3721 号民事判决书。

〔2〕 丁璐："人工智能体医疗损害责任分析——以达芬奇手术机器人为例"，载《北京化工大学学报（社会科学版）》2020 年第 1 期。

〔3〕 袁曾："人工智能有限法律人格审视"，载《东方法学》2017 年第 5 期。

〔4〕 何怀宏："何以为人 人将何为——人工智能的未来挑战"，载《探索与争鸣》2017 年第 10 期。

〔5〕 张玉洁："论人工智能时代的机器人权利及其风险规制"，载《东方法学》2017 年第 6 期。

〔6〕 徐昭曦："反思与证立：强人工智能法律主体性审视"，载《中共中央党校（国家行政学院）学报》2019 年第 3 期。

〔7〕 刘洪华："论人工智能的法律地位"，载《政治与法律》2019 年第 1 期。

立场出发，运用法律拟制的立法技术赋予人工智能独立的法律人格。[1]还有"电子人说"，即人工智能具有自主性、主动性，已非纯受支配之客体，在法律上应设定为"电子人"。[2]更多学者认为，在弱人工智能时代，[3]人工智能不应视为法律关系的主体。[4]《人工智能（安全）标准化白皮书（2019版）》中也表示，迄今为止的人工智能系统都还是实现特定功能的专用智能，而不是像人类智能那样能够不断适应复杂的新环境并不断涌现出新的功能，因此都还是弱人工智能。人工智能总体发展水平仍处于起步阶段。

从现行法的角度看，根据《民法典》的相关规定，民法上的法律主体包括自然人和法人，二者具有民事权利能力，依法享有民事权利，承担民事义务。无民事行为能力或限制行为能力的自然人，虽然其行为能力须由其法定代理人予以补足，但是其均具有独立的法律人格，得以享有民事权利、承担民事义务。而活体出生的胎儿，因为具备了有限且发展中的伦理地位，在法律上亦被拟制为具有"有限"民事权利能力的法律人格。此外，基于社会与经济活动的实践需要，民法将法人拟制为法律主体，使之具有独立于设立者或成员的法律人格、财产，独立地享有民事权利、承担民事义务和责任。此外，法人的意思能力和行为能力需借由代表法人的自然人或机构，或者通过代理人来实现。可见，现行法并没有确立人工智能的法律主体地位。通常认为，没有自我意识的、仅擅长单个方面的弱人工智能并不具有法律人格。[5]欲成为法律主体而被法律所规范，前提是要具备独立的意志，法律是规范主体行为的，而行为受意志的支配，如果没有独立的意志，就无法作出独立的行为，不需要法律作出评价，法律就没有将其作为独立主体规范的价值了。而且作为民事主体要安排自己的权利义务，安排涉及自身利益事项的处置问题，因此必须具备独立的意志。但人工智能归根结底是由一系列算法来操控的，是人类思维的延伸，是按照设计者预先设定的程序来运行的，不会产生

---

〔1〕 杨清望、张磊："论人工智能的拟制法律人格"，载《湖南科技大学学报（社会科学版）》2018年第6期。

〔2〕 郭少飞："'电子人'法律主体论"，载《东方法学》2018年第3期。

〔3〕 《人工智能标准化白皮书（2018版）》中根据其是否能实现思考和推理甚至解决问题，将其划分为弱人工智能和强人工智能两个阶段。

〔4〕 参见王利明："人工智能时代对民法学的新挑战"，载《东方法学》2018年第3期。

〔5〕 丁春艳："医疗领域的人工智能：法律问题与规管挑战"，载《中国医学伦理学》2020年第7期。

自己独立的意志。[1]目前,其他国家及地区就这个问题的讨论所达成的基本共识是,赋予人工智能以法律主体地位是不必要的、不实际的、不符合伦理且有可能被滥用的。[2]

三、现行法律框架下智能医疗机器人的侵权责任之处理模式及不足

关于智能医疗机器人的侵权责任问题,在现行法律框架下,主要有以下几种处理模式,但各有其不足之处。

(一) 适用医疗损害责任规则之不足

适用医疗损害责任即由智能医疗机器人使用者承担责任。现阶段,医疗机构及医务人员的医疗行为导致患者损害的统一适用医疗损害责任制度,医疗损害责任的诉讼处理方式为医疗过错责任纠纷。因此,对于智能医疗机器人而言,让智能医疗机器人使用者承担责任是现代法律制度规定的结果。目前,所谓的机器人手术指的是达芬奇手术系统。在系统工作过程中主要包括影像设备以及控制设备。在整个系统中,操作器械与机械臂进行连接,并且通过 Trocar 插入体内,这样外科医生就可以通过操作控制台进行手术操作。[3]换言之,智能医疗机器人受医生的指示和支配,认定医院处于最终受益者的地位具有正当性,因而医院须承担医疗损害责任。医疗损害责任的构成要件由四部分构成:(1) 医疗机构或医务人员诊疗过程中的诊疗行为具有违法性;(2) 患者遭受实际损害;(3) 诊疗行为与患者损害之间具有因果关系;(4) 医疗机构及其医务人员主观上具有过错。[4]其中因果关系的证明相当复杂,一方面,智能机器人致人损害行为的发生机制复杂,他人干扰、自身缺陷、使用不当、未知原因等均能单独或共同造成致人损害的后果,而多个原因同时作用时各诱发因素在不同情况下对损害结果发生的影响程度又会有显著差异。一果多因、多因多果的广泛存在导致智能机器人致人损害行为和结果间的因

---

〔1〕 张韶国、张义华:"医疗人工智能侵权的责任主体分析",载《鲁东大学学报(哲学社会科学版)》2020 年第 4 期。

〔2〕 Daniel Scho nberger, *Artificial Intelligence in Healthcare: A Critical Analysis of the Legal and Ethical Implications*, International Journal of Law and Information Technology, 2019, pp. 171-203.

〔3〕 密田、高丽丽:"达芬奇机器人在手术中的应用",载《世界最新医学信息文摘》2019 年第 96 期。

〔4〕 杨立新:"医疗损害责任一般条款的理解与适用",载《法商研究》2012 年第 5 期。

果关系复杂化，显著提升了智能机器人致人损害因果关系的认定难度。另一方面，智能机器人运行的不透明性及不可预见性，进一步加剧了智能机器人致人损害行为因果关系的认定难度。[1]

（二）适用产品责任规则之不足

医疗智能产品在《医疗器械分类目录》中被规定为第二类和第三类医疗器械。2010 年施行的《侵权责任法》第五章"产品责任"的第 59 条规定："因药品、消毒药剂、医疗器械的缺陷，或者输入不合格的血液造成患者损害的，患者可以向生产者或者血液提供机构请求赔偿，也可以向医疗机构请求赔偿。患者向医疗机构请求赔偿的，医疗机构赔偿后，有权向负有责任的生产者或者血液提供机构追偿。"因此，因智能医疗机器人自身缺陷造成患者损害的情形被《侵权责任法》归为"产品责任"一类。根据我国《产品质量法》第 46 条的规定："本法所称缺陷，是指产品存在危及人身、他人财产安全的不合理的危险；产品有保障人体健康和人身、财产安全的国家标准、行业标准的，是指不符合该标准。"《产品质量法》第 46 条除了将是否存在不合理危险作为判定标准外，还规定："产品有保障人体健康和人身、财产安全的国家标准、行业标准的，是指不符合该标准。"依此规定，我国认定产品缺陷的标准有二：一是是否存在不合理危险；二是国家保障人身健康和人身、财产安全的强制性标准。对因使用产品而受到的损害，如果消费者能够证明产品不符合相应标准，则可以主张其存在缺陷，请求损害赔偿。我国产品责任法律制度中并没有对产品缺陷作明确的分类，但一般认为分为四种：制造缺陷、设计缺陷、警示缺陷和开发缺陷。[2]从产品责任认定条件看，智能医疗机器人致人损害可归于产品生产者和销售者的过失，包括产品生产过失、产品设计过失、产品警示过失和产品开发过失。智能医疗机器人致人损害的原因，既可能是产品生产制造过程中存在技术缺陷，也可能是产品人工智能系统本身基于大数据转化和超级算法分析后独立思考作出的决定，现实中对该事实认定无法形成有效判断。[3]因此，智能医疗机器人的生产者、销售者承

〔1〕 朱静洁："智能机器人致人损害民事责任的困境及其破解"，载《理论月刊》2020 年第 1 期。
〔2〕 李昌麒主编：《经济法学》，法律出版社 2016 年版，第 295 页。
〔3〕 范亲敏、周茂雄："人工智能背景下医疗法律责任的现实困境与完善路径"，载《重庆邮电大学学报（社会科学版）》2020 年第 5 期。

担产品责任具有合理性。但作为产品责任的关键构成要件"产品缺陷"难以证明。首先，智能医疗机器人属于高新科技产品，存在"技术黑箱"，[1]即使是专业从事智能医疗机器人产品研发和销售的人员在特殊情况下也很难及时发现和判断产品的缺陷，更不要寄希望于不具备专业知识水平的患者能够证明产品的缺陷。不能直接找到责任者或是因科学技术发展的局限性所导致的致人损害，只能作为意外事件处理。[2]其次，我国尚未出台有关智能医疗机器人的国家标准、行业标准，况且，国家、行业等强制性标准为最低标准，即使符合，也不代表其没有缺陷，受害患者举证困难重重。最后，我国专业的人工智能缺陷鉴定机构目前仍处于缺位状态，医疗鉴定与司法鉴定机构在处理涉及智能医疗机器人的鉴定事项时难免举步维艰。若医疗机构主张不承担责任，则需要依据《最高人民法院关于审理医疗损害责任纠纷案件适用法律若干问题的解释》第 7 条第 3 款的规定[3]对医疗产品不存在缺陷承担举证证明责任。这无疑增加了医疗机构使用智能医疗机器人的负担，虽然医疗机构在赔偿后有权向负有责任的生产者追偿，但是进行追偿的成本与追偿不能的风险会成为智能医疗机器人落地医疗机构的阻碍。同时，对于医疗机构而言，证明涉及高新科技的智能医疗机器人不存在产品缺陷也是十分困难的。由此，医疗机构遂成为智能医疗机器人产品损害责任纠纷中最为不利的一方。[4]

（三）适用高度危险责任规则之不足

高度危险责任规定在我国《民法典》"侵权责任编"中，高度危险责任采用"一般规定+具体列举+兜底性条款"的方式，兜底条款的设置使得智能医疗机器人侵权责任被纳入高度危险责任无法律上的阻滞。随着人工智能的高度发展，可能会在超级算法和深度学习技术的深度应用下产生具有独立自

---

〔1〕 刘建利："医疗人工智能临床应用的法律挑战及应对"，载《东方法学》2019 年第 5 期。

〔2〕 环建芬："人工智能工作物致人损害民事责任探析"，载《上海师范大学学报（哲学社会科学版）》2019 年第 2 期。

〔3〕《最高人民法院关于审理医疗损害责任纠纷案件适用法律若干问题的解释》第 7 条第 3 款规定，医疗机构，医疗产品的生产者、销售者、药品上市许可持有人或者血液提供机构主张不承担责任的，应当对医疗产品不存在缺陷或者血液合格等抗辩事由承担举证证明责任。

〔4〕 王轶晗、王竹："医疗人工智能侵权责任法律问题研究"，载《云南师范大学学报（哲学社会科学版）》2020 年第 3 期。

主意识能力的人工智能。但这是一种伴随技术的市场化应用而产生的新生事物，市场化的运行方式要求智能医疗机器人的生产者、制造者、使用者在享受其利益的同时也要具有风险承担的能力，风险的不可预测性契合高度危险责任的适用。[1]但一般认为，高度危险责任包括高度危险物致损责任与高度危险作业致损责任。[2]而智能医疗机器人侵权属于何类致损责任有赖于法学界充分的探讨与论证。此外，高度危险责任的承担主体包括高度危险物的占有人、使用人以及活动经营者。因此，若适用高度危险责任，智能医疗机器人侵权的最终责任承担主体为医疗机构，而智能医疗机器人的研发者、生产者、销售者均被排除在外，这对于受害患者的损害填补显然是不利的。

四、智能医疗机器人侵权救济规则之完善

人工智能的法律规制是人类理想法律图景的实然呈现，也是人类理想价值观的现实载体。[3]在现阶段明确智能医疗机器人为法律关系客体，坚持在填补患者损害的同时不妨碍智能医疗机器人的推广使用，在鼓励技术创新的同时预防技术危害人类健康的理念，通过对现行法律进行较小修正，以妥善解决智能医疗机器人的侵权损害问题。具体而言，包括以下几个方面。

(一) 适用医疗损害责任规则之补足

我国《民法典》"侵权责任编"规定了医疗损害责任，杨立新教授认为，《侵权责任法》第 54 条规定医疗损害责任一般条款之后，第 55 条、第 57 条、第 59 条、第 62 条又规定了医疗伦理损害责任、医疗技术损害责任和医疗产品损害责任。[4]其中因医疗产品缺陷而造成患者损害，医疗机构承担不真正连带责任的中间责任规则以及承担了中间责任之后的追偿规则。在这种情形下，医疗产品损害责任不在医疗损害责任一般条款的调整范围之内。但是，医疗机构在将缺陷医疗产品应用于患者时，如果是由于自己的过错造成患者

---

〔1〕 范亲敏、周茂雄："人工智能背景下医疗法律责任的现实困境与完善路径"，载《重庆邮电大学学报（社会科学版）》2020 年第 5 期。

〔2〕 马俊驹、余延满：《民法原论》，法律出版社 2016 年版，第 175 页。

〔3〕 张富利："全球风险社会下人工智能的治理之道——复杂性范式与法律应对"，载《学术论坛》2019 年第 3 期。

〔4〕 杨立新："《侵权责任法》规定的医疗损害责任归责原则"，载《河北法学》2012 年第 12 期。

损害或者因为自己的过错使医疗产品发生缺陷造成患者损害的,则应当适用过错责任原则确定损害责任。智能医疗机器人侵权责任要件构成是判定何种主体担责及责任份额判定的逻辑基石。由于智能医疗机器人参与的医疗行为与患者损害之间具有因果关系的证明较为复杂,有观点提出应适当降低证明标准,采用优势证据标准。根据《最高人民法院关于民事诉讼证据的若干规定》第 73 条第 1 款的规定,我国在民事领域主要采用高度盖然性证明标准,只有当一方的举证证明力明显大于另一方的举证证明力,即案件事实的存在具有高度盖然性时,方可予以认定;当双方举证均未能达到高度盖然性程度时,由负有证明责任的一方承担举证不能的不利后果。在弱人工智能医疗情境下,应采用优势证据标准,即证明责任仍由受害患者承担,只要患者的举证优于医院的举证,案件事实存在的可能性大于不存在的可能性时,即可予以认定。[1]但值得考量的是,优势证据标准的适用在多大程度上能改变案件的结果?由于患者相较于医疗机构处于弱势地位,加上智能医疗机器人参与诊疗的复杂性,患者举证往往劣于医疗机构的举证。在笔者看来,可在《民法典》"侵权责任编"中增加"智能医疗机器人损害责任"一章,先设置"一般条款",内容为"医疗机构及其医务人员在诊疗活动中使用机器人,导致患者在诊疗活动中受到损害,医疗机构及其医务人员不能证明自己尽到客观上的诊疗义务,由医疗机构承担赔偿责任"。换言之,在智能医疗机器人参与诊疗的医疗活动中,如果患者受到损害,证明责任由医院承担。因为在现阶段,人工智能参与的诊疗活动相较于人为治疗的医疗活动还是少数,由医疗机构承担证明责任,一方面平衡了患者和医疗机构的证明责任,有助于实现司法公平。另一方面也促使医疗机构和医务人员在运用智能医疗机器人时能尽到合理审慎的注意义务,人为减少智能医疗机器人损害责任纠纷,以构建良好的医患关系。

(二) 适用产品责任规则之补足

《民法典》"侵权责任编"规定了产品责任,依照其规定,在发生产品责任时,受害人可以向产品的生产者请求赔偿,也可以向产品的销售者请求赔偿。产品制造缺陷导致患者损害适用的规则基本没有争议。但是对于设计缺

---

[1] 李润生、史飚:"人工智能视野下医疗损害责任规则的适用和嬗变",载《深圳大学学报(人文社会科学版)》2019 年第 6 期。

陷导致患者损害所适用的规则，则呈现出无过错责任原则与过错责任原则分庭抗礼之势。有观点认为，人工智能产品的制造缺陷和警示缺陷，依据传统标准和举证责任就可以解决认定问题，而人工智能产品设计缺陷难以证成，相较之下生产企业在人工智能技术方面更专业，让其承担举证责任更合理。[1]质言之，只要受害人从人工智能的外部行为入手证明损害是由设计方面的原因造成的，就应由设计者来举证其设计是否存在缺陷。如果设计者不能证明其人工智能设计不存在缺陷，或缺陷与损害事实的发生没有因果关系，设计者就需要承担产品责任。由于智能医疗机器人侵权具有特殊性，因而可以在《民法典》"侵权责任编"中增加一条"智能医疗机器人产品存在制造缺陷和警示缺陷造成他人损害的，适用本法第四十一条的规定，存在设计缺陷造成他人损害的，设计者应当承担侵权责任"。此制度设计可以减少受害患者证明责任的负担，并在一定程度上促使人工智能设计者设计时更加严格谨慎。

（三）适用医疗损害责任和产品责任规则之补足

如果患者的损害是因医疗机构及医务人员存在诊疗过错，同时智能医疗机器人也存在产品缺陷，则共同适用医疗损害责任和产品责任。如果不能判断患者所受的损害究竟是医疗人工智能产品缺陷导致的还是医疗机构没有尽到自己合理的注意义务造成的，在司法实务中，法官可参照适用《民法典》"侵权责任编"第1170条关于共同危险的规定，[2]由产品的生产者与医疗机构承担连带责任。值得一提的是，此时的生产者应被扩大化解释，即包括智能医疗机器人的设计者、生产者、销售者和开发者。另外，还要在上文论及的"智能医疗机器人损害责任"一章中增加"免责事由"的规定，即智能医疗机器人的设计者、生产者、销售者和开发者只要证明自己的行为与受害患者的损害后果之间无因果关系并且已经尽到了客观上的合理注意义务，就无需承担智能医疗机器人损害责任或产品责任。该制度设计一方面贯彻了在填补患者损害的同时不妨碍智能医疗机器人的推广使用，在鼓励技术创新的同时预防技术危害人类健康的理念；另一方面对于受害者的损害填补具有实际效用。

---

〔1〕 孟亚楠："人工智能医疗产品侵权中的责任主体问题探究"，载《东南大学学报（哲学社会科学版）》2019年第A2期。

〔2〕《民法典》第1170条规定：二人以上实施危及他人人身、财产安全的行为，其中一人或者数人的行为造成他人损害，能够确定具体侵权人的，由侵权人承担责任；不能确定具体侵权人的，行为人承担连带责任。

（四）适用高度危险责任规则之补足

高度危险责任的归责原则为无过错责任原则。《医疗器械分类目录》将智能医疗机器人产品划为第二类和第三类医疗器械。因此可根据第二类和第三类医疗器械确定适用高度危险责任的智能医疗机器人侵权类型。人工智能诉讼的复杂性也让受到损害的原告十分畏惧。原告要想去证明究竟谁应当承担责任，可能是一件极其耗时并且充满技术难度的事情。[1]针对此情形，新西兰、瑞典等国家及地区对医疗损害进行无过错赔偿。无过错医疗责任的改革主张最为典型的是弗吉尼亚州和佛罗里达州采用的"无过错责任的有限版本"，[2]即为分娩过程中遭受神经系统损伤的婴儿提供无过错赔偿，而无须考虑医疗机构或医务人员是否存在过失。由于赔偿不再依赖于医疗过失之认定，也在一定程度上缓解了医患矛盾、消弭了医疗纠纷中的紧张对抗，其制度价值是侵权法模式无力企及的。[3]笔者建议在《民法典》"侵权责任编"中增加新的条文："智能医疗机器人参与诊疗行为，导致患者受到重大损害的，作为智能医疗机器人的使用者承担无过错责任。"该条文的基本思路是：受害患者无须证明医疗机构和医务人员存在过错，只要证明医疗损害的事实、损害已达至"重大损害"程度以及损害后果与医疗行为存在因果关系，即可获得损害赔偿。

（五）建立强制性保险和赔偿基金制度

欧洲议会于 2017 年 2 月 16 日就制定《机器人民事法律规则》提出具体建议，认为应当建立专门的欧洲机器人和人工智能机构，以监督符合安全标准和伦理原则的规则的制定和执行。在专门的欧洲机器人和人工智能机构的监管下，强制性保险计划和赔偿基金的落实成为可能，并通过数字编码的形式记录于特定的登记簿上，允许他人了解该基金的性质、缴纳基金人的姓名、

---

[1] ［美］约翰·弗兰克·韦弗："人工智能机器人的法律责任"，郑志峰译，载《财经法学》2019 年第 1 期。

[2] Paul C. Weiler, *The Case for No-Fault Medical Liability*, " pp. 910-911.

[3] 林暖暖："美国无过错医疗责任改革：制度缘起与法理启示"，载《中国社会科学》2010 年第 2 期。

承担的责任等诸多信息，为国家监督管理和风险预测铺平道路。[1]我国可借鉴欧洲的上述制度。首先，建立一个专业的智能医疗机器人监管机构，全程监管智能医疗机器人的产品研发、制作和销售，在销售前将每台机器的型号、生产厂家等重要信息记录在册，确保为市场输入合法的人工智能资源。行政前置的筛选虽然看似程序复杂，但是初期阶段的"谨慎"是人工智能市场秩序和谐的重要保证。[2]其次，建立智能医疗机器人强制性保险制度，由人工智能机器人的生产者、所有者或使用者负责购买，以便对损害赔偿进行责任分配，其中最终被保险人为生产者、所有者或使用者，以防保险公司行使追偿权而消解强制保险责任的分担功能。[3]另外对于智能医疗机器人产品推广使用过程中出现的产品缺陷或由其导致的医疗损害责任，由智能医疗机器人监管机构进行鉴定，其鉴定结果可作为法官认定产品缺陷的重要依据。

赔偿基金制度的建立是为了及时便捷地填补受害患者的损失，同时也分担了相关责任主体的负担。由于受害患者遭受的身体损害常常是不可逆的，因而经济赔偿能最大限度地填补受害患者的损失。该赔偿基金的供给方由智能医疗机器人的研发者、生产者、销售者和使用者（医疗机构）组成。如果患者遭受智能医疗机器人产品所致之严重伤残，有权从赔偿基金获得医疗赔偿而无须证明医疗机构或医务人员实施的医疗行为存有过失。

五、结语

人工智能医疗产品在迅猛发展的同时也带来了诸多新的法律问题，在现行法律框架下，医疗损害责任、产品责任与高度危险责任均难以妥善地解决智能医疗机器人侵权的问题。其中，适用医疗损害责任的不足之处在于因果关系的证明难度较大，适用产品责任的不足之处在于"产品缺陷"较难证明，适用高度危险责任则不利于受害患者的损失填补。为此，我们需要进行理论创新和制度创新，对新出现的社会问题作出及时有效的回应。智能医疗机器

---

〔1〕 贾章范、张建文："智能医疗机器人侵权的归责进路与制度构建"，载《长春理工大学学报（社会科学版）》2018 年第 4 期。

〔2〕 李坤海、徐来："人工智能对侵权责任构成要件的挑战及应对"，载《重庆社会科学》2019年第 2 期。

〔3〕 何炼红、王志雄："人工智能医疗影像诊断侵权损害赔偿法律问题"，载《政治与法律》2020 年第 3 期。

人损害责任问题是本文探究的课题。在明确智能医疗机器人为法律关系客体的前提下，从实际情况出发，分别适用医疗损害责任、产品责任和高度危险责任。建立完善的法律保障体系是所有产业蓬勃发展的推动力和重要保障，更是大数据时代的必然要求。建议对现行法律进行较小修正，以妥善解决智能医疗机器人损害责任问题，充实现有的侵权责任制度，推动和保障人工智能产业蓬勃发展。更好地实现在填补患者损害的同时不妨碍智能医疗机器人的推广使用，在鼓励技术创新的同时预防技术危害人类健康的理想图景。

作为习惯的陇南"女娶男嫁"

赵婧汝*

内容摘要：本文拟从法学、法人类学和法社会学的研究视角，研究陇南康县"女娶男嫁"婚姻习俗文化资源和婚姻家庭法律文化，以及习惯法和国家制定法的司法互动和调适，为依法治国提供田野资料；通过梳理婚姻成立、解除、离婚制度及子女财产继承和分割等方面所发生的变化，对陇南康县婚姻家庭法律文化的发展前景进行思考。本文以陇南康县为中心，选取"女娶男嫁"习俗最为流行和人口相对比较集中的阳坝村深入进行田野调查，以陇南康县阳坝村人文社会历史为背景，考察社会与家庭习惯法文化之间的调适建构关系。

关键词：陇南"女娶男嫁"习惯　婚姻法习惯　司法实践

一、陇南"女娶男嫁"婚姻习惯概述

"女娶男嫁"是康县南部一带及其周边地区汉族群众中较为普遍的传统婚姻形式。"女娶男嫁"婚姻形式是康县南部地区的主流婚姻形式，据康县官方在数年前公布的统计数据，在康县南部地区"女娶男嫁"家庭有 6000 户左右，占全县总户数的 13%~14%。有的乡镇"男到女家"户达到 50%以上，有的村达到了 80%以上。2000 年，据文县 11 个乡的统计，在 3421 户招婿上门的家庭中，独女户和有女无儿户就有 2202 户，占 64.4%。[1]与陇南康县相邻的文县和四川省绵阳市平武县、阿坝藏族羌族自治州九寨沟县交界的岷山一带生活的白马藏族，也流传入赘婚的习俗，被称作"抱儿子"或"上门孩"，用白马藏语表达就是"桑扎吉德或波波迪奇"，意思是指"到别人家吃饭，帮女方家顶门户"。[2]

---

* 赵婧汝，兰州大学法学院法律史硕士研究生。

〔1〕本课题为国家社科基金项目：西北民族地区非物质文化遗产法律保护问题研究（项目编号：18BMZ093）阶段性成果。陇南地区招婿上门、"男到女家"结婚落户简况，西北人口，1987（06）.

〔2〕苟玉娟："白马藏族入赘婚浅析——以四川省平武县木座藏族乡木座寨为例"，载《天府新论》2007 年第 A2 期。

康县南部当地许多家庭对子女婚姻大事的态度是"留女不留男",也就是生下儿子养大后嫁出去,生下女儿则留在家招婿,由女儿来传递香火,延续血脉,儿子则去做上门女婿,当地人称为"包儿子"或"当娃"。"这是祖祖辈辈传下来的老规矩,女儿不娶男人,跟着嫁过去了,那是最没面子的事。"[1]康县裕河镇余家河村47岁的农妇马政芳同70多岁的老母亲和妹妹一直生活在乡下的老屋里,儿子几年前就嫁到邻村,随女方改名换姓,女儿一直在外打工,她希望女儿尽快回家,找一个上门女婿,一家人可以安稳过日子。与中国大多数地区婚俗文化不同的是,康县南部的这种婚俗,由女子来传递香火,延续血脉。

正是由于这一独特的婚俗文化和观念,2017年康县"女娶男嫁"奇异婚俗被列入甘肃省非物质文化遗产名录。据康县非物质文化遗产保护中心相关人员介绍,"女娶男嫁"婚俗市级非物质文化遗产传承人有唐太芝、尹世成、马贵祥、张世清,县级传承人主要有唐太芝、马贵祥、尹世成、张世清等20余人。到达阳坝村后,保护中心请来了"女娶男嫁"婚俗的唐太芝、尹世成、马贵祥、张世清等四位"女娶男嫁"的非物质文化遗产代表性传承人。随后,在四位传承人的生动介绍和演绎下,我们对此婚姻形态有了一定的了解。

据唐太芝介绍,这里的男子都知晓长大成人后要嫁给女人,这是祖上传下来的规矩。如果一家有多个女儿且家境贫寒,也可以嫁女,但在阳坝村嫁女被称为"倒插门",在过去是很没面子的事情。我们坐车抵达阳坝村时,刚刚从车上下来,早已等候在一旁的唐太芝就给我和老师一人递上一根烟,当时我们都觉得十分诧异,后来才知道,在康县南部一带和阳坝村当地,女性和男性社会地位是一样的,男人女人都可以同样抽烟、喝酒,有客人来了,是由当家的女性负责招待和陪同,男人则在厨房做饭、炒菜,端茶倒水。在当地人的观念中,女人是一个家庭的主人,担当着家庭与社交的主角,婚丧嫁娶、请客吃酒,总是女人坐上座,喝酒、抽烟亦不让须眉。不过这并不意味着"女尊男卑",遇到家里或者村上的大事情,女方会尊重男方的意见,双方共同商量决定。按照当地的风俗,在生育方面,如果家里生了

---

[1] "揭秘甘肃陇南'男嫁女娶'婚俗",载搜狐网,http://m.sohu.com/a/161329669_157267,最后访问时间:2020年1月20日。

女孩，是一件很值得庆祝和高兴的事，家里人要设宴请亲戚朋友和乡亲一起庆贺。

据唐太芝介绍，"女娶男嫁"这一形式在当地普遍流行。他家在阳坝村旁边的油房坝村，现在这个村一共有 80 户，大概有 200 多人，至少有 40 户人家是"女娶男嫁"，"儿子到女方家去（意思是当上门女婿）是十分正常的情况"。唐太芝向我们一一介绍尹世成、马贵祥、张世清，他们都是"女娶男嫁"婚俗的非物质文化遗产传承人，还说，旁边的张世清和他是亲家，他的儿子嫁到张世清家去了，自己的两个女儿都是招女婿，自己老两口和两个女儿、女婿生活在一起。这四位"女娶男嫁"非物质文化遗产传承人都是"包儿子"。唐太芝还说，在阳坝村，家中只要是女儿，普遍都不外嫁，儿子都会"嫁出去"。婚后大家都在一个大家庭里住，通常是不分家的。因为都是一家人，家庭关系十分和睦美满。

在进一步的调查中发现，康县"女娶男嫁"婚姻大约有八种情形：

（1）有女无儿户：这种情形下的"女娶男嫁"，招来的上门女婿大多数情况下不改姓，生下孩子随母姓，如生两个孩子，就各姓一个。

（2）有儿有女户：这类家庭一般会将儿子嫁出，留女儿在家，招上门女婿，进门的女婿一般要改姓，生下的孩子随母姓。

（3）有儿无女户：这类情形一般是因为家庭情况比较贫困，无法或者很难凑齐娶媳妇的费用，只能把儿子嫁出去当上门女婿。这类情况在康县南部相对较少，康县北部则相对较多。主要是相对来说，康县北部地理环境是山大沟深、交通更为不便，而康县南部相对来说道路交通更为便利，农业条件更好，经济相对发达，主要在女家生产劳动，也要照顾本家，叫"二处管业"，已生两三个孩子的，先生的孩子随父姓，后生的孩子随母姓，男孩女孩都无所谓，只是按先后顺序确定跟父母一方姓。

（4）无儿无女户：此类情形主要是由于招婿家庭夫妇终身不育或孩子夭亡，早年抱养一个女孩，等女孩子长大后希望招个女婿照顾老人，这种情况上门女婿都要改姓，婚后生下的孩子要随祖父姓，也就是跟随女方姓，这种情况相对较少。

（5）儿女全留户：这种情形的女方家庭既有儿子也有女儿，父母既要给儿子娶媳妇，也要给女儿招女婿。此类情况，女婿虽然上门与岳父母住在一起，但是一般不必改姓，婚后生下的孩子也随父姓。这种情形主要是因为女方家庭经济条件较好，多数情形是因为家中有一儿一女，父母疼惜儿女，家里也有宽敞的住房，加上经济收入也比较好，思想没什么负担，父母觉得家里人多热闹，希望子女齐聚在一起。

（6）小儿大女户：这种情形一般是由于女儿年龄较大，儿子年龄很小。父母考虑到家中的实际情况，先给女儿招个女婿上门，共同生活劳动，等小儿子长大，父母给小儿子娶妻成婚后，再将女儿女婿分户另住。这类情形女婿一般不用改姓，婚后所生孩子均随父姓。

（7）独子独女成婚户：此类情形是因为女方家庭和男方家庭都只有一个孩子，因此，双方商议好"女娶男嫁"，男方上门，但女婿无须改姓。婚后，一般要生两个孩子，双方家庭各姓一个。这种情形在农业生产和家庭生活中，女婿要两头兼顾，就是说女婿既要照顾女方的父母、家庭、农业耕作和日常生活，也要照顾自己的父母、家庭和田地等，民间称其为"二处管业"。

（8）"半边户"：即男女双方一方为有父无母，一方为有母无父，两代人都同意"老配老""小配小"，男方上门，两家人合户同住，分别组成新的婚姻家庭。这种情况虽然数量很少，但是也一直存在。这种情况下，女婿一般要改姓，孩子要随女方家庭姓，但如果生两个孩子，可以各姓一个。

上述所列的各类"女娶男嫁"婚姻类型，过去大多数由父母包办，现在已由年轻人自主选择。

根据女方家庭的不同情况，上述"女娶男嫁"的各类情形，女婿改名和子女随姓是不完全相同的。从形式看，上门的女婿是否改名要由女方父母家庭与男方父母家庭婚前进行约定，但是，从内容看，女婿是否改名、并入女方家族的实际核心原因则较为多样。

综合而言，康县"女娶男嫁"的原因主要有以下几种情况：一是女方家庭劳动力不足，为补充劳动力，女方招女婿上门，如有女无儿户、小儿大女户；二是女方家庭继嗣的要求，如无儿无女户；三是补充劳动力和继嗣的双重要求，如"半边户"、独子独女成婚户；四是由于娶妻费用负担大，男方家庭经济条件较差无法负担，如有儿无女户；五是女方家庭经济条件非常好，如儿女全留户；第六种，有儿有女户招女婿的原因主要是父母较为开明，对"女娶男嫁"这一当地婚姻文化比较认可。

二、司法实践中的"女娶男嫁"婚姻习惯

(一) 更名改姓

在中国传统文化和观念中，"姓"表达的是血缘遗传关系和家族继嗣。笔者在调查中了解到，在陇南康县，过去男方到女方家上门时都会"男到女家，更名入籍"。"更名入籍"的含义有三层：第一，男方要改成女方的姓；第二，男方要改名，也就是男方要"更名改姓"，新的名字一般是按照女方辈分的取名方法排序，即第二个字一般是和女方同辈的，第三个字是女方长辈根据男方的特点给男方取的名字；第三，男方在婚礼上要举行仪式向女方家庭认祖归宗，男方要写入女方家谱，即"更名入籍"，正式成为女方家庭的一员。

在康县南部，结婚当天女方家里长辈还要给男方重新取名，男方要随女方的姓。以前户籍管理没有现在这么严格，男方入赘后户口都要改了。调查中发现，现在时代变化了，男方是否要遵从"更名入籍"要与女方婚前约定。现实生活中的绝大多数情况下是女方提出要求经男方同意后决定。根据本文收集的民事判决书的数据统计，2014 年以后男方婚后"更名入籍"的仅占 22%，78% 的上门女婿并没有改姓，仍然使用原来的姓名。大多数判决书中都没有提及男方是否把户口迁入女方家庭，但是仍有 22% 的家庭明确表明男方迁户口到女方家庭，7% 的家庭表明没有将男方户口迁入女方家庭，其中一家庭明确表示当时男女双方家庭明确约定男方不迁户口。

"男到女家"的另一种情况是被当地人称为"二门俱开，两来两去"，是指男方婚后保留原来的姓氏和名字。根据中国裁判文书网上民事判决书的统计，"女娶男嫁"家庭的离婚诉讼中，结婚时明确约定男方"二门俱开"或"二处管业"的共有 8 件，占诉讼总量的 18%。"二门俱开"有时意味着男方将来有可能带女方和孩子返回自己家生活。

就中国传统文化和法文化来说，姓名虽然是一种符号，但其价值不仅仅在于符号本身，更多的则在于其承载的文化、历史和血缘等内涵丰富的意义。"更名入籍"意味着男方嫁入女方家后，被视为"包儿子"，要一切遵从女方家族的习俗和规矩，作为女方家庭成员与妻子共同生活，也和妻子一样称呼女方家族成员。据唐太芝介绍，唐太芝并不是他原来的名字，唐是他妻子家的姓，他妻子是"太"字辈，所以他也是"太"字辈，"芝"是女方家的老

人商量后给他取的名字，所以，单从名字上看，唐太芝和他妻子的名字只差最后一个字，这往往给不了解情况的人一个错觉，他们不是夫妻而是兄妹。在遵从"女娶男嫁"婚俗地区，村里的姓氏十分繁杂，甚至有一家六个人姓五种姓，孙子的姓有的随外公，有的随爷爷奶奶，有的随父母。大部分"男媳妇"都有两个名字。

（二）子女随姓

"女娶男嫁"婚姻中，男女双方婚后所生的孩子一般是要随母亲的姓氏的。"女娶男嫁"的重要目的之一就是延续女方家庭的血脉，即继嗣，婚后孩子跟谁姓的问题等于解决了女方家庭的继嗣问题。综合根据康县"女娶男嫁"婚姻的各种情形，总体而言，采取"女娶男嫁"婚姻形式的家庭在婚前就已经约定好未来孩子的姓氏，普遍采取的方法有两种，一种是所有孩子都随女方姓，另一种是一个孩子跟女方姓，一个孩子跟男方姓。这种情况在"二门俱开，两来两去"中十分常见，一般是第一个孩子跟母亲姓，第二个跟父亲姓，第三个跟母亲姓，第四个跟父亲姓，以此类推。婚后若生育两个子女，男女双方名下各一个，各自顶门立户。若只生育了一个孩子，则由双方商议确定姓氏，一般倾向于女方。实践中，男女双方父母会在订婚时事先约定好婚后孩子跟谁姓，因此，生活中很少有因孩子跟谁姓发生纠纷的，即便是离婚，也很少因孩子跟谁姓产生分歧。

从本文收集到的裁判文书的数据来看，"女娶男嫁"婚姻形式下的45件离婚案件中，有29件是子女随母姓，约占案件总量的65%；有6件是子女随父姓，占案件总量的13%；还有1件是孩子随祖父姓，调查中发现本案中孩子的祖父，即女方的父亲也是上门女婿，和女方母亲结婚时没有改姓，孙子出生后随他姓。当地人对这种情况的说法是"转来转去就转过去了"，意思是上门女婿虽然改姓女方姓，但是等到有孙子的时候姓氏又转回自己家了，相当于还是男方家庭的姓；还有1件是夫妻双方无子，收养的孩子姓母姓。

（三）夫妻关系

"女娶男嫁"婚姻形态下，通常上门女婿在婚姻家庭中的地位相对较低。调查发现，康县户口簿上登记的户主一般都是女方。在康县，离婚案件中女方是绝对的强势方，男方属于弱势群体。从近几年类似案件分析，女方起诉男方离婚的比例超过95%。从本文收集到的裁判文书中统计，"女娶男嫁"婚姻中提起离婚的 45 件案件，有 42 件是女方提出的，占案件总量的 93%；仅有 3 件是男方主动提出的，占 7%，其中 1 件男方是外地人，与当地人的婚姻习俗观念有很大不同，自结婚后就一直不愿意与女方家庭生活在一起。与之相应，作为被告的男方，25 人答辩时表示坚决不同意离婚，占 56%，反对的理由也大体一致，即表示自己已经在女方家长期生活，尽到了照顾家庭、子女和老人的义务，而且自己离婚后无处可去；另外，14 人表示同意离婚，占 31%，其中 10 人表示尽量不离婚，如果女方实在要求离婚，请女方向自己支付一定的劳动补偿费，金额从 10 万元到 30 万元不等，有个别人还要求分割共同修建的房屋等。

康县南部的男方入赘后社会地位或家庭地位不会发生改变，康县北部则略有不同。"女娶男嫁"中的特殊约定——"二门俱开"在康县南部和康县北部称呼并不一样，"二门俱开"和"二处管业"的意思是一样的，都是指男女双方的父母均要照顾，叫法不同是地域差别引起的，康县南部称为"二处管业"，康县北部称为"二门俱开"。虽然意思是一样的，但具体到婚姻生活中略有不同。康县南部盛行"女娶男嫁"，"二处管业"或直接当上门女婿对男方而言不会有心理落差，与周围人交往也不会有自卑感。而"二门俱开"在康县北部多发生于独生子女家庭或一家有两个儿子的家庭，最关键的一点是男方普遍家庭条件较差。这样的家庭女方一般较为强势，男方入赘后多有自卑感，甚至于女方生活的街坊邻居也会用异样的眼光看待男方。

从表 1 可以看出，本文收集到的"女娶男嫁"婚姻家庭纠纷的民事判决书中，提到男女双方婚前约定"二门俱开"和"二处管业"的一共有 8 件文书，其中康县南部分别有 3 件提到"二门俱开"和"二处管业"，康县北部则有 1 件约定"二门俱开"，还有 1 件提到"二门俱开"但是未提及地点，只是说在康县。这说明，这两种说法在康县南部和北部都比较流行，对"二门俱开"和"二处管业"的适用实际上并无本质不同。

表 1　康县"女娶男嫁"婚姻家庭纠纷民事判决书分析　（单位：件）

地点	"二处管业"	"二门俱开"
康县南部	3	3
康县北部		1

续表

地点	"二处管业"	"二门俱开"
未提及地点		1
总计	3	5

（四）家庭关系

"女娶男嫁" 这种婚姻形式不强调要两边照顾。调查的整体结果显示，对于父母的赡养，目前来说更多的是注重要照顾女方的家长，当然，也有少部分的案例主要考虑的是双方父母以后的养老问题。在 "女娶男嫁" 这种婚姻形式中，女婿更多地承担起了赡养女方父母的责任。在这种传统观念中，儿子嫁出去之后，不能得到家中的财产，同时也不需要负责自己父母的养老问题，自己父母的养老由留在家中的女儿负责。在日常的生活中，看到村寨中出嫁的儿子对父母的孝敬无非是回娘家给父母带点礼物，买几件衣服，过节的时候给父母一些零用钱，父母平时的生活主要还是依靠留在家中的女儿和娶进门的女婿照顾。嫁出去的儿子对父母的孝敬可以说是 "随心功德"，儿子即使不做这些也不会招到人们的谴责。因而在调查中，也常常听到老人们说 "有时候女儿会更孝敬父母"，其中的原因是女儿比较细心，尤其对于母亲来说，女儿与自己的关系往往会比媳妇与自己的关系要好。

（五）继承

入赘婚习俗虽然在国家法律法规中没有明确的规定，但对于赘婿地位和继承权也按照 2001 年《婚姻法》和 1985 年《继承法》进行了保护。[1]调查中了解到，在 "女娶男嫁" "男到女家" 的婚姻形态中，婚后男方要对女方父母承担养老送终的义务。"男到女家" 的，男方不能再继承自己父母的财产，也不参与原家庭内部财产的分割，嫁出去后就是客人了，俗称为 "走亲戚"。但是男方可以继承女方家的财产，并成为这一家的家长。调查时唐太芝说，在 "更名改姓" 的情况下，到女方家的男子就没有继承自己父母财产的权利；如果是 "二门俱开，两来两去"，这种情况下男方要照顾双方的老人，

---

[1] 邓华鑫："民间法与国家法的冲突与整合——以粤北客家婚葬习俗为视角"，西南大学 2015 年硕士学位论文，第 25 页。

也可以继承自己父母的财产，还可以继承女方父母的财产。但这一说法在调查康县人民法院时被长期办理此类案件的法官反对，据他介绍，无论是康县南部还是康县北部，只要是"男到女家"，男方就不能再继承自己父母的财产，这在当地已经形成习俗了。据他了解，大家都遵守这一约定俗成的习俗，在司法实践中从来没有发生过"男到女家"后又要求参与自己父母的财产继承的。

（六）婚姻的解除

我国 1985 年《继承法》第 9 条规定，继承权男女平等。该法第 30 条规定，夫妻一方死亡后另一方再婚的，有权处分所继承的财产，任何人不得干涉。该法第 10 条第 1 款规定，配偶、子女、父母作为第一顺序的继承人继承遗产。按照康县地区的风俗传统，一般而言，"女娶男嫁"后男方总是到女家落户和居住。在离异后，男方一般不得从妻家带走财产，只能带走出嫁时带来的嫁妆。在陇南康县地区，家庭承包的土地被看成妻家的财产，所以有些本来已经破碎的婚姻关系，男方也不敢轻易提离婚，因为担心提出离婚后，会被女方扫地出门，实践中这样的例子并不鲜见。"男到女家"的，大多是女方提出离婚，原因绝大多数是男方好吃懒做、能力差，此时，一般是男方净身出户，女方则根据家庭情况及男方在家中的表现给一定补助或不给。双方离婚必须按法定程序办理离婚手续。

离婚时双方的财产主要是女方家里的耕地和房屋。耕地原本就是属于女方家的，离婚时仍然会分割给女方。许多"女娶男嫁""男到女家"的家庭，男方家庭经济条件较差，带财上门的很少。婚后，许多男方和女方共同修建自建房，离婚时，男方仅能得到一定的经济补偿。调查中了解到，阳坝村"男到女家"的家庭很少有离婚的情况，即便离婚，也是女方主动提出的，"因为男方在家里不好好干活，好吃懒做。男方要是提出离婚的话就直接出门走人嘛，女方要离婚就给男方算钱"，"一般男的不干了，也有不赔钱的，按照小工的价格算"。

陇南"女娶男嫁"传统婚姻法律文化沿袭至今的原因，除地理环境因素的影响外，习惯作为一种传统法律文化观念的来源应当说也是这一婚姻法律文化长期存在的极为重要的原因之一。婚姻家庭法律文化不仅被一个地区的人们普遍接受和认可，而且凝聚着人们情感和智慧的社会习惯和精神观念的传承。社会和经济的快速发展对中国人的婚姻价值观产生巨大的影响，使人们的婚姻观念发生显著变化，但是人们似乎忘记了在社会发展背后根深蒂固存在着的传统婚俗习惯对人们婚姻生活的潜在的持续性影响。尤根·埃利希认为，法律发展的重心在社会本身，"活法"是与国家实施的法律相对的、由社会进行实践的法律，人们对于这种"法律"的遵守，如履行夫妻、父子义务，以及清偿债务都是源于习惯，不需要深思熟虑。采访唐太芝时，他说自己把女儿留在家中招了女婿，儿子则到邻村家去上门，他说，"儿子嫁出去和'包儿子'是没什么区别的，他自己也是'到女方家'，自己的儿子'到女方家去'也没什么关系，相反，女儿留在家里对家里老人更好一些，生活上可以更方便照顾老人，女婿也是从熟人家娶过来的，知根知底，人也本分，对自己女儿也很好"。

由于国家的法律在实际运作中吸收了乡村社会固有的习惯、规矩、礼仪、人情面子机制和摆事实讲道理这样的日常行为模式，法律才获得了乡村社会的认可，才在有意无意之间渗透到乡村社会之中。因此，我们可以说，法律是在对人情和道理的认可的基础上才触及乡村社会的，反之，法律在对乡村社会的征服过程中，肯定了传统的人情和道理的合法律性。[1]

根据中国裁判文书网的检索，从 2014 年开始，截至 2019 年 12 月 31 日，陇南康县人民法院办理的婚姻家庭案件总数为 353 件，其中公开的民事诉讼文书一共是 93 件。[2]以下将对中国裁判文书网检索到的康县"女娶男嫁"民事案件的数据进行统计和分析，以探究"女娶男嫁"婚姻法律文化在司法实践中的具体样态和特征。

从中国裁判文书网上检索到，陇南康县人民法院公布了 93 件婚姻家庭纠纷案件，其中 87 件是离婚诉讼，占案件总量的 93.5%。这 93 件案件中，其中的 49 件发生在"女娶男嫁"家庭，占案件总量的 52.7%。

法视野下的习惯是指某区域范围内，基于长期的生活实践而为社会公众所知悉并普遍遵守的生活和交易习惯。习惯是在社会全体或某一社会领域内以

---

〔1〕 强世功："一项法律实践事件的评论"，载王铭铭、王斯福主编：《乡土社会的秩序、公正与权威》，中国政法大学出版社 1997 年版，第 16—18 页。

〔2〕 参见中国裁判文书网，http://wenshu.court.gov.cn/website/wenshu/181107ANFZ0BXSK4/index.html？docId=d4fcae1d02a3479baf28aa8d007ff803，最后访问时间：2020 年 1 月 10 日。

约定俗成的方式形成，而不是由国家立法机关制定。[1]2017 年《民法总则》第 10 条对"习惯"较为重视。从本文收集到的判决书看，当婚姻家庭出现矛盾、纠纷，人们采用司法途径进行解决时，因"女娶男嫁"引发的一系列民俗习惯在司法实践中也产生了直接和间接的影响。

从本文统计的所有"女娶男嫁"婚姻家庭发生纠纷的民事判决书中看，所有案件（49 件）都表明男女双方在订婚时或者结婚时就明确约定是"女娶男嫁"或者"男到女家"，其中，有 8 件则明确约定女婿是"二门俱开"或"二处管业"。

从案件审理情况看，只要男女双方婚前明确约定"女娶男嫁"或者"男到女家"，绝大多数情况下，双方家庭和男女本人对此都表示认可，也会自觉遵守本人改姓、子女随姓、家内财产分割和继承、赡养老人等相关习惯和做法。在所有的判决书中，男方都没有明确表示婚后反悔或者不愿意到女方家庭生活，对子女随姓问题也都没有异议。作为被告的男方，在答辩时都明确表示自己已经尽到抚养子女、照顾女方家庭和赡养女方父母的义务，判决书也对此进行认可，双方对这些事实和行为争议不大。判决书中明确提到男方不愿意迁户口到女方家的只有 1 件案件。本案情况为，男方婚后到女方家生活一个月就不断动员女方到自己开店的陕西省汉中市略阳县生活，后来又说服女方到男方家生活，并将女方户口迁到男方家庭，孩子虽然先随女姓，但是迁户口后又改随男姓。[2]

综上可见，陇南康县地区的"女娶男嫁"婚姻中，包含着从彩礼、改姓、夫妻关系、家庭财产、子女姓名、继承等一系列的民俗习惯。从思想观念看，当地绝大多数人的思想观念对"女娶男嫁"婚姻法律文化是认可和接受的，即便发生离婚和家庭纠纷，大多数人都自觉认可"女娶男嫁"这一婚姻形式的约定，将其作为婚姻权利义务关系的前提。从行为方式看，以"女娶男嫁""男到女家"方式结合的男女双方，无论内心是否愿意，男方一般都会按照当地的习俗改姓、迁户口、子女随母姓或者第一个孩子随母姓、赡养老人等。这充分说明这些习惯虽然没有以国家制定法的方式呈现，但是对当地人的思想观念、行为方式等产生着深刻的影响。

---

〔1〕 李凤章、吴民许、白哲编著：《民法总论：原理·规则·案例》，清华大学出版社 2006 年版，第 106 页。
〔2〕 参见中国裁判文书网淡彩丽与汪汉平离婚纠纷一审民事判决书。

三、作为习惯的"女娶男嫁"风俗与司法调适

（一）婚姻成立的双重路径：传统仪式结婚习俗与婚姻登记的并行

调适的一般含义为通过调整以期适应。调适亦称"社会调适"，英国哲学家、教育学家、社会学家、心理学家和早期进化论者斯宾塞将调适解释为人类在交往过程中产生的一种调整和适应社会环境的能动作用。引起调适的原因有冲突社会变迁文化交流。婚姻习俗与婚姻法出现冲突所采取的调适这种"能动作用"应包含以下两个方面：一是婚姻法在制定过程中应尽可能地考虑和吸收某些良好的或现阶段有存在价值的婚姻习俗，在法条的设计上尽量与属地居民的风俗习惯相适应；二是摒除或改良某些不合理和落后的婚姻习俗以适应婚姻法的要求。

过去，康县"女娶男嫁"传统婚姻传统习惯中，重结婚仪式而轻结婚登记。人们普遍认为结婚仪式是婚姻成立的重要形式，青年男女只有举行传统的婚礼仪式后才算结婚。调查中了解到，康县地区很多人结婚前都没有去民政部门办理结婚手续，只在家里按照当地习惯举行结婚仪式。在阳坝村，据唐太芝介绍，只要青年男女举行了结婚仪式，男女双方的整个宗族和村寨众人就会认可双方夫妻关系的成立，至于是否登记或何时登记，在所不问。这种婚俗的隐患是，一旦夫妻双方婚姻关系破裂，对共同生活期间的财产分割就容易产生纠纷，特别是对婚姻持续时间较长的，其财产分割的证据收集比较困难。

过去，大部分人遇到婚姻问题时能够根据当地民俗解决。但现在随着人们的观念变化、生活方式变化、经济快速发展，越来越多的人通过诉讼解决婚姻纠纷。根据本文的数据统计，2000 年以后，随着生活环境的变化、《婚姻法》的影响、人们法律意识的提高、社会经济的发展、交往空间的迅速扩大和交叉等，人们开始在举行传统婚礼仪式的同时或者之后，再去补办结婚证，使自己的行为符合国家法律的规定。

从收集到的 49 件"女娶男嫁"婚姻家庭纠纷民事判决书中，经统计，举行传统仪式结婚和办理结婚登记同时进行的仅有 12 件，1 件未进行结婚登记，其他 36 件都是先举行传统的结婚仪式，之后再到民政部门补办结婚登记。从结婚登记变化趋势看，36 件案件当事人，2000 年以前结婚的大多数夫妻都是举行传统结婚仪式后一直生活在一起，2001 年以后都陆续到民政部门补办结

婚证。2002 年以后结婚的夫妻，绝大多数是先举行传统的结婚仪式，之后再到民政部门补办结婚登记。2010 年之后结婚的夫妻，基本上都是登记结婚和举行传统结婚仪式同时进行。

2001 年 12 月实施的《最高人民法院关于适用〈中华人民共和国婚姻法〉若干问题的解释（一）》第 4 条规定，男女双方补办结婚登记的，婚姻关系的效力从双方均符合婚姻法所规定的结婚的实质要件时起算。补办登记其婚姻关系可溯及既往，得到承认与保护。该解释第 5 条规定，未办理结婚登记而以夫妻名义共同生活的男女，起诉到人民法院要求离婚的，应当区别对待：1994 年 2 月民政部《婚姻登记管理条例》公布实施以前，男女双方已经符合结婚实质要件的，按事实婚姻处理；1994 年 2 月以后，未补办结婚登记的，按解除同居关系处理。

裁判文书数据的分析也显示出，自 2001 年《婚姻法》修正后的第 8 条规定的"未办理结婚登记的，应当补办登记"的国家强制性规定在司法实践中让人们通过补办结婚登记来使传统仪式婚姻符合国家法的规定。

（二）"女娶男嫁"财产分割习惯的司法调适

"女娶男嫁"婚姻的离婚案件中，财产分割一直是纠纷解决的难点，司法实践中，只能具体案件具体对待。调查中了解到，康县北部地区"女娶男嫁"离婚案件中解决财产分割问题的常规做法是女方给男方一定的经济帮助费。这是因为，康县北部地区通常是家里有两个儿子的人家会有一个儿子当上门女婿，其中一个儿子上门到女方家里后，另一个留在家里的儿子就继承了父母的全部财产，因此，离婚时女方通常会给上门女婿一定数量的经济补偿费。康县南部地区则不同，当地盛行"女娶男嫁"这一风俗习惯，无论家里有几个儿子，甚至于独子，"男到女家"也是十分普遍和常见的，因此，只要事先约定，男方也可以继承自己父母家的财产。因此，司法实践中，夫妻共同财产分割一般会参照普通的婚姻案件对待，也就是说，根据夫妻双方的财产情况和双方的过错情况来分割共同财产。康县南部之所以盛行这种风俗，是因为据传当年太平天国战败后，部分将士逃到康县南部，为了生活，不得已入赘当地农户家，只有入赘才能活命，所以当地人多以入赘的方式经营自己的婚姻家庭，至今康县南部仍有一个地方叫太平乡。

需要说明的是，"女娶男嫁"的离婚诉讼中，自建房屋的分割难度较大。

一般情况下，普通的财产，如存款、自购车等都比较容易分割，按比例平均分配或根据过错原则进行分配就行。但是，"女娶男嫁"婚姻中由于男方上门的重要任务就是要与女方一起共同盖房子，这种情况在农村尤为重要。根据本文收集到的民事判决书中的数据统计，男方到女方家后修建自住房的情况有 24 件，占离婚案件的 52.2%。

修建自建房是农村常见的情况，不仅花费较大，而且周期很长。调查时了解到，陇南当地人一般是一次借钱凑齐修建房屋主体结构的费用，房子主体结构建好后先把房屋的外墙墙面建好，各屋的门窗装好，堂屋的墙面刷好，所有屋子的装修、粉刷要等过几年还完钱之后再慢慢做，所以常常出现这样的现象：在路边看见农户家里的房子外墙很漂亮，走进去一看，里面只有一间堂屋装修好，其他屋子都是毛坯房。等到所有房间都装修好的时候，往往已经五六年过去了，所以代价很大，不仅材料费用很高，人工更是无从计算。当离婚纠纷中一方要求房屋分割时，由于房屋价值无法具体估算，找鉴定机构鉴定成本又太高，分割房屋就成了一个难题。如果夫妻双方都要自建房，只要通过竞价就可以解决；如果夫妻双方都不要房子，司法实践中法官的具体做法常常是房随人走，即房子给女方，女方就根据修房的成本给男方一定的补偿，如果男方要房子，男方也要给女方一定的补偿。由于康县"男到女家"的情况居多，法官往往会参照建筑成本对房屋价值进行估算后，要求女方给男方一定的补偿。再加上农村自建房屋升值空间较小，有些较为偏远的村庄由于人口稀少、交通不便，自建房甚至还会贬值，补偿的金额也是十分有限的。

实践中，由于男方为女方家庭的贡献、男方继承权丧失的习俗等多种原因，绝大多数的离婚案件法院都没有支持女方提出的离婚请求。

(三) 与法定禁止近亲结婚的冲突

根据选取的民事判决书的数据统计，离婚案件的案由主要有两类，一是"离婚"，占 98%，二是"婚姻无效"，占 2%。其中一件"婚姻无效"的案件是由于姑表近亲结婚。笔者从中国裁判文书网上检索到，张某甲诉被告张某乙婚姻无效纠纷一案，[1]其原因是表兄妹结婚，表兄入赘表妹家，女方起诉男方要求判决婚姻无效。随着城市化发展进程的加快，陇南地区大多数年轻

---

〔1〕 参见中国裁判文书网张某甲与张某乙婚姻无效纠纷一审民事判决书。

人都去外地工作，村寨内部婚姻链断裂，导致很多适龄男青年找不到合适的结婚对象，近亲结婚的概率不断增加。[1]

我国《婚姻法》明确规定，直系血亲和三代以内旁系血亲禁止结婚。调查中发现，在康县当地的婚姻习惯中，姑舅表婚制度仍然有一定的数量。姑舅表婚属于三代以内旁系血亲的近亲结婚，这种习惯存在的主要原因是"亲上加亲"。这种姑舅表婚明显违背了我国《婚姻法》关于禁止近亲结婚的强制性规定。

（四）"女娶男嫁"赡养老人习惯与司法的冲突

关于赡养老人，作为一般原则，陇南"女娶男嫁"婚姻习惯中，一旦男方上门、"女娶男嫁"，那么男方就不再赡养自己的父母而是仅赡养女方父母。作为例外，如果男女双方"女娶男嫁"时明确约定男方是"二门俱开"或"二处管业"，则男方婚后要同时照顾两方的家庭和父母，即在赡养女方父母的同时，也要赡养自己的父母。这一习惯因其不与国家法律相抵触，在司法实践中基本上是通过"分家协议"这一受到当地人普遍认可的习惯做法加以认可和调适。

关于继承，陇南康县当地人普遍认为，只要"女娶男嫁""男到女家"，即使是"二门俱开"或"二处管业"，按照当地的风俗习惯，作为上门女婿的儿子也无继承财产的权利，"二门俱开"或"二处管业"是可以帮助其他子女照料家务和照顾父母生活起居，但只要"男到女家"，男方也就不再具有继承自己父母遗产的权利。

如安某1与安某2赡养纠纷案[2]，其判决书中就提到这一习惯。安某1为安某2之父，其将自己承包的耕地平均分给三个儿子，并写了分家协议，约定自己由小儿子安某3赡养，安某2赡养其母张某，后2001年安某3入赘到陇南市武都区，安某1独自生活。2013年安某2强占安某1的土地，2016年安某1将其告上法庭，主张安某2应赡养自己。安某2主张，根据分家协议的约定，安某1应由安某3赡养。法庭认为，分家协议的约定符合当地的风俗习惯，其约定应当是有效的，但是，安某3入赘后其父亲安某1已经将耕

---

〔1〕 张德昌、石修华："民族婚俗与婚姻法律冲突的司法调整——论贵州世居少数民族婚姻案件审理的规范化方向"，载《当代法学论坛》2009年第3辑。

〔2〕 参见中国裁判文书网安某1与安某2赡养纠纷一审民事判决书。

地收回由自己耕种，原来的分家协议也已经变化。虽然在分家时约定安某 1 由安某 3 赡养，根据 2001 年修正的《婚姻法》第 21 条第 3 款规定："子女不履行赡养义务时，无劳动能力的或生活困难的父母，有要求子女付给赡养费的权利。"因此，安某 2 强占其父安某 1 的耕地后，赡养其父安某 1 的责任也应由安某 2 承担，法院支持安某 1 向安某 2 要赡养费的请求。

这件赡养纠纷中，安某 3 入赘后，其父亲安某 1 随即收回原来分家协议中划给安某 3 的耕地由自己耕种。安某 2 强占这块耕地后，其父亲安某 1 提出诉讼请求要求安某 2 而不是安某 3 赡养自己，法院也支持这一诉求。这一判决潜在的前提是认可了当地的风俗习惯，即入赘后的儿子不再有赡养老人的义务，也没有家中土地的继承权，因此，安某 3 入赘后就不再负有赡养父亲的义务，安某 2 也理所当然地把父亲的耕地拿来耕种，并没有留给安某 3 的意愿和做法。

这种属于习惯与法律规定不相一致的情况。2001 年修正的《婚姻法》第 21 条第 3 款规定："子女不履行赡养义务时，无劳动能力的或生活困难的父母，有要求子女付给赡养费的权利。"按照康县当地的风俗习惯，在上门女婿是否要承担对父母的赡养义务问题上，依据当地传统风俗习惯，上门的儿子在与父母的财产及人身关系上，既无继承的权利也无赡养的义务，因此儿子不承担主要的赡养义务这种行为并不违反习惯。但是按照我国《老年人权益保障法》的规定，赡养人应当履行对老年人经济上供养、生活上照料和精神上慰藉的义务，照顾老年人的特殊需要。还规定赡养人是指老年人的子女以及其他依法负有赡养义务的人；赡养人有义务耕种老年人承包的田地，照管老年人的林木和牲畜等；赡养人不履行赡养义务，老年人有要求赡养人付给赡养费的权利。但是，本案表明，风俗习惯和法律规范之间产生了正面冲突，即入赘的儿子不再承担赡养义务这一习惯和法律规定子女有赡养义务之间产生了冲突。如果以法律规定审理本案，判决理论上是让三个儿子共同赡养。但是，实际上这样判必定会引起双方当事人的不服，被告会进一步提起上诉。

本案的法官在审理此案时采用法律优先兼顾习惯的方法，判决由安某 2 每月支付安某 1 赡养费。由此，法定权利向习惯权利作了恰当的让步，当事人均未上诉，现已自愿履行。这一判决使得善良风俗和法律规定的冲突在很大程度上得到了很好的调和，遵循了赡养法定义务原则、保护被赡养人合法权益原则、利益均衡原则、遵守风俗习惯原则、考虑赡养人的经济能力与保障被赡养人的基本生活相适应原则、尊重当事人意愿着重调解原则等解决赡养纠纷案件的原则，法官运用自身掌握的法律知识，结合康县当地的风俗习惯，依照当事人的实际经济状况以及尊重双方的意愿解决了这类纠纷，对构建和谐社会具有很大促进作用。

（五）"女娶男嫁"彩礼与司法实践的冲突与调和

彩礼一般是双方订立婚约时由赠与方给予受赠方的。"婚姻成立"是男女双方依法确立夫妻关系的行为。彩礼源于《礼记》中"六礼"，由"六礼"中的纳征演化而来，古代的婚姻制度中，彩礼的意义在于如女方接受男方的彩礼，则意为男女双方订立婚约。《礼记·曲礼》记载："非受币不交不亲。"[1]历史上，婚姻成立从订立婚约开始。婚约即婚姻的约定，是缔结婚姻关系的程序要件，一经订定婚约便轻易不得解除。近代以来，受西方婚姻法的影响，婚姻立法不再将订立婚约作为结婚的必经程序，而是以登记结婚为婚姻成立的要件。目前我国法律虽不禁止订婚行为，但对婚约也不保护。

司法审判中，彩礼返还纠纷案件主要依据《最高人民法院关于适用〈中华人民共和国婚姻法〉若干问题的解释（二）》[2]第10条的规定。依据此规定，在以下三种情况下彩礼给付方向彩礼收受方索要彩礼，人民法院应予支持：第一，双方未办理结婚登记手续的；第二，双方办理了结婚登记手续但确未共同生活的；第三，婚前给付并导致给付人生活困难的。但这一规定并不意味着彩礼制度被我国法律承认。

在我国彩礼是一种极为普遍的民间风俗。康县法院审理的张某与闫某婚约财产纠纷案[3]充分说明了这一风俗的现状。原告张某与被告闫某2017年5月1日举行婚礼，但一直未办理结婚登记。婚后双方仅一起生活了几十天就一直分居，后因生活琐事发生争执，闫某离家出走，原告随即提出离婚。法庭调查各项金钱的具体功用和分类细加区分后认定，按照当地风俗习惯，张某与闫某订立婚约、举行订婚仪式时，原告给付被告的各项金钱，包括彩礼52 000元、给付闫某奶奶现金1000元、见面礼2400元、改口费1200元、下桥钱1200元，属彩礼范畴。其余给付被告闫某的现金及红包8000元、金项

---

[1]《中国婚俗文化》编委会：《中国婚俗文化》，外文出版社2010年版，第11-13页。

[2] 该婚姻法解释现已失效。

[3] 参见中国裁判文书网张某与闫某、杨某婚约财产纠纷一审民事判决书。

链属于礼尚往来的赠与性质，不属于彩礼范畴。双方在以农村风俗举办结婚宴席时，被告陪送钱物价值10 000元，在彩礼范畴内予以扣除。张某与闫某虽已共同生活，但并未办理结婚登记，且共同生活时间较短，判决被告闫某返还原告张某彩礼35 000元。

关于彩礼的法律性质，有不同的观点：第一，一般赠与说，即彩礼是一般赠与物，以所有权转移为要件，一旦给付，所有权便发生转移。这一学说最早出现于1951年10月最高人民法院、司法部关于婚姻案件中聘金或聘礼的处理原则问题指示信，其中指出凡属赠与性质的聘金或聘礼，不问交付在婚姻法实施前或实施后，原则上不许请求返还。[1]但该学说存在的问题是，当婚约不能缔结时，赠与人无法律依据向法院请求返还彩礼。第二，附义务赠与说，又称附负担赠与，是指赠与人在赠与时对受赠人或者第三人附以一定义务，受赠人应履行所附义务。[2]该学说以缔结婚姻为赠与之负担，与婚姻的本质不符。第三，证约定金说，此种学说将婚约视为民事契约，订婚一般是男方向女方给付财物，彩礼的目的主要是用来证明婚约的成立，因而类似财产契约上的定金，如果婚约解除，则接受彩礼的一方应当予以返还。[3]史尚宽先生认为，婚约期间的赠与，实际上是证明婚约成立并以将来应成立的婚姻为前提而敦厚其因亲属关系所发生的相互间的情谊为目的的一种赠与。[4]此学说的前提是把男女双方的婚约视为一种民事合同，并适用合同法的规定，但我国现行立法不承认婚约的法律效力，也不认可婚约的合同的法律特性。第四，附解除条件赠与说，即以婚约能够得到完全履行为条件（婚约当事人双方正式登记结婚）。如果婚约不解除，那么赠与行为的效力不受影响，继续有效，彩礼归受赠人所有；如果双方婚约解除，赠与财产应当恢复到婚约订立之前的原始状态，即返还赠与人。[5]假如受赠人拒不返还彩礼，其非法占有行为就构成我国民法上的不当得利，赠与人可依法向法院请求支持，要求受赠人返还财产。此学说为我国多数学者所认可。但调查中发现，农村地区

〔1〕 西南政法学院民法教研室：《中华人民共和国婚姻法教学参考资料》（第一辑），1984年版，第8页。
〔2〕 陈小君主编：《合同法学》，高等教育出版社2003年版，第297页。
〔3〕 许澎林："论婚约之贞操义务、婚约订立之承认"，载《陈棋炎先生七秩华诞祝贺论文集》，三民书局1980年版，第52页。
〔4〕 史尚宽：《亲属法论》，荣泰印书馆1980年版，第138页。
〔5〕 王洪：《婚姻家庭法》，法律出版社2003年版，第73页。

大量存在着一些未办理结婚登记手续，却已经长时间生活在一起的男女。如果此时赠与人再向法院请求返还彩礼，对受赠人来说可能十分不公平。第五，目的性赠与说，主张彩礼是以婚姻的成立为其目的的赠与。如因违反婚约使婚姻不成立，则赠与目的未达成，给付欠缺原因，赠与人得以法律之规定请求受赠人返还赠与物。[1]

本案中，判决书中提到的各项花费，如彩礼，给闫某家人的礼钱，给闫某的见面礼、改口费、下桥钱及"三金"（金耳环、金项链、金戒指）等都是传统订婚和结婚仪式中极为重要的组成部分。调查中了解到，康县当地订婚和结婚仪式的重要程序之一就是将这些礼金、礼物摆放在专门的大桌子上，由大总管高声向来宾一一宣布各项礼金和礼物的名称、金额、受赠人、代表的含义，等等。男方订婚时给彩礼，还要给闫某的家人礼钱。作为还礼，闫某家人要退还一部分，还要再给张某一定的礼钱。结婚时，新郎要给新娘见面礼、改口费、下桥钱及"三金"等，新娘要带陪嫁到新郎家，本案陪嫁价值约 10 000 元。

根据康县订婚和结婚的习惯和本案的具体情况，订婚和结婚仪式中，订婚和婚礼中礼金和礼物名目繁多，双方各有表示，男方要赠与，女方要回赠。可见，本案中所有的财物都是以婚姻的成立为目的，但是，笼统地将所有男方赠与的财物视为彩礼是不准确的，这也是司法实践与现实习惯最大的问题之一。法是具有局限性的。国家成文法在许多地区的存在，往往伴随着习惯法。"国家法在任何社会里都不是唯一的和全部的法律。无论其作用多么重要，它们只能是整个法律秩序中的一个部分，在国家法之外、之下还有各种各样其他类型的法律。它们不但填补了国家法遗留的空隙，甚至构成国家法的基础。"[2] "国家制定法以及其他政令运作的一个永远无法挣脱的背景性制约因素"，[3] 在国家制定法和民间法发生冲突时，不能公式化地强调以国家制定法来同化民间法，而是应当寻求国家制定法和民间法的相互妥协和合作。[4] 司法实践中，仅仅根据《最高人民法院关于适用〈中华人民共和国婚姻法〉

---

〔1〕 余延满：《亲属法原论》，法律出版社 2007 年版，第 157 页。

〔2〕 梁治平：《清代习惯法：社会与国家》，中国政法大学出版社 1996 年版，第 35 页。

〔3〕 苏力："中国当代法律中的习惯——从司法个案透视"，载《中国社会科学》2000 年第 3 期。

〔4〕 赵旭东：《权利与公正——乡土社会的纠纷解决与权威多元》，天津古籍出版社 2003 年版，第 314 页。

若干问题的解释（二）》第 10 条第 1 款规定的被告方应当返还原告彩礼和
1993 年《最高人民法院关于人民法院审理离婚案件处理财产分割问题的若干
具体意见》第 19 条规定的被告方收取的彩礼应酌情返还等规定，很难对这些
礼金、礼物的性质进行直接界定，必须根据当地的风俗习惯以及法官的经验
和知识进行甄别和区分，进而作出判决，以达到“案结事了”的目的。

混合式对分课堂在《刑事诉讼法专题》课程教改中的应用研究

柴晓宇*

内容摘要： 新时代法治人才培养目标对法学硕士研究生课程教学改革带来了新的机遇和挑战。《刑事诉讼法专题》课程是学术型法学硕士研究生的必修课程之一，讲授内容包括刑事诉讼法基本原理、刑事诉讼前沿理论问题和刑事案例分析，旨在培养学生独立的学术研究能力以及运用基本原理和知识解决实际问题的能力。在该门课程的教学改革中引入了混合式对分课堂的理念和方法，对授课内容、流程和评价体系作了重新设计，并在实验班级组织实施，总体教学效果良好，但仍存在一些问题需要在今后的教学活动中持续改进优化。

关键词： 刑事诉讼法　混合式　对分课堂　知识迁移

引　言

法学硕士研究生教育承担着培养将来毕业后能够独立从事教学研究和法律实务工作的复合型高级法学专业人才的重任。传统以教师讲授为主的教学模式已经难以适应信息网络时代信息爆炸、知识更迭加速、新媒体融合对课堂教学模式发展带来的机遇和挑战，也难以适应新时代法治中国建设对法治人才培养提出的新目标和新要求。因此，如何改革传统教学模式并有效融合现代教育技术，提升法治人才培养质量成为法学硕士研究生教育教学活动亟待解决的问题。

法学专业是一门实践性很强的学科，不仅理论基础知识艰涩、学术热点问题层现，而且案例资源丰富、争议问题诸多。"互联网+教育"为法学硕士

---

* 柴晓宇，法学博士，硕士研究生导师，西北师范大学副教授，主要从事刑事诉讼法学、证据法的教学和研究工作。本文为西北师范大学研究生培养与课程改革项目"《刑事诉讼法专题》课程教学模式改革研究"（项目编号：2020KGLX01016）的研究成果。

研究生"线上线下混合式"教学活动模式创新提供了新的思路,与此同时,对分课堂也契合"研讨互动式教学、探究性学习"的教学理念。有鉴于此,笔者以 2020 年秋季学期法学硕士研究生《刑事诉讼法专题》课程授课班级为教学改革实验和研究对象,在该门课程的教学活动中引入了对分课堂的理念和方法,并借助长江雨课堂平台实施线上线下混合式教学改革实践,对实施过程进行了详细的观察记录和评价考核,并对教学改革效果进行了总结和反思。

一、新时代法治人才培养的新任务和新要求及法学硕士研究生课程教学模式改革的必要性

(一) 新时代法治人才培养的新任务和新要求

针对我国高等法学教育"社会主义法治理念教育还不够深入,培养模式相对单一,学生实践能力不强,应用型、复合型法律职业人才培养不足"等现状,教育部联合中央政法委于 2011 年 12 月 23 日启动实施了卓越法律人才教育培养计划,旨在全面落实依法治国基本方略,深化高等法学教育教学改革,提高法律人才培养质量。新时代法治中国建设的奋斗目标为法治人才培养提出了新任务和新要求。为此,在卓越法律人才教育培养计划基础上,教育部、中央政法委于 2018 年 9 月 17 日发布了《教育部 中央政法委关于坚持德法兼修 实施卓越法治人才教育培养计划 2.0 的意见》,围绕"深化高等法学教育教学改革""培育一流法治人才"的总体思路,提出了目标要求、改革任务和重点举措。卓越法治人才教育培养计划 2.0 的目标要求是:培养造就一大批宪法法律的信仰者、公平正义的捍卫者、法治建设的实践者、法治进程的推动者、法治文明的传承者,为全面依法治国奠定坚实基础。这一目标要求对包括法学硕士研究生培养在内的高等法学教育的教学方法改革等提出了具体的改革任务和重点举措。例如,重点打造 200 门国家级一流线上线下法学专业课程,开发开设跨学科、跨专业新兴交叉课程、实践教学课程,发展"互联网+法学教育",重点建设校际优质在线课程资源共建共享平台、信息化课堂教学平台、庭审直播实践教学平台,等等。因此,法学硕士研究生培养教育面临前所未有的机遇和挑战,与之相关的课堂教学活动必须对接卓越法治人才教育培养计划 2.0 的目标要求,创新教学方法和理念,充分运用现代信息技术和手段,提高教学水平和教学质量,培育一流法治人才。

（二）法学硕士研究生课程教学模式改革的必要性

学术型法学硕士教育和专业型法律硕士教育承担着培养高层次、应用型、复合型法治人才的重要任务，但就目前现状来看，我国学术型法学硕士教育和专业型法律硕士教育的"教材课程、教学方法、实践教学"等关键环节都不同程度地存在短板或不足。

法学硕士研究生在本科阶段已经系统学习了法学学科核心课程的专业知识，掌握了法学各学科的基本原理，初步具备了一定的法律思维和实际操作能力。但需指出的是，由于学生对法学二级学科的专业知识深度学习不够，学生在学习能力和研究能力方面还存在这样那样的不足，主要有：对专业课程的基础理论掌握不够扎实，把握学科前沿问题的能力欠缺，分析解决处理复杂疑难案件的实际操作能力不强，批判性、探究性学习能力不足，等等。这些问题在法学硕士研究生毕业论文选题和开题答辩、毕业论文答辩和日常教学活动中得以暴露和显现，已经影响到法学硕士研究生培养的整体质量，不得不引起高度重视。

传导到现实层面，一方面，用人单位对高层次、应用型、复合型法治人才需求迫切；另一方面，现有的法治人才培养模式难以满足现实需求。这就需要找准人才培养和行业需求的结合点，在专业课程改革、教学模式变革、教学方法革新和教学理念更新上做文章，建设一流的学术型法学硕士和专业型法律硕士专业点，建立起凸显时代特征、体现中国特色的法治人才培养体系。

二、混合式对分课堂教学模式与法学硕士研究生课程教学的契合性

（一）混合式对分课堂教学模式的基本理念与方法

混合式教学是以"互联网+教育"为背景，并在知识社会创新2.0的推动下，将移动互联网技术和信息技术与传统教学相结合，从而实现教师进行线上、线下交互式教学和学生进行课前、课中、课后连贯式学习的"五位一体"教学新范式。[1]对分课堂的核心理念是把一半课堂时间分配给教师进行讲授，

---

〔1〕 丁磊等："混合式对分课堂在高校生命科学类学科教学中的研究与实践——以'生物化学'课程教学为例"，载《云南大学学报（自然科学版）》2020年第A1期。

另一半分配给学生以讨论的形式进行交互式学习。类似传统课堂，对分课堂强调先教后学，教师讲授在先，学生学习在后。类似讨论式课堂，对分课堂强调生生、师生互动，鼓励自主性学习。对分课堂把教学分为在时间上清晰分离的三个过程，分别为讲授（Presentation）、内化吸收（Assimilation）和讨论（Discussion），因此对分课堂也可简称为 PAD 课堂。[1]可见，线上线下混合式教学利用信息网络技术突破了传统教学模式对时空的严格限制，真正实现"互联网+教育"背景下的智慧教学。对分课堂教学模式融合了传统课堂与讨论式课堂各自的优势，有利于促进教师角色转型、增强学生学习主动性、培养学生探究性学习能力和实际操作能力，实现知识迁移，提升整体教学质量。混合式对分课堂就是借助信息网络技术和平台，引入对分课堂的理念和方法具体组织实施线上和线下教学活动，实现二者的有机融合和契合，服务于教学活动实践。

（二）混合式对分课堂与法学硕士研究生课程教学的契合性

混合式对分课堂与法学硕士研究生课堂教学具有契合性，具体表现在以下几个方面。

首先，信息网络技术的发展突破了传统课堂的时空界限，新的手段完全可以服务于法学硕士研究生课程的教学活动。教师几乎可以不受时空限制地利用长江雨课堂、腾讯会议、微信群或 QQ 群等平台和即时聊天工具向学生推送文献资料、典型案例、在线授课、线上答疑、在线讨论等。

其次，法学硕士研究生的培养目标要求改变传统讲授式的课堂教学模式，对分课堂教学模式契合这一要求。对分课堂实现了教师角色转换，增加了师生互动、生生互动环节，推动学生自主学习、自主探究和发现问题，训练学生分析问题和解决问题的能力。

最后，混合式对分课堂教学模式的应用，拉近了师生之间的距离，通过教学互动，线上线下研讨，有利于教师及时进行教学反思和改进。

三、混合式对分课堂在《刑事诉讼法专题》课程教学改革中的实践

（一）《刑事诉讼法专题》课程教学内容分析

《刑事诉讼法专题》课程是学术型法学硕士研究生的必修课程之一，教学

---

〔1〕 张学新："对分课堂：大学课堂教学改革的新探索"，载《复旦教育论坛》2014 年第 5 期。

学时 36 学时。本课程以专题形式，在重点讲解刑事诉讼法若干基本原理的同时，积极关注并分析刑事诉讼前沿理论问题，训练学生运用理论分析解决案件的能力。通过该门课程的学习，进一步打好刑事诉讼理论基础，启迪思维，开阔视野，使学生获得独立的学术研究能力以及运用基本原理和基础知识解决实际问题的能力。

在以往的课堂教学活动中，本门课程采取了课堂讲授和研讨式教学相结合的教学方式，取得了一定的效果。但就整体反思来看，该门课程的教学活动还存在如下不足：深度研讨不够、案例教学比重偏低、教学手段和方式多样化不足、学生参与研讨式教学活动的积极性不高，等等。因此，就该门课程的教学活动而言，教学模式尚有很大的改进和改革空间。通过引入对分课堂教学模式，重新划定课堂讲授内容，深化研讨式教学内涵，加大案例教学比重，增加新的教学手段和方式等，使学生在夯实专业基础理论知识的同时，掌握"把握学科前沿知识、具备问题意识、正确使用研究方法和论证方法"等方面的科学研究能力，以及运用法学理论分析解决处理具体案件的实际操作能力。

（二）混合式对分课堂在《刑事诉讼法专题》课程教学中的具体实施

1. 引入混合式对分课堂理念和方法的教学设计

以对分课堂理念和方法为指导，对《刑事诉讼法专题》课程的教学模式进行重新设计。教学设计分为"确定每个专题的教学主题，明确学习目标，分析教学内容，划定教学重点和难点，细化过程设计，精准评价学习效果"等六大板块。

教师在课前做了以下前期准备工作：（1）在本门课程的 36 个学时中安排 9 个专题，并在开学初将课程进度表发送给学生，明确每个专题的教学要点和课堂任务、课前阅读任务和思考讨论题；（2）在授课班级学生中确定每个专题讨论报告的主报告人及"同伴讨论"的评议人；（3）在每个专题讲授之前提前布置阅读材料和案例；（4）把每个专题的核心内容提前录制成 5 分钟左右的微课，并提前在线上平台——长江雨课堂发布，供学生提前预习学习；（5）把每个专题的讲解内容视为一个整体 A 并进行分割，具体分割为 A1 和 A2 两个部分。

学生在课前做了以下准备工作：（1）认真研读教师指定的阅读材料和案

例，按照教师提前布置的思考讨论题，带着问题一边阅读一边思考并撰写读书报告。这一阶段学生要通过大量的阅读训练，完成一篇合格的文献综述报告撰写任务并善于发现学术前沿问题。与此同时，通过对不同观点的批判性阅读，训练学生提出独立见解的能力；学习借鉴他人的研究思路和研究方法，具备高超的谋篇布局能力和缜密的论证思维；学会归纳典型案例中的争点和争议问题，掌握分析处理案例的娴熟技巧。（2）学生在阅读材料或分析案例过程中遇到的疑难问题，由其通过长江雨课堂平台提交，教师负责线上答疑解惑，也可以在学生之间进行互相讨论。

2. 混合式对分课堂教学模式课堂环节内容的具体实施

课堂环节讲解和讨论的组织实施过程如下。

首先，每个专题的前 2 个学时由教师讲解 A1 部分的内容，具体包括：（1）基本原理。基本原理的讲解采取精讲的方式，即围绕"重点、难点和框架"进行引领性的讲解。（2）案例分析方法和技巧。教师通过讲解演示如何用理论分析处理具体案例。（3）前沿问题。这部分讲解的内容主要是理论界的争议问题和实务部门处理具体案例的不同观点。讲解的方式也是提示性的，教师不告诉学生具体答案。涉及的问题和知识点留白，留待 A2 部分由学生进行讨论、教师答疑解惑来解决。

其次，每个专题的后 2 个学时进行 A2 部分的内容。A2 部分的核心任务是实现知识迁移，以此培养学生的高阶思维能力。具体内容包括：（1）由指定学生作该专题的课堂主题报告，归纳概括涉及的理论争议问题和实务部门对案例的不同观点，并由学生阐述自己的观点和看法。同时，由该学生运用理论独立分析和处理教师在 A1 部分讲解过的类似案例。（2）由课前指定的另一学生进行点评和补充，即"同伴讨论"。（3）其他未指定的学生就前两位学生的报告进行补充评议，这一环节的讨论是自由的，学生们参与的积极性较高，有时能发现一些新的问题，拓展了讨论的范围和深度。（4）教师在学生讨论过程中也可以随时参与进来，进行提纲挈领的点评和启发式的引导。

最后，在 A2 部分的最后环节，留出 10 分钟左右的时间，教师对学生的课堂报告和发言进行综合点评，并答疑解惑。教师在点评的过程中还适时穿插了论文撰写的基本方法和技巧的讲解，比如论文摘要和文献综述的写法，研究方法的合理采用，论文题目的选题技巧，论文框架结构的谋篇布局，论证方法和论证思路，精读泛读的读书方法等。教师综合点评和答疑解惑的时间往往超过了课堂教学时间，有时候不得不约定在课后移至长江雨课堂进行，虽然采用了线上模式，但并未降低研讨的质量，学生对整体教学效果反响良好。

综上可见，混合式对分课堂教学模式课堂环节内容的具体实施划分了三个阶段，每个阶段都有明确的目标任务。教师讲解阶段的核心任务是给学生交代清楚本专题的基本原理，重点让学生掌握运用基本原理分析处理案例的实际操作能力，所谓"授人以鱼不如授人以渔"，讲的就是这个道理。研讨阶段的核心任务是考查学生的学术研究能力和解决实际问题的能力。综合点评和答疑解惑阶段的核心任务是扫清知识盲点，巩固已经掌握的知识要点、案例分析处理技巧和思维模式。

（三）混合式对分课堂在《刑事诉讼法专题》课程教学中的实施效果

采用混合式对分课堂教学模式后，对学生《刑事诉讼法专题》课程的成绩考核仍然沿用学校研究生院规定的"平时成绩占 40%，期末考试成绩占 60%"的计算方法，但细化了平时成绩考核的环节，适当增加了期末考试的难度。平时成绩考核环节和要素包括：主报告口头发言的内容和质量、书面报告（读书笔记）的质量、参与讨论发言的次数（活跃度）、是否提出了独立见解、是否发现了新的问题等。由于对每次研讨都做了详细观察和记录，因此，对学生平时成绩的考核做到了客观公正并有据可查。那些口头表达思维清晰、有独立见解、发言踊跃、能够提出新问题、读书报告条理清晰并且框架结构合理的学生通常能获得较高的考核得分；相反，那些口头表达能力欠缺、复述他人观点而无自己独立见解、较少发言、读书报告层次紊乱的学生通常会获得较低的考核得分。

由于期末考试采取开卷考试的形式，因此，适当增加了难度和灵活性。期末开卷考试的题型包括"简答题、论述题和案例分析题"。简答题考查学生对基本原理的掌握程度。论述题主要考查学生的独立研究能力，论述题没有标准答案，只要言之成理、论证有据、观点正确即可。从答题情况来看，绝大多数学生掌握了每一个专题的法学基本原理，并具备了较为扎实的学术研究能力和较强的案例分析处理能力。总体来看，参与实验 2020 年秋季学期法学硕士研究生《刑事诉讼法专题》课程班级的每位学生的平时考核和期末考试成绩均在良好以上，个别学生还达到了优秀等次。

四、结论与讨论

在《刑事诉讼法专题》课程教学活动中采用混合式对分课堂教学模式，这是在原来该门课程参与研讨式教学模式基础上的创新尝试。对分课堂的出发点是调动学生自主学习的积极性，其目标是养成学生的批判性思维能力，训练学生的独立研究能力和实际操作能力，关键在于实现知识迁移。借助长江雨课堂这一平台，在该门课程的教学活动中导入了信息化元素，突破了文献资料推送、重点内容讲解、答疑解惑和互动研讨的时空限制，具有传统教学载体——教室、讲台无可比拟的优势。

教学模式的改变，对教师和学生均提出了更高的要求。一方面，教师要精心准备教学内容，在讲授基本原理的同时，还要紧跟学科前沿，每学期及时更新课件内容和教学案例，保持与时俱进。教师的微课录制内容要高度浓缩每一专题的内容框架、基本原理和重点难点，并做到讲解生动、主题鲜明、重点突出。另一方面，学生除了要认真研读教师指定的阅读材料外，还应当通过探究性阅读和拓展性阅读，归纳提炼阅读材料的核心观点，把握作者论证逻辑及思路，发现学术研究空白点，这无疑是对学生的一种考验。

混合式对分课堂教学模式的具体实施，还要找准两者的契合点。对分课堂教学模式避免了"教"与"学"的人为割裂，A1 部分"先教后学"，A2 部分"先学后教"，实现了"先教后学"和"先学后教"的融合和统一。因此，如何借助线上、线下两种资源，导入对分课堂教学理念和方法，实现二者的有机融合，切实提高"教"和"学"的质量和水平，需要在教学实践中不断探索。

混合式对分课堂教学模式的采用，更加注重对学生学习效果的过程性评价，除了前文所述的考核环节和考核元素之外，还应当进一步细化扩展考核点，加大平时考核成绩比重，将其提高到至少占 50%甚至更高，以此促进教学流程设计的进一步优化。

尽管在《刑事诉讼法专题》课程教学活动中采用混合式对分课堂教学模式取得了良好效果，但仍有一些问题不容忽视，需要在实践中不断探索改进。比如，指定阅读材料和案例阅读材料的做法，放任了那些主动学习意识较差学生的惰性，这部分学生除了阅读教师指定的阅读材料外，几乎再没有进行拓展型阅读。此外，一些学生缺乏基本阅读方法的训练，只会复述他人的观点而无自己的独立见解；一些学生忙于准备法律职业资格考试等事宜，而轻视该门课程的课前准备，主题报告发言质量和读书报告质量欠佳。这些问题的存在，短期从功利的视角来看，会直接关系到毕业论文的选题和开题，如论文框架结构设计是否合理、研究方法运用是否得当、论证思路逻辑是否清晰等，最终影响到学生是否能够独立完成一篇合格的毕业论文，以及按期通过答辩顺利毕业。长远看，会影响到学生"批判性创造性思维能力、实际操作能力和独立的学术研究能力"等能力的养成和提升。

总之，改革教学模式和改进教学方法不是一句空话，而是要落实到具体行动中。这就需要革新教学理念并借助先进的教学手段和技术在教学一线和教学实践中不断探索，总结成功经验并予以复制、推广，切实提高研究生培养的整体质量，为国家和社会培养造就一大批优秀的可用之才。

信息时代甘肃省涉检网络舆情应对工作机制论析

褚海丽*

内容摘要：在信息时代，全国各级检察机关对涉检网络舆情应对进行了有益探索，切实加强制度建设，逐步构建网络舆情处置机制；注重把握网络舆情导向，及时处置涉检网络舆情事件；不断强化源头治理，有效预防涉检网络舆情事件发生，并积累了一定的经验。但各地的制度探索与工作推进还不尽平衡与完善，应对处置机制还存在一些不足，本文以甘肃省为例，提出了构建一体化涉检网络舆情应对工作机制的设想，以期对涉检网络舆情应对工作有所裨益。

关键词：信息时代　涉检网络舆情　应对工作机制

信息时代网络舆情作为民意表达的重要渠道，既有助于检察机关及时了解社情民意、自觉接受群众监督，也容易导致非理性情绪蔓延，甚至影响政治安定和社会稳定。本文拟在对涉检网络舆情及现有应对工作机制进行深入分析的基础上，结合甘肃省检察工作实际，探讨构建一体化舆情应对工作机制。

一、信息时代涉检网络舆情的基本情况[1]

（一）涉检网络舆情的主要类型

从引发网络舆情的原因分析，涉检网络舆情可以分为以下三类。

1. 重大突发事件、公共事件和热点司法个案引发的涉检网络舆情

信息时代越来越多的群众开始积极通过互联网对突发事件、公共事件或热点司法个案发表评论。如 2009 年云南看守所"躲猫猫"事件、2010 年甘肃

---

* 褚海丽，甘肃省电视台公共频道制片人。

〔1〕 为较客观全面地反映当前涉检网络舆情的基本情况，作者选取的素材为《政法网络舆情》公布的 2009 年和 2010 年上半年入选"政法舆情热度排行榜"的 45 件舆情案例（其中部分属涉检网络舆情）。

杨某袭警案等均属于此种类型。在参与处置过程中，检察机关的工作一旦出现瑕疵，就很可能引发舆情危机。即便检察机关办案并无瑕疵，也可能因信息披露不及时、不充分以及网民自身的非理性因素等形成负面舆情。

2. 检察机关"执法瑕疵"或"监督不力"引发的涉检网络舆情

信息时代互联网既为群众监督公权力运行提供了便捷的平台，也诱发了一些群众"信法不如信访、信访不如信网"的心理。一些案件当事人或其他群众在诉求难以实现的情况下，或指责检察干警存在刑讯逼供等"执法瑕疵"，或意图利用"网络民意"向检察机关"施压"。前者如云南昭通女科长在检察院死亡事件等，后者如甘肃名主持"阿彦"发帖称司法不公等。

3. 检察机关、检察人员形象不佳或言行不当引发的涉检网络舆情

信息时代的群众监督已不再局限于检察机关所在地的狭小范围。检察机关的负面行为在极短时间内能够迅速传遍全国，陷入"舆论风暴"。这部分舆情虽然总量不大，但仍然值得认真研究，在某些事件中就曾因有关部门应对不当而引起不良影响。

（二）涉检网络舆情的态势评估及趋势预判

1. 涉检网络舆情的态势

首先，与公安机关、法院相比，涉检舆情总量不高。2010 年上半年，正义网舆情监测系统根据采集到的媒体报道、论坛帖文和博客文章数量按部门进行了分类抽样统计，数据显示涉检舆情相对较少，占 8.9%，仅为公安机关舆情的 1/5 左右。〔1〕甘肃在舆情热度方面属非热点的"蓝色区域"。〔2〕

其次，引发舆情的风险点多。当前政法网络舆情分布的领域主要集中在"执法不公""司法腐败"和"司法不作为"等领域。〔3〕检察机关检察权的运作与上述舆情热点紧密相关。在甘肃省的 11 件负面涉检网络舆情案件中，涉

---

〔1〕 参见李凡："舆情分布：正义话题热度升温"，载《政法网络舆情》2010 年第 26 期。

〔2〕 正义网舆情检测室根据各省市相关热点的媒体报道量、论坛主帖数、博客文章数等统计数据加权综合，依照舆情热度不同将各省、自治区、直辖市划分为红色区域（综合热度值在 90 以上）、橙色区域（综合热度值在 60~80 之间）、黄色区域（综合热度值在 40~60 之间）和蓝色区域（综合热度值在 40 以下）。参见李凡："舆情分布：正义话题热度升温"，载《政法网络舆情》2010 年第 26 期。

〔3〕 参见李凡："舆情分布：正义话题热度升温"，载《政法网络舆情》2010 年第 26 期。

及职务犯罪侦查部门和公诉部门者各 3 件，指向诉讼监督部门者 2 件。一些反映其他司法机关司法腐败的网帖等，也对检察机关"监督不力"提出了批评。

最后，舆情处置的难度大。据统计，2009 年发生的 77 件影响力较大的社会热点事件中，23 件属网络爆料而引发公众关注。本年网民对重大新闻事件网络舆情的贡献率已经达到 59%，拥有可控"把关人"的网络媒体已经失去了网络舆情的主导权。[1]而微博客、微视频则往往成为"杀伤力"最强的舆论载体。非理性的声音容易在网络上占据上风。如杭州飙车案发生后，许多论坛发帖者颠倒事实，混淆视听。[2]

2. 涉检网络舆情的趋势预判

基于对涉检网络舆情整体态势的分析以及对网络舆情发展演变规律的认识，涉检网络舆情的发展演变将呈现出以下几个方面的特征。

首先，涉检网络舆情总量仍将保持低位运行。以甘肃省为例，其检察机关执法规范化水平在全国处于中等偏上地位，特别随着各级领导机关对网络舆情应对工作的关注、执法办案风险排查机制的健全、执法办案监督机制的完善，执法不公、不严、不廉等容易引发网络炒作的舆情热点将呈逐步下降态势。

其次，检察机关"监督不力"将成为热点舆情。随着公民法治意识的增强以及检察机关社会知晓度的提升，一些认为受到公安机关、法院"不公正对待"的案件当事人到检察机关寻求法律救济的情况将会越来越多，在其意愿得不到满足的情况下，网络舆情就会转向检察机关。

最后，网络舆情控制和应对的难度将进一步增大。随着网民对网络舆情主导权的掌控以及微博客等网络工具的应用，网络爆料的速度将更加迅速，规模和范围将进一步扩大。特别是随着网民组织化程度的提高，由虚拟"压力集团"演变而来的"新意见阶层"对现实生活的影响将更为明显。

二、甘肃省涉检网络舆情应对工作机制建设现状及存在的主要问题

从笔者调研情况看，最高人民检察院和甘肃省政法各单位都高度重视网

---

〔1〕 参见"2009 年中国互联网舆情分析报告"，载中共中央网络安全和信息化委员会办公室网，http://www.cac.gov.cn/2014-08/01/c_1111902745_2.htm，最后访问时间：2021 年 3 月 20 日。

〔2〕 参见杜骏飞《中国网络社会心理报告》。

络舆情的应对工作，从组织领导、收集监测、分析研判、应对处置等方面大力加强网络舆情应对工作机制建设，取得了初步成效。

（一）当前甘肃省涉检网络舆情应对工作机制建设概况

甘肃省委政法委高度重视网络舆情应对工作，积极采取措施加强对政法热点问题的引导，在加强舆情分析研判、完善新闻发布、规范突发事件新闻报道、落实与新闻媒体沟通互动等方面提出了明确要求。省委政法委还协商省委宣传部共同建立了全省政法舆情引导工作机制，加强对政法舆情引导工作的指导、协调和管理。2012 年以来，省委政法委在加强网上舆论引导和政法门户网站建设的同时，积极组织政法各部门建立网络评论员队伍，尝试建立由资深记者、知名专家、学者、著名律师等人员组成的"第三方力量"，培养"意见领袖"，借力引导舆论。最高人民检察院还专门制定了《关于自觉接受舆论监督　加强和改进涉检网络舆情引导处置工作的通知》《甘肃省人民检察院涉检舆情处置办法（试行）》《甘肃检察机关刑事检察部门舆情应对处置办法（试行）》《甘肃省人民检察院网络评论工作管理办法（试行）》等。各市县院在省院[1]的领导下，均制定了涉检舆情应对的工作制度，形成了"四个一"的格局，即制定了一套制度、组织了一个班子、建立了一支队伍、购置了一套系统。

（二）当前甘肃省涉检网络舆情应对工作机制存在的主要问题

信息时代，甘肃省检察机关积极应对挑战，在网络舆情应对工作机制建设方面取得了明显成效，但仍然存在一些问题。

1. 工作理念需要进一步转变

网络舆情的突发性、交互性、群聚性、放大性等特点，要求检察机关超越传统的"单向宣传"思维，在"双向沟通"的公共关系理念指导下，重新构建涉检舆情应对工作机制。目前的制度设计虽然在某些环节考虑到了网络舆情的特点，但整体上仍然是宣传部门"单兵作战"，处置措施仍然局限在召开新闻发布会等传统方法。

---

〔1〕　本文是对甘肃省涉检网络舆情的分析，为行文方便，甘肃省各级人民检察院均用简称，如甘肃省人民检察院简称省院，以此类推。

2. 工作机构需要进一步健全

决策机构不明确，根据《甘肃省人民检察院涉检舆情处置办法（试行）》，省院宣传工作领导小组统一指导全省检察机关涉检舆情处置工作，但其是否属于舆情处置的决策机构、是否具有审定应对处置方案的权力，均缺少明确规定。研判机构专业性不强，全省舆情研判主要由省院宣传处组织实施，市县院舆情研判主要由宣传干部负责，专业人才稀缺。

3. 工作关系需要进一步协调

省院职能部门在组织指挥全省各级检察机关应对涉检网络舆情方面还需要进一步加强。各级人民检察院在舆情收集、研判、决策、实施等方面的分工还需进一步明晰。宣传部门与业务部门的关系需要进一步理顺，"条""块"关系有待进一步协调。检察机关与省互联网信息办公室及有关新闻媒体等单位的协作还需进一步加强。

4. 工作措施需要进一步完善

甘肃省各级人民检察院舆情监测人员统一使用正义网监测系统收集舆情导致收集到的舆情范围和内容趋同和单一化。由于缺少相关经验，各级人民检察院制定的舆情处置预案存在针对性和可操作性不强的问题。网评员队伍缺少实战锻炼和模拟演练，在突发网络舆情处置中能够发挥的作用难以评估。舆情应对措施偏重信息发布，对其他策略方法重视不够。

三、构建甘肃省一体化涉检网络舆情应对工作机制的设想

应对涉检网络舆情是检察机关在信息时代面临的崭新课题。检察机关应进一步转变思想观念、加强组织领导、完善工作机构、调整应对策略，努力构建一体化的涉检网络舆情应对工作机制。

（一）构建一体化涉检网络舆情应对工作机制的必要性和思路

构建具有甘肃特色、检察特点的一体化网络舆情应对工作机制，应该提高对其认知水平，具有明确的思路。

1. 构建一体化涉检网络舆情应对工作机制的必要性

构建一体化涉检网络舆情应对工作机制有利于提高网络舆情应对的专业化水平、发挥检察机关体制优势、克服实践中存在的问题、司法资源的充分利用和优化。网络舆情的复杂化要求检察机关建立起坚强有力的决策指挥体

系和专业高效的舆情管理机构，确保网络舆情能够得到及时监控、科学研判和迅速处置。设立一体化工作机制能够有效提高全省检察机关网络舆情监测、研判和处置的专业化水平；协调舆情管理的"条""块"关系，明确各条线、各级人民检察院在舆情应对中的职责分工，形成工作合力；将舆情应对的决策权集中于省院，有利于积累应对经验，提高应对水平和工作效率；有利于充分发挥省院在调配、运用外部资源方面的组织优势，加强与最高人民检察院、省委政法委、省互联网信息办公室以及新闻媒体的经常性联系沟通，为舆情处置创造良好的外部环境，优化有限的资源配置。

2. 构建一体化涉检网络舆情应对工作机制的基本理念

构建一体化网络舆情应对工作机制，不仅意味着组织架构、工作机制的调整，同时也要求我们进一步更新思想观念，以公共关系理念指导网络舆情应对工作。公共关系与宣传的主要区别就在于，前者是双向的传播过程，通过及时、准确、有效地向公众传递信息，来换取公众对组织的理解和信任；后者则是单向的传播过程，重点在于以组织既定的目标来控制公众心理，在某种意义上带有灌输性和强制性。公共关系作为一种特殊管理职能，其目的是塑造组织形象，建立组织与公众的良好关系。网络舆情应对实际上是公共关系建设的一个组成部分。加强舆情应对机制建设以及具体应对网络舆情，必须秉持公共关系的理念，在公共关系建设的整体架构下开展运作。具体思路是建立权威的决策指挥体系、促进各方协调联动、合理配置资源、构建高效的外部协作机制。

（二）构建一体化涉检网络舆情应对工作机制的原则

构建一体化涉检网络舆情应对机制的基本原则是：统一领导，集中管理；分级负责，职责明确；内外协作，形成合力；科学应对，注重效果。

1. 统一领导，集中管理

省院对全省检察机关网络舆情应对工作实行统一领导和集中管理，并组建具有权威性的工作机构负责全省涉检网络舆情应对工作的领导决策、指挥协调和督促检查。各市级院、县区院以及省院各部门在该工作机构的指挥、协调下各司其职、各负其责，分头落实舆情应对方案确定的各项措施。

2. 分级负责，职责明确

合理划分省院与市级院、县区院之间在涉检网络舆情应对方面的职责，明确责权关系。省院是涉检网络舆情应对的决策指挥中心，既要负责对涉检网络舆情态势的整体把握和宏观决策，同时也要负责全省涉检网络舆情的收集监测、分析研判，制订并组织落实舆情应对方案。市级院和县区院要在省院的统一领导下开展涉检网络舆情的收集、监测和预判工作，同时根据确定的舆情应对方案落实相关处置措施。

3. 内外协作，形成合力

坚持涉检网络舆情应对工作"一盘棋"的思想，明确检察机关内部宣传部门与业务部门之间、各业务条线上下级之间在涉检网络舆情应对方面的责任分工，进一步统筹整合资源，形成各司其职、高效运转的内部协作关系，实现舆情应对各环节的"无缝衔接"。同时要进一步加强与有关单位的外部协作，营造应对涉检网络舆情的良好外部环境。

4. 科学应对，注重效果

密切关注互联网发展的新动向，加强对网络舆情发展规律、趋势的研判。通过设立专门机构、配置专业人员、加大技术投入等措施，大力提高检察机关应对网络舆情的专业化水平，努力实现涉检网络舆情收集监测的专业化、分析研判的专业化和应对处置的专业化，增强网络舆情应对的实际效果。

(三) 一体化涉检网络舆情应对工作机制的具体制度设计

1. 组织领导机制

成立甘肃省检察机关涉检网络舆情应对工作领导小组，领导小组下设办公室和网络舆情专家咨询委员会。省院主要领导任组长，省院各分管检察长和省院政治部、办公室、检务督察处及主要业务处室负责人为成员，统一领导全省检察机关涉检网络舆情应对处置工作。领导小组的主要职责是：定期听取涉检网络舆情汇报，研究阶段性舆情应对要点并制订应对方案；讨论重大涉检网络舆情应对措施，审定舆情应对处置方案；研究决定其他与涉检网络舆情应对工作相关的重大事项。领导小组办公室为宣传处管理的常设专门机构，由宣传处处长兼任办公室主任，负责全省涉检网络舆情收集监测、分析研判、预案制定，向领导小组提供舆情处置建议，并负责协调、督促各项应对措施的落实。网络舆情专家咨询委员会协助领导小组办公室分析研判舆情、提出应对建议、论证应对方案以及参与舆情引导，其成员包括精通网络的检察官、网络评论的专业人士、新闻传播领域的专家和相关法学专家。专家咨询委员会不定期举行会议，由领导小组办公室负责召集。领导机制施行分级负责，省院属于"决策层"，市级院和县区院属于"执行层"。为保证政令畅通，发生网络舆情的市级院、县区院及省院部门的有关负责人必须列席涉检网络舆情应对工作领导小组会议。

2. 舆情监测机制

日常监测以各级人民检察院网络评论员为主体，加强网络舆情的收集、监测和报送工作。网络评论员收集涉检网络舆情的职责分工、收集范围、报送要求等事项，要严格按照《甘肃省人民检察院网络评论工作管理办法（试行）》的有关规定执行。要坚持人工监测与技术监测相结合，扩大监测范围，提高发现网络舆情的时效性。

重点监测方面，各级人民检察院网络评论员要加强与业务部门的联系，共同做好对突发事件、公共事件以及重大热点案件等重点网络舆情的预判、监测和跟踪工作。出现重大涉检网络舆情时，舆情所在单位在加强跟踪监测的同时，省院领导小组办公室可根据情况需要组织力量进行 24 小时不间断重点监测，必要时可以联络正义网舆情监测室等专业机构配合做好舆情跟踪监测工作，确保全面、及时掌握舆论走向。

3. 舆情处置机制

分析研判方面，发生舆情的市级院、县区院和条线要认真调查舆情反映的相关事实情况，按照"掌握多少、查明多少、汇报多少"的原则，在第一时间向省院领导小组办公室汇报事实核查情况，及时确定舆情反映问题的真实性。对于情况紧急需要迅速采取措施的，发生舆情的市级院、县区院和条线应当迅速组织力量采取相关应对措施，将事实核查情况以及采取应对措施的情况及时向省院领导小组办公室报告。领导小组办公室应当迅速向领导小组报告舆情，同时通报省院有关部门。在此基础上，领导小组办公室要对网络舆情进行归类分析，研判舆情形势进一步恶化或失控的概率、对检察机关社会形象的损害程度以及舆情的发展趋势，研究应对措施。必要时要召集专家咨询委员会进行"会诊"或联系专业舆情研判机构提供咨询，提高舆情研判的专业化水平。

危机预警方面，根据研判情况，领导小组办公室认为网络舆情有衰减趋势的，要指令舆情发生单位继续做好监测工作；对于网络舆情有激化、加剧趋势的，要根据情况确定预警等级，提出关于应对处置方案的建议，报领导小组审定。紧急情况下，领导小组办公室应当在报请领导小组审定的同时迅速启动应对处置预案，采取果断措施积极应对，提高工作的效率。

应对处置方面，应对处置建议经领导小组审定后，领导小组办公室应当根据网络舆情的不同情况，按照事先制定的应对处置预案，分别采取相关措施积极应对，包括召开新闻发布会、通过主流平面媒体澄清事实，等。要加强网络舆情应对策略方法的研究和探索，因时制宜，因案施策，把握关键点，打好主动仗。总的原则是"快报事实、慎报原因、求实为本、依法处置"。

责任评查方面，领导小组办公室要会同纪检监察部门，在舆情发生单位的配合下，加强涉检网络舆情的责任评查。对于因检察人员执法不公、不廉、不严或其他不当言行引发网络舆情的，要迅速查清事实，作出处理，并及时公开，绝不能护短迁就。

4. 总结评估机制

过程评估方面，实行"一事一评估"制度。在网络舆情趋于平稳后，领导小组办公室要会同相关部门加强对舆情应对过程的评估，分析舆情收集监测、分析研判、应对处置、内部联动、外部协作等各方面的成败得失，提出改进工作的对策措施，定期进行内部通报，促进提高各级人民检察院网络舆情应对能力。涉检风险评估方面，要针对网络舆情反映出的检察机关在执法办案和队伍建设中存在的问题，在有关单位和条线开展专题教育，全面排查容易引发网络舆情的"风险点"，完善制度，提高检察机关执法办案水平和执法公信力。

5. 支持保障机制

支持保障机制应当从网络评论员培训、专业人才招录选拔、技术支持和资金保障等方面进行建设，进一步扩充网络评论员的规模，同时要加强网络评论员队伍的培训和管理，组织开展模拟演练；加强领导小组办公室工作人员的配备，通过遴选和招录的方式，将那些既精通网络，又熟悉检察业务，同时兼具传播学、社会心理学等多学科知识的复合型专业人才选拔到网络舆情管理岗位；加大网络舆情应对方面的资金投入，加强与网络舆情专业监测机构的联系协作，通过引进专业技术服务提高舆情监测预警、分析研判的自动化水平，增强舆情应对的技术含量。

盈利性同人作品借用原作元素的著作权困境与协调

赵力苇*

内容摘要： 在现代多元性文化商业价值增长和互联网新媒体飞速发展的激烈碰撞下，传统纯粹出于喜爱而无偿分享的同人作品也走向盈利，对原作由重度依赖渐变为仅对部分元素借以利用，原创性越来越强，具备了作为一部独立作品享有著作权的客观基础性条件。随之而来的是，盈利性同人创作者与原著作权人在彼此的商业化进程中，不可避免地会出现侵权纠纷与利益协调问题。同人创作者希望获得明晰的法律地位使其创作与后续的盈利行为合法化，而原著作权人则倾向于捍卫自己的著作权权益，两者间的著作权冲突对当下略显滞后的《著作权法》提出了新的挑战。本文通过对两者利益关联、现代商业环境和《著作权法》价值取向等方面的分析，提出多种方法以期协调两者之间的矛盾，平衡多方利益。

关键词： 盈利性同人作品 著作权困境 协调方式

随着文娱产业背靠互联网的东风蓬勃发展，自 2014 年以后，IP 这一概念被越来越多的观众所熟知。并且，由于 IP 忠实粉丝有为其所热爱的 IP 关联产品消费的意愿，这种消费意愿转化为潜在消费力愈益刺激了文娱市场对 IP 类产品的深度挖掘，从而进一步提升了 IP 本身的经济价值。而与 IP 存在密切关联的同人作品，在当下市场环境中所指的是，经过或未经过原作者明确授权，借用与原作相同或相似的元素进行二次创作所产生的新作品。

现代意义上的同人创作萌芽于 1970 年左右的日本和欧美地区，其作者的创作初衷是对原作品热爱而萌发的创作欲和与其他同类爱好者交流而产生的表达欲。当时的同人作品亦囿于有限的传播媒介，受众基本上仅涉及原作品的粉丝，且主要作用在于满足同人爱好者自娱自乐的需求，影响力远不及原作品。20 世纪 90 年代末，随着互联网的全面普及，囊括了游戏、动漫、网络文学等领域的文娱产业方兴未艾，优秀的同人作品借助于网络社交平台被急

---

* 赵力苇，西北师范大学 2019 级硕士研究生。

速转载扩散，逐渐成为推动原作品 IP 影响力扩张的重要因素之一。同人作品在其质量优化、数量增加、传播迅捷等多重因素的作用下，作品种类越来越多、商业价值亦越来越高。但是，由于同人作品脱胎于原作品，与原作品天然地存在着相似甚至相同的元素，盈利性的同人作品与原作品便避无可避地会产生同类竞争的现象。正是鉴于同人作品对原作品的依附性强，两者争议的焦点往往是侵权与否和版权归属问题，由此而引发的法律纠纷逐年递增。

一、互联网时代盈利性同人作品新特征

（一）数量急剧增加，种类日趋繁杂

随着"5G"时代的来临，自媒体遍地开花，大量社交媒体商家以兴趣爱好为核心将平台内容重组，着手重构产品类目，使同人作品得以打破时空限制，生产和传播成本趋向于零。换言之，同人作品的创作者只要萌发创作意愿并开始产出内容，就可以"为爱发电"，这种创作的便捷性使得同人作品数量急剧增加。与此同时，亚文化迷群由小众走向大众、传统文化开始探索新的表达方式、偶像文化在国内文娱市场牢牢占据一席之地……在多元文化的激烈碰撞中，同人创作者的创作灵感不断迸发，同人作品的种类也日渐丰富，由传统的同人文学作品、画集、个人志等增加到囊括了同人视频、电影、游戏，甚至于服饰、美妆、玩偶等多个领域。

这一特点在盈利性同人作品上表现尤为突出。就现代意义上的同人作品而言，非盈利性同人作品仍然以传统的同人文学作品、同人图、同人条漫等为主，而盈利性同人作品的种类则逐渐呈现出百花齐放的特点。以 2017 年度现象级手游、单月流水 10 亿的阴阳师这一游戏作品为例，据不完全统计，由该 IP 衍生而出的联名同人作品，在短短四年间，种类已多达十余种，包括衍生游戏《决战！平安京》、同人漫改作品《百鬼幼儿园》、2.5 次元音乐剧《阴阳师·平安绘卷》、同人动漫作品《平安物语》、线下同人主题体验店，跨界与美妆、食品、服饰、饰品、电子产品等多行业联手打造盈利性同人产品等。

（二）创新性更强，对原作品依赖性降低

作为建立在原作品基础之上的同人创作，传统同人作品无论从内容抑或

是体裁上，都与原作品有着较强的互文性。并且，如果同人创作者在其同人作品中对原作品角色特征进行刻意改写，多数同人爱好者会将这一行为视为对原作品的不尊重并自发对该同人作品加以抵制。

而当下，随着优秀同人作品的数量增加、受众基数扩大、同人作品类型多样化，同人爱好者对同人作品的包容性提升，可以甚至乐于接受新的表达方式和思想情感。因此，同人爱好领域中出现了大量只保留了原角色部分明显特征的同人作品，诸如"同人娃娃""同人条漫""架空向同人文学作品""混剪向同人视频"等。毫不夸张地说，这类同人作品占据了当下互联网同人作品的半壁江山，倾注了同人创作者自己鲜明的情感、创意和表达主题。尤其是在一些以明星为基础的真人类同人创作中，同人作品所借鉴的元素基本上仅有一些脸谱化的人物特征，或者一些在理性人眼中无碍作品完整度的故事桥段，比如"勤奋""善良""吃货""偶遇"等，而抛开这些元素，它们依然可以作为独立的创作内容供大众鉴赏。

（三）商业价值增长，商业化程度加深

被誉为"内地同人作品第一案"的"金庸诉江南侵权案"，将同人作品盈利化这一现象带入大众视野。而广州市天河区人民法院援引《反不正当竞争法》和"贡献值"这两个要素解决两者间的著作权纠纷和侵权赔偿问题的判决，引起了学界的激烈探讨。在此暂不讨论此判决适当与否，我们从该案中可以窥见，互联网时代下具有独特价值的同人作品或可拥有大批独立于原作品之外的忠实粉丝，并且能够作为一部新作品使得同人创作者享有著作权，为其带来高额的经济收益。同人作品随着表达形式的多元化，能够吸引到越来越多不同领域的爱好者，其市场份额自然会不断扩大，商业价值亦水涨船高。

在近两年不断升温的 IP 热浪中不难发现，优质的原创作品与盈利性同人作品强强联手，可以不断创造出新的盈利点，实现原创与同人作品商业价值最大化。其典型代表当属国产网络游戏《剑侠情缘网络版叁》（以下简称剑网3），剑网3的同人文化圈自发形成、历时十余年，起初由玩家主导创作且仅供游戏爱好者交流娱乐。而发展至今已形成了官方与同人爱好者共同参与创作的模式，吸引了大批非该游戏玩家群体。以剑网3著名同人画师伊吹五月的同人漫画集出版过程为例，它一开始仅是作者根据剑网3背景、人物等元素创作的简单场景性故事，而后逐渐形成具有连贯剧情的故事画集并限时发售。其最新出版的同人画集《刀剑笑我》，上册全套四本定价 219 元，淘宝有效评论 1900 余条，据此粗略计算营收达到 400 万以上。与此同时伊吹五月微博粉丝 400 余万，优秀的同人画集吸引了大量爱好者进入游戏，为游戏源源不断地带来新玩家。

（四）盈利性同人作品与原作品共生性加强

一方面是盈利性同人作品依然依附于原作品元素。目前，诸多学者都曾尝试从不同的角度为"同人作品"下定义，其定义的具体内容由于视角的不同而存在些许差异，但大多数定义都共同认可：同人作品是基于原作品、借用其内容或元素所进行的再创作。所以，即便是盈利性同人作品，无论其产出的目的是专门盈利还是产出后商业价值增长到足以实现盈利，其本质依然是同人作品，天然地带有原作品元素。而且，同人创作者的乐趣不仅在于产出同人作品，他们还期待着从与志同道合之人的交流中满足归属需要、尊重需要和自我实现需要。因此，即使有别于传统同人作品、现代意义上的同人创作对原作品的依赖度降低，但同人创作者在创作同人作品时始终保留着或多或少的原作元素，以期最大程度吸引原作粉丝。除此之外，同人作品的主要性质并未随着其商业化进程的加快而变化，大部分的同人创作者依然是出于对原作品的喜爱或讽刺而萌生创作意愿。不同类型同人作品尽管原创性程度不一，但基本上都能对同类爱好者产生相同效果——即足以使其联想到原作品。

另一方面，在如今的商业化市场中，盈利性同人作品相较于传统同人作品，具有创作速度更快，更新频次更稳定、优质同人作品产出率更高等优势，因而能更加迅速地扩大原作品影响力。近年来，许多同人创作者更是以其质量上乘、备受欢迎的同人作品为契机，经营个人自媒体账号进一步博得大批忠实粉丝，转而成为不同领域的自由职业者。他们与一些热门 IP 进行商业合作，为其创作优秀的同人作品以扩大原 IP 影响力，这一商业互动在影视、动漫和游戏领域尤为常见。

二、盈利性同人作品借用原作元素的版权冲突

从互联网时代盈利性同人作品的新特性中不难发现，在当前盛行 IP 改编的文化市场环境中，绝大部分盈利性同人作者在创作时，不再是直接对原作品的改编而是提炼部分元素进行再创作，即对原作品经典的、简短的、抽象的元素的创造性使用。这种带有鲜明"二次创作"特征的盈利性同人作品，或多或少地会与原作品著作权人的合法权利产生冲突，并且对于其是否能够适用著作权的"合理使用"进行抗辩，理论与实务界均存在较大争议。再者，我国著作权法奉行"思想与表达两分法"，即著作权法保护的法益始终是思想的具体表达，而非思想本身。这一立法宗旨，给同人文化留下了充足发展空间的同时，也很容易使其与原作品著作权利人产生冲突。

（一）盈利性同人作品与原作品著作人身权的冲突

著作人身权包括发表权、署名权、修改权和保护作品完整权。同人作品与原作品著作权人的著作人身权产生冲突较少，而在当前文化产业二次创作市场中，这种冲突主要集中在同人音乐、美术和讽刺性同人视频等同人领域中。以恶搞向视频《一个馒头引发的血案》为例，其创作并不是基于对原作品的喜爱，而是同人创作者出于对影片《无极》的不满，截取电影片段、融合了电视栏目《中国法治报道》以及上海马戏城表演的视频资料等，制作了时长 20 分钟、无厘头风格的滑稽视频。并且在互联网上，《一个馒头引发的血案》的下载量甚至远高于电影《无极》，迎合了观众需求的同人视频影响力可见一斑。从著作权保护的角度来讲，同人视频《一个馒头引发的血案》客观上侵犯了原作品《无极》的保护作品完整权。但由于其非盈利性的特质，当时的大部分网友并不认为这一同人视频有侵权行为，即便是扬言要通过法律程序维权的电影方最终也放弃起诉。这一争议最后以同人视频创作者公开道歉收尾，并在客观上引发了网民对电影的关注。

而在如今自媒体空前发达的文化市场中，大量吐槽向、推荐向、混剪向等制作同人视频的自媒体工作者以此为生，甚至许多视频的原创作人会主动寻求影响力大的同人视频创作者合作。如果严格保护作品完整权这一权利，那么数以万计的同人视频都面临着由于侵权而被起诉的风险，大大挤压了同人视频的创作空间，亦有悖于《中华人民共和国著作权法》促进社会主义文化和科学事业的发展与繁荣的立法意图。因此，有学者对同样颇具争议的短视频同人创作者谷阿莫被告侵权一案分析后，提出"要及时修订完善我国现行著作权法，权衡利弊，平衡保护二次创作者和著作权人的合法权益"。[1]

(二) 盈利性同人作品与原作品著作财产权的冲突

著作财产权包括的种类较多，主要有复制权、发行权、改编权、网络信息传播权等。以最典型的改编权为例，首先需要明确一个概念，即改编权所保护的法益并不只是孤立的改编行为，还包括对改编后作品加以利用的行为。[2]改编作为盈利性同人作品最广泛的存在形式之一，由于同人作品与原作品的天然联系，无论何种形式的同人创作宽泛意义上都可被视为对原作品的改编。而盈利性同人作品，因为我国著作权法以穷尽式列举的方式严格限制对原作品的使用，一旦陷入侵权纠纷，无论该盈利性同人作品对原作品利弊几何，都难以援引合理使用制度进行抗辩。基于此，许多仅借用了部分原作品元素的盈利性同人作品与原作品产生冲突时，其抗辩事由往往是同人作品作者原创性的表达。法官裁判的焦点在于综合了冲突各方所有创作元素后，判断作品是否足以构成著作权法所保护的对象。例如，在"庄羽诉郭敬明案"[3]和"琼瑶诉于正案"[4]中，法院判定两起案件被告构成实质性侵权的重要依据为：有多处主要情节相似、作品逻辑顺序相似且占到了整部作品足够充分的比例。其中，最高人民法院在"庄羽诉郭敬明案"中明确指出，单纯的人物特征或人物关系不受版权保护，人物与故事情节和语句联为一体才构成著作权法保护的对象。[5]

(三) 盈利性同人作品与权利人人身权的冲突

这一冲突主要存在于真人向的同人作品领域中，例如一些明星粉丝，出于对偶像的喜爱而设计制作并对外贩卖同人娃娃，其创作基础是明星的个人形象，部分同人娃娃的外貌和贩卖属性详情带有明显的指向性，有时还会直接使用明星姓名为其作品命名。这些作品大多没有经过原权利人的许可，是

[1] 董天策、邵铄岚："关于平衡保护二次创作和著作权的思考——从电影解说短视频博主谷阿莫被告侵权案谈起"，载《出版发行研究》2018年第10期。

[2] 袁秀挺："同人作品知识产权问题迷思——由金庸诉江南案引出"，载《电子知识产权》2017年第C1期。

[3] 参见：北京市第一中级人民法院民事判决书（2004）一中民初字第47号，北京市高级人民法院民事判决书（2005）高民终字第539号。

[4] 参见：北京市高级人民法院民事判决书（2015）高民（知）终字第1039号。

[5] 参见：最高人民法院（2005）高民终字539号民事判决书。

否侵犯姓名权尚且容易做出定论。但经过了同人创作者再设计的动漫化肖像，由于判断相似度的标准难以量化，只能从一般理性人角度思考再创作的形象是否足以令大众联想到该明星。因此，判定此类盈利性同人作品是否构成实质性侵权并非易事。除此之外，真人向同人作品中，有大量同人作者直接利用自己或他人制作的与明星相关的摄影作品印刷贩售，毫无疑问是对明星本人肖像权的侵犯。而在恶搞吐槽向的同人视频中，自媒体同人作者如若明显指向某位明星，且在视频中含有侮辱、诽谤、恶意诋毁等内容，目的在于为自己的视频引流继而创造盈利点，那么该作者将可能面临侵犯权利人名誉权等人身权利的法律纠纷。如果涉及虚构内容恶意抹黑，引起权利人社会评价降低、声誉毁损，并因此经济权益受损，该同人作者还可能面临刑事追责。

（四）盈利性同人作品与原作品侵权与赔偿的冲突

随着盈利性同人作品商业价值的快速增值，在司法实践中已经出现了其与原作品产生经济利益冲突的案件。由于我国著作权法至今未曾明确同人创作的法律属性，同人创作者与原作品作者产生利益纠纷诉诸法院时，法官不得不援引其他部门法律进行裁判。以著名的"天下霸唱与玄霆公司著作财产权纠纷案"为例，玄霆公司认为天下霸唱在已经将《鬼吹灯》著作财产权转让的情况下，利用原作《鬼吹灯》作品角色元素二次创作，并以盈利为目的出版作品《摸金校尉》，构成了对原作品著作权的侵犯和不正当竞争。法院经审理认为，在没有约定明确排除天下霸唱相关权益的情况下，尽管双方存在著作财产权转让协议，但天下霸唱仍有权使用原作品元素创作新作品，不构成著作权侵权和不正当竞争。[1]由此可见，单独依据著作财产权相关法律难以解决盈利性同人作品的经济纠纷，而对此类纠纷能否适用反不正当竞争法在学理上亦存在较大争议。有学者认为，同人作品如果未在市场上引起消费者混淆，也未不正当侵占原作品著作权人的商业利益，仍援引反不正当竞争法相关条款加以约束，则可能打击面过宽，扼杀了创新。但有学者持相反观点，认为商业化背景下同人作品存在恶意竞争的可能性，这种恶意竞争行为已属经济法范畴，援引反不正当竞争法进行裁断并不与法理相悖。除此之外，法院一旦判定盈利性同人作品构成侵权，如何进行侵权损害赔偿亦是一大难

---

〔1〕 参见：上海市浦东新区人民法院民事判决书（2015）浦民三（知）初字第838号。

题。盈利性同人作品种类多样、对原作品元素的利用程度和原创性程度不一，且大部分盈利性同人作品不仅不会争抢原作品经济利益，反而能够为原作品引流、与之形成互利互惠关系。因此在衡量侵权赔偿问题时，司法实践难以量化标准划定赔偿范围，迫不得已地援引未必恰当的其他标准，从而引起新的争议甚至诉讼。

三、盈利性同人作品借用原作元素的版权协调

借助于互联网的东风，盈利性同人作品种类愈发繁多、数量逐年递增，而愿意为其买单的消费者购买力也不断增强。与这一发展趋势相悖的是，依照我国现行著作权法的规定，非盈利性同人作品尚且能根据具体情形考虑可否适用合理使用制度，而原创性较强的盈利性同人作品，既形成了独特的商业性同人文化产业链，[1]却又未受到著作权法明确保护，徘徊于权利敏感地带。随着盈利性同人作品与原作品商业利益捆绑渐紧，它们之间的侵权关系日趋复杂化，而滞后的著作权保护制度可能会同时抑制两者活性，减损经济利益。以同人文化极其繁荣的日本为例，它将"同人作品"定义为一种特殊的"互惠性侵权行为"，[2]对同人作品无论其盈利与否，都未作出明确规定。这种默许状态使得日本的同人文化极大地推动了其文娱作品在全球影响力的扩张，逐渐成为日本文化产业的重要经济增长点，带来的贡献远远大于因侵权纠纷引发的损失。由此可见，在我国现行著作权法相关条文缺失的情况下，为盈利性同人创作者在创作时借用原作品元素这一行为，寻求一条平衡各方利益的解决路径，变得尤为重要。

（一）引入原作品元素商品化权利

从著作权法的角度来看，作品和作品元素是两种完全不同的概念。著作权法所保护的作品，是文学、艺术和科学领域内具有独创性，并能以一定形式表现的智力成果。作品元素则指作品中零星的、散落的、具体的组成部分，其本身无法孤立成为著作权法保护的对象。区别于非盈利性同人作品。盈利

---

〔1〕 例如我国每冬夏两季在上海举办的"上海 comicup 魔都同人祭"，以及每年在广州举办的"萤火虫动漫游戏嘉年华"，均有大量全国各地的盈利性同人作者参展并贩售自己的原创周边，为会展、旅游、文化等产业创造新的经济效益。
〔2〕 薛亚楠："同人作品与原作品著作权冲突与解决"，载《河北企业》2020 年第 8 期。

性同人作品对原作品元素的借用呈现出一种商业化利用的状态，即经过或未经过作者授权，将原作品中的故事背景、角色形象、情感联系、人物姓名等元素经过二次创作后获取额外收益。这种对原作品元素商业化利用的行为，在我国现行著作权法中欠缺明确的保护制度，而在司法实践中鉴定其是否构成抄袭、是否确乎侵犯了原作者著作权时，往往耗费时间长、鉴定成本高、引起争议大。可以说，著作权中的财产权利保护范围，已经难以覆盖当前日趋复杂化的商业文化环境。

法经济学所认为的财产权，适用于包括了著作财产权在内的各种形式的无形财产权利，因而从这一角度来看，著作权存在于一种较弱的财产权利保护边界中。如果能为作品元素赋予商品化的财产权利，一来从提高经济效益的角度看，能够有效维持知识垄断和分享之间的利益平衡，使创新成果带来的收益减去限制使用的成本以及管理成本后的收入最大化，[1]二来一旦盈利性同人作者恶意使用原作品元素和与原作品相关的其他内容，例如原作者声誉、原作品名气等对消费者进行诱导或误导，谋取不正当经济利益，给原作者造成人身和财产损害，则司法裁判援引经济法的反不正当竞争条款便具备了充分适当的法理基础。

（二）在法律中适当扩张著作权合理使用边界

著作权的合理使用制度，在解决保护智力成果和促进知识分享、限制创作者滥用知识产权和维护创作者正当权益的矛盾中，起到了重要调节作用。随着网络文化的兴起，虽然我国《著作权法》的合理使用制度的相关内容曾在 2020 年作出修改，在原有的 12 种列举式情形中新增"法律、行政法规规定的其他情形"条款。但这一规定由于过于模糊，且并未明确赋予法官自由裁量权，因而在司法实践中，即使部分法官敢于突破现有《著作权法》的立法限制，却仍受制于统一裁判标准的缺失，导致不同法院对同类案件的裁判结果不同。例如"上海美术电影制片厂有限公司诉北京智在文化传播有限公司案"，北京东城区人民法院认为使用者对涉案美术作品葫芦娃兄弟的使用行为缺乏必要性，而这一必要性恰为判断是否构成合理使用的关键。[2]而审理

---

〔1〕 赵晓旭："论知识产权的制度价值与权利保障——以法经济学为视角"，载《内蒙古财经大学学报》2021 年第 2 期。

〔2〕 参见：北京市东城区人民法院（2018）京 0101 民初第 3434 号民事判决书。

相似案件的上海知识产权法院却认为，引用作品的必要性不能作为判定是否属于合理使用的构成要件。[1]

在盈利性同人作品中，这一冲突更为明显。因为盈利性同人作品必然会对原作品元素进行不同程度的商业化使用，且区别于几乎完全依赖于原作品背景的传统同人作品，现代盈利性同人作品很少采用简单续写的表达形式，而是会创造性改写作品、突破原作品桎梏，有的甚至表达出与原作品完全不同的思想主题。在此背景下，尽管立法机关 2020 年对《著作权法》第 24 条[2]的修订意图是从立法层面限制著作权的合理使用，但在司法实践中已经出现了法院利用"三步检验标准"对部分盈利性同人作品给予法律保护。立法机关的谨慎态度与司法机关的扩张做法体现出了我国现有著作权合理使用制度的滞后。在知识产权制度发达的美国，就著作权合理使用这一问题，联邦最高法院采纳了著作权救济制度，即"四要素检验法"。它要求对同人作品侵权问题的裁判，需要综合考虑"使用的性质和目的、被使用作品的性质、被使用部分的数量和重要性、使用对于作品潜在市场或价值的影响"四种要素，判断其是否构成美国著作权法中的合理使用，能否受到著作权法的保护。这是一种更加符合商业文化发展趋势、倾向于保护同人作品的版权制度。与此同时，在我国现行著作权保护的司法实践中，亦出现了扩张著作权合理使用边界的趋势，通过《最高人民法院关于充分发挥知识产权审判职能作用推动社会主义文化大发展大繁荣和促进经济自主协调发展若干问题的意见》的发布，最高人民法院明确指出"在促进技术创新和商业发展确有必要的特殊情形下，考虑作品使用行为的性质和目的、被使用作品的性质、被使用部分的数量和质量、使用对作品潜在市场或价值的影响等因素，如果该使用行为既不与作品的正常使用相冲突，也不至于不合理地损害作者的正当利益，可以认定为合理使用"。很明显，这是我国适用的"三步检验标准"和外部"四要素检验法"的融合，可见，立法机关也逐渐正视盈利性同人作品的创新性与商业性，并试图从立法层面上对现行著作权合理使用制度进行优化。

---

〔1〕 参见：上海知识产权法院（2015）沪知民终字第 730 号民事判决书。

〔2〕《著作权法》第 24 条：在下列情况下使用作品，可以不经著作权人许可，不向其支付报酬，但应当指明作者姓名或者名称、作品名称，并且不得影响该作品的正常使用，也不得不合理地损害著作权人的合法权益。

(三) 赋予原创性高的盈利性同人作品著作权

根据我国《著作权法》的规定，著作权的权利客体有且仅有作品，且享有著作权的作品必须同时具备属于"文学、艺术和科学领域"和"具有独创性的表达形式"两个要件。从这一角度来看，原创度高的盈利性同人作品完全具备享有著作权的法律条件。盈利性同人作者在创作行为中使用不受《著作权法》保护的通用性公共素材，主要目的是引起读者对原著的共情，而非构成同人作品创造性内容的要件。但由于著作权相关法律条文的缺失，在司法实践中法院往往需要从涉案作品的内容、表达形式、与原作品相似程度等方面重新进行司法鉴定，从而确定其是否享有独立的著作权。这种法律条文缺位不仅会导致法院需要一案一鉴定、浪费司法资源，而且囿于个案差异、量化标准以及社会关注度、公众价值观等变量，裁判结果容易引起争论，从而成为相关文化产业发展的掣肘。突出表现在一些吐槽类、讽刺类的点评向盈利性同人作品中，一方面他们有盈利的目的，创作内容上包含着大量个性独特的见解和表达形式，而另一方面由于或明或暗地对原作品进行主观点评甚至讽刺，一定程度上影响了原作品的市场声誉和商业利益，比较容易陷入侵权纠纷。但是，正如刘有东教授所言，进入市场的作品必然得面对读者的批评，只要批评并非恶意地曲解作品，篡改作品，那么哪怕是最严厉的批评也不构成对保护作品完整权的侵害。[1]这类同人创作者如果因为著作权问题而被迫禁言，那么将会出现合乎法理而悖乎情理的局面，不仅不利于文化繁荣，更有损法律公信力。立法者如果能从法律层面赋予该类作品著作权，对其合法性予以承认，将能够更好地协调两者矛盾。

著作权并不像生命权、健康权一样被当作自然人的自然权利对待，而往往是作为产业发展的工具进行利用。[2]我国《著作权法》在开篇即点明其立法意图是"促进社会主义文化和科学事业的发展与繁荣"，但在具体法条设置方面存在一定的滞后性。实际上，是否赋予盈利性同人作品著作权使其合法化，本质上是立法者面临的一次价值判断，即在"知识垄断还是知识共享"

---

〔1〕 刘有东："论侵犯保护作品完整权之行为"，载《西南民族大学学报（人文社科版）》2010年第4期。

〔2〕 卢海君："同人创作、同人作品与版权责任——《此间的少年》案所引发的思考"，载《中国出版》2017年第11期。

中作出取舍。[1]何种立法选择能够有效平衡二次创作者和原作者的利益、协调同人作品与原作品的著作权冲突？根据当前的文化市场环境不难发现，立法机关如果能通过修订《著作权法》搭建起张弛有度的著作权框架，使得盈利性同人作品受到《著作权法》的保障，将能够更好地实现对盈利性同人作品的规范化管理，推进相关产业链的纵深发展。从如今爆红的 IP 联名可以看出，多元化的盈利性同人作品如果可以合理合法地享有权利，并与原作品和谐共处，将能够为原作者和二次创作者同时带来高额的经济利益，提升两者的影响力，实现合作共赢。例如知名游戏《王者荣耀》与美妆品牌 M·A·C 的联名口红，数据显示，其线下门店销售火爆，电商平台产品上线几秒钟内，多种定制款便断货，官网导入的流量几乎是日常的 30 倍。[2]

（四）善用纠纷调解机制解决侵权争议

亨利·詹金斯提出过"参与文化"的概念，参与文化中文化消费者在消费文化的同时也对媒体内容的制作和传播发挥着不同于以往的能动作用，[3]而并不是所有的参与者都生来平等，公司机构——甚至是公司媒体的成员——仍然要比单个消费者甚至是消费者集体所施加的影响要大一些。[4]具备了这一性质的盈利性同人作品随着资本的注入大量进入市场并逐渐成为文化产业链的重要一环。一方面它们依附于原作品的特殊性，注定长期存在于原作品相关市场中，且不会与原作品形成激烈的竞争关系、瓜分原作品市场；另一方面它们在保持原作品热度、激发原作品活性、提升原作品经济价值、推动原作品再创作上发挥着独特的优势。总体而言，大部分走向商业化、职业化的同人创作者，同时也是原作品的忠实爱好者和潜在消费者。因此不论出于对原作品的情感维护还是自身创作的需求，他们既不愿损害其所热爱的原作品，也不愿减损原著作权人的经济利益。[5]以知名作品《盗墓笔记》为例，

---

[1] 胡晓、何知坦、罗弦："同人作品的版权争议与侵权协调"，载《出版发行研究》2019 年第 5 期。

[2] 倪艺："手游与美妆品牌 IP 跨界营销策略思考——以'王者荣耀限量联名口红'为例"，载《传媒论坛》2020 年第 3 期。

[3] 纪莉："在两极权力中冲撞与协商——论媒介融合中的融合文化"，载《现代传播（中国传媒大学学报）》2009 年第 1 期。

[4] 文卫华："融合文化下的传播策略与收视形态探析——以美国电视连续剧《迷失》为例"，载 2009 年《中国传媒大学第三届全国新闻学与传播学博士生学术研讨会论文集》。

[5] 丛立先、刘乾："同人作品使用原作虚拟角色的版权界限"，载《华东政法大学学报》2021 年第 4 期。

甚至有爱好者基于原作品内容，耗神费力地创作绘制了"盗墓笔记全套地图"并慷慨共享，为原作品带来了大批新的粉丝。而原作者南派三叔本人对《盗墓笔记》的同人文化作品无论盈利与否，始终持默许甚至支持的态度。由粉丝自发创作并售卖的盗墓笔记周边，几乎囊括了从同款外套到主题酒店的衣食住行各个领域，极大地扩大了《盗墓笔记》在各个领域的影响力。可见，无论是从客观利益还是主观选择来说，盈利性同人创作者与原著作权人之间的矛盾并非不可调和，只是由于两者涉及领域广、个案差异大、专业要求高，对其侵权争议的调解难度较大。

多元化纠纷解决机制的概念源于 20 世纪 80 年代美国的 ADR（Alternative Dispute Resolution）机制，该机制是一个开放性的机制，包含调解、仲裁、和解、谈判以及一切区别于传统司法方式的纠纷解决机制。[1]近年来，我国就构建多元化纠纷解决机制出台了大量的法律法规，如果能够建立健全并充分发挥知识产权纠纷调解机制，引入专业性与权威性并具的第三方机构居中调节，确保调解与诉讼环节流畅衔接，则能够减少社会舆论对司法的影响，更好地维护当事人利益。可以考虑的具体做法包括：从立法层面上讲，确定知识产权纠纷调解机制的法律地位，统筹分散于各部门法中的相关法条，化零为整，改善当前呈分割态势的立法现状，搭建起协调一体的法律体系；从司法层面上讲，由于著作权类纠纷对调解的专业性要求高，司法程序与行政程序交织，其复杂程度远超普通的民商侵权纠纷，[2]可以考虑引入聘用制度，外聘具有专业知识的人士，从而打造出一支配备了复合型人才的司法调解队伍，增强调解说服力和权威性。

四、结语

随着文化变现能力提高、传播成本下降和影响范围扩张，已经有越来越多的原作者意识到热爱原作品、质量上乘、受众面广、粉丝基础稳固的同人创作者为其创作同人作品，能够对原作品起到很大的反哺作用。部分原著作权人甚至开始主动与职业性同人创作者接触沟通，通过免费许可、付费授权、广告植入等方式进行合作。可以预见的是，这一趋势会随着年轻消费者追求

---

〔1〕 范愉："当代世界多元化纠纷解决机制的发展与启示"，载《中国应用法学》2017 年第 3 期。

〔2〕 董士忠："我国知识产权纠纷调解机制的检视与完善"，载《安阳师范学院学报》2021 年第 3 期。

文化个性标签的消费需求而愈演愈烈，原来封闭的小众爱好群体将逐渐成长为文娱市场的重要参与者。在这一基调下，尽管盈利性同人创作者与原著作权人侵权法律纠纷的数量和类型激增，但他们与原著作权人所形成的互惠利益链条，对原作品和市场产生的正向影响远大于其瑕疵。如果能够寻求多样化法律途径以合理平衡两者利益，既能满足盈利性同人创作者取得合法地位的诉求，又能限制原著作权人对知识的垄断，开利除弊，将能同时促进行业进步和文化繁荣。

后　记

　　时光如白驹过隙，《西北法律文化资源》第四辑的编纂出版工作在西北师范大学法学院领导和学界同仁的大力支持下已经圆满完成。

　　本次编辑主要结合集刊的主旨和定位，以原创、实证与跨学科研究为标准，确定了十余篇论文作为第四辑的内容。这些学术论文的作者既有校内外成名学者，也有不同学校的硕博研究生。本期内容主要分为"学术前沿""敦煌法学专题""中国与中亚法律文化比较专题""法史镜鉴""现代法律文化"五大栏目。

　　"学术前沿"收录三篇文章，即郑小龙的《传承与创新：中国法律的传统与创造性转化——"中国法律的传统与创造性转化"学术研讨会综述》、徐斌和李毅的《论习惯法研究的理论与方法——兼评李可所著的〈习惯法——理论与方法论〉》、张琳惠怡的《近四十年国内清代灾荒赈济研究综述》。该专题的论文对学术界有关中国法律的传统与创新性转化、习惯法研究的理论与方法、近四十年国内清代灾荒赈济等问题的研究进行了系统的综述。

　　"敦煌法学专题"共收录论文三篇，其中，李功国的《敦煌法学之水是很甜很甜的——2020年甘肃省法学会敦煌法学研究会成立大会上的致辞》探讨了什么是敦煌法学，敦煌法学是怎样的，敦煌法学的重要性以及敦煌法学的传承价值和现实意义；杨淑青的《独角仙人之法律问题思考》以敦煌壁画为依据，挖掘法律故事，反映法律思想；田庆锋等的《百年来秦汉简牍法律文献相关研究论著目录》对百年来秦汉简牍法律文献的研究进行了系统的综述和整理。

　　"中国与中亚法律文化比较专题"共收录学术论文四篇，其中，张晋伟的《传统与新生：中吉婚姻效力制度比较研究》立足于对中吉婚姻效力的比较，通过对两国法律的制度与法律文化的分析解读，一方面为"中吉跨国婚姻"提供法律上的帮助，另一方面力求探索中吉双方法律差异背后的法文化因子，共襄"一带一路"建设；陈淼的《婚姻自由与社会稳定之抉择——中国与吉尔吉斯斯坦婚姻终止、无效制度的比较研究》从中国与吉尔吉斯斯坦婚姻终止、无效制度比较入手，分析两国在婚姻终止、无效制度规定上的异同，进而分析出现明显差异的原因，并为我国与吉尔吉斯斯坦的后续交流提供建议。赵桂琰的《吉尔吉斯斯坦童工问题的成因及治理——与"中国童工保护相关法律"比较研究》从吉尔吉斯斯坦童工的现状及成因、童工问题产生原因、童工保护的立法内容、中吉两国对保护童工立法的比较分析等方面研究吉尔吉斯斯坦的童工问题。李银的《我国赴中亚务工人员权利保护研究——以赴吉尔吉斯斯坦务工人员权利法律保护为视角》以我国赴吉尔吉斯斯坦国务工人员权利法律保护为视角，结合他们在劳动过程中权利所受到的侵害的现状，有针对性地提出可行性建议，以期更好实现对我国赴吉尔吉斯斯坦务工人员的权利保护。。

"法史镜鉴"专题收录学术论文一篇。即徐斌的《"清水江文书"中借贷契约研究——以借贷、典当、讨字文书为分析样本》，该论文研究清至民国时期，贵州清水江流域保存较多的借贷契约和"讨字"文书，它们是旧时民间互相借贷银钱财物时均须书写的借契文书。具体言之，借契一般包括有立契人、借贷缘由、借贷数目、利还时间、抵押等项，有的还加有批注；与之相对的"讨字"文书，一般在形式上不用归还，但实际上往往得支付相应报酬。"讨字"文书至今还在当地农村多有出现，尤其是屋地基和坟地的买卖多以此形式出现。

"现代法律文化"专题共收录五篇论文。其中，鲁逸然的《智能医疗机器人侵权救济规则之完善》研究在现行法律框架下，医疗损害责任、产品责任与高度危险责任均难以妥善地解决智能医疗机器人侵权的问题，受害患者损失填补困难。在明确智能医疗机器人为法律关系客体，在填补患者损害的同时不妨碍智能医疗机器人的推广使用，在鼓励技术创新的同时预防技术危害人类健康的理念，通过修正《侵权责任法》和《产品质量法》的相关规定，设立专门的智能医疗机器人监管机构和登记簿，建立强制性保险和赔偿基金制度，以完善智能医疗机器人侵权之救济制度，构建和谐的医患关系与良好的市场秩序。赵婧汝的《作为习惯的陇南"女娶男嫁"》以陇南康县为中心，选取"女娶男嫁"习俗最为流行和人口相对比较集中的阳坝村深入进行田野调查，以陇南康县阳坝村人文社会历史为背景，拟从法学、法人类学和法社会学的研究视角，研究陇南康县"女娶男嫁"婚姻习俗文化资源和婚姻家庭法律文化，习惯法和国家制定法的司法互动和调适，为依法治国提供田野资料，通过梳理婚姻成立、解除、离婚制度及子女财产继承和分割等方面所发生的变化，对陇南康县婚姻家庭法律文化的发展前景进行思考。柴晓宇的《混合式对分课堂在〈刑事诉讼法专题〉课程教改中的应用研究》对刑事诉讼法学教学方法的改革进行了研究。褚海丽的《信息时代甘肃省涉检网络舆情应对工作机制论析》以甘肃省为例，提出了构建一体化涉检网络舆情应对工作机制的设想。赵立苇的《盈利性同人作品借用原作元素的著作权困境与协调》通过对同人创作者与原作品著作权人两者利益关联、现代商业环境和《著作权法》价值取向等方面的分析，提出多种方法以期协调两者之间的矛盾，平衡多方利益。

西北辽远，诸事不易，感谢中国政法大学出版社领导、张琮军博士等老师的大力支持，此集刊才得以顺利出版至今。是为记！

《西北法律文化资源》（第五辑）稿约

　　西北地区是中国一体多元法律文化历史传统及其活化资源分布和积淀的富矿区。《西北法律文化资源》便是依托于甘肃省人文社会科学重点研究基地"西北法律文化资源整理与应用研究中心"，由西北师范大学法学院主办的一份综合性、跨学科的法律学术读物和公共研究平台。《西北法律文化资源》将致力于全面系统地发掘、整理、保护和研究西北法律文化资源，并创造性地对其加以传承和应用；回应"一带一路"国家战略的时代命题，以期为西北边疆治理乃至法治中国的建构提供更为坚实的本土资源和智力支持。

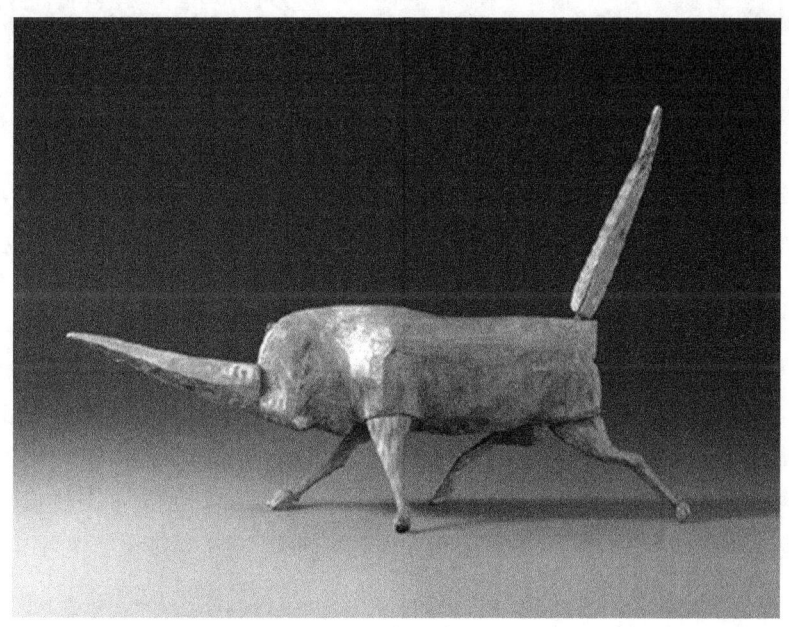

　　立足西北、锚定长城、面向中亚、国际视野，是本书的目标愿景；探索西北游牧文化与中原农耕文化互动契合的历史经验和制度成就，是本书的理论追求。因此，本书将本着学术独立和学术自由的精神，期望不同观点、材料和研究能在这里交汇、展现和争鸣。来稿不拘形式、举凡学术论文、拓片整理、图像解读、学术随笔、翻译稿件、评论文字、调研报告等，只要与西北法律文化资源整理、应用和研究相关联的稿件都在欢迎之列，尤其欢迎运用跨学科和实证研究方法的文章。稿件采纳后，本书将酌情支付稿酬，并赠送两本样书。

岩画中隐含着丰富的游牧法律文化因素

《西北法律文化资源》由西北师范大学法学院杜睿哲教授担任主编，王勇教授（2016 年）和田庆锋副教授（2018 年）担任执行主编。本书实行执行主编轮流担任制度，将逐渐实施专题集结方式，集中深入探讨某一方面的问题。本书采用"随到随审"制度，随时接受来稿。具体审稿程序是，先由初审编辑形式审查，初审周期为 4 周。如通过初审，实行双向匿名评审制，由专家提出修改意见或倾向性用稿意见，编辑部综合考量决定用稿与否。《西北法律文化资源》编辑部保留对稿件必要的修改权。目前只接受电子版来稿，请将文章发送至 lcrinwc@163.com。文章体例及注释规范请参见《中国社会科学》（月刊）。

第五辑（2021 年）的截稿时间是 2021 年 10 月 30 日。

《西北法律文化资源》编辑部

2021 年 3 月 28 日